세계화와
글로벌 리더십

부산대학교 교양 시리즈 22

● 양삼석
● 한주희

세계화와 글로벌 리더십

부산대학교출판문화원

| 머리말 |

COVID-19의 팬데믹 상황에 임하여 국가와 국민을 위해 헌신하고 계시는
의료진, 구급대원, 자원봉사자 등과 유관 업무를 수행하시는 모든 분들에게
존경과 감사의 말씀을 올립니다.
여러분들이 진정한 애국자이며 리더입니다.

-저자 배상

| 목 차 |

1장 리더십의 의의

2장 리더십의 성립과 작동

3장 리더십의 유형: 고전적 형태

7장 리더의 자질

8장 추종자론(팔로워십)

1장

리더십의 의의

덕(德)으로 정치를 한다는 것은, 비유하자면 북극성이 있고,

별들이 함께 무리지어 따르는 것과 같다.

(子曰 "爲政以德, 譬如北辰, 居其所而衆星共之)

- 孔子(論語, 爲政篇)

수원(水源)이 맑으면 그 하류(下流)도 맑고,

수원이 흐리면 그 하류도 흐리다.

(原淸則流淸, 原濁則流濁)

- 荀子(君道篇)

Ⅰ. 리더십의 개념

우리는 '리더' 혹은 '리더십'이라는 말을 자주 듣는다. 그리고 많은 경우 자기 자신은 리더와 관련이 없는 사람으로 생각한다. 그러나 야학에서 한글을 가르치는 대학생이나, 같은 사회적 위상을 가진 사람들 간에도 리더십은 존재한다. 『논어(論語)』의 <술이편(述而篇)>에 "세 사람이 같이 길을 가면 반드시 나의 스승이 있다. 좋은 것은 본받고 나쁜 것은 살펴서 스스로 고쳐야 한다(三人行必有我師焉 擇其善者而從之 其不善者而改之)."는 말이 있다. '좋은 것은 따르고 나쁜 것을 고치면 좋은 것도 나의 스승이 될 수 있고, 나쁜 것도 나의 스승이 될 수 있다.'는 뜻이다. 인간이 삶을 영위해 나가는 과정에 있어 멘토나 좋은 스승을 갖는 것은 행운이며 또 행복한 일이다. 우리는 무심코 던진 한 마디의 말이 다른 사람에게 큰 용기나 감화를 주어 그것에 힘입어 성공적인 삶을 살고 있는 사람들의 사례들을 많이 접한다.

위에 예시한 바와 같이 우리는 자신이 의식하지 못하지만 리더의 위치에 있는 경우가 있다. 우리의 주변에 이러한 리더는 다양한 형태로 존재한다. 평교사, 교감, 교장은 일정 계서적(階序的)인 체계에 있으나, 모두 리더 또는 sub-leader의 위치에 있는 점에서는 동일하다. 평사원도 간부, 중역, 나아가 CEO가 될 수 있다. 또한 특정 집단 내에서의 sub-leader가 다른 집단에서는 리더의 역할을 수행하기도 하고 그 반대인 경우도 있다.

아리스토텔레스는 '태어날 때부터 국가가 없이 생존할 수 있는 자는 인간 이상의 존재 즉 신(神)이거나, 인간 이하의 존재 즉 야수(野獸)'라고 기술한바 있다. '정치적 동물(zōion politikon; homo politicus)'인 인간은 국가라는 영역 속에서 삶을 영위해 간다. 그리고 인간이 생활하는 모든 집단속에는 다양한 형태의 지도자가 존재한다.

리더는 조직이나 집단의 성패에 결정적 영향을 미친다. 리더십의 중요성은 우리나라의 현대사에서도 찾아볼 수 있다. 우리나라는 6.25 전쟁 이후 세계에서 국민소득이 가장 낮은 국가 중 하나였다. 1970년대 초반까지만 하더라도 남한의 국민소득은 북한보다 낮았다. 북한은 남한에 비해 풍부한 지하자원을 가지고 있었기 때문이다. 1971년을 기점으로 남한의 경제력이 북한의 그것을 추월하게 되면서 남북적십자 회담과 7.4 남북 공동선언 등을 제의하여 현재에 이르고 있다. 현재 남한과 북한의 경제력은 비교 자체가 불가능한 정도로 차이가 크다. 우리나라의 역대 지도자들에 대한 호불호(好不好)나 다양한 평가가 존재하기는 하나, 오늘날 거의 모든 영역에서 북한을 앞서게 된 데는 북한의 리더들과 비교되는 남한 리더들의 리더십이 있었음을 부정하기 어렵다.

유럽과 북미 등의 국가들이 선진국이 되게 된 데는 다양한 요인들이 작용했다. 일부 학자들은 기독교(Catholicism & Protestantism) 문화와 실용주의(pragmatism), 개척자 정신(the frontier spirit) 등을 들기도 한다. 유교, 불교, 이슬람 문화권에 비해 상대적으로 기독교 문화권의 국가들에 선진국이 많음은 주지의 사실이다. 특히 높은 국민소득과 고도의 시민의식을 보이고 있는 북유럽이나 서유럽의 경우는 더욱 그러하다. 그러나 이러한 문화가 꽃피우게 된 데는 리더들의 역할이 컸다.

흔히 근대문명을 낳게 한 요인으로 4개의 사과를 이야기한다. 헤브라이즘(Hebraism)을 낳게 한 '아담과 이브의 사과', 헬레니즘(Hellenism)을 낳게 한 '파리스(Paris)의 사과', 자유주의를 낳게 한 '윌리엄 텔(Guillaume Tell)의 사과', 과학문명을 낳게 한 '뉴턴(Newton)의 사과'가 그것이다. 서구의 경우

멀리는 그리스, 로마에서부터 꽃 피운 정신적 토양이 있었다. 인문과 자연을 포괄한 당시의 철학과 사상, 제도 등은 근대의 자유주의와 학문의 발전을 견인해 내는 지적 토양이 되었다. 자유민주주의의 근간을 이루고 있는 자유, 평등, 정의, 인간의 존엄성, 복지 등의 개념도 서구 정신문명의 산물 중 하나임이 틀림없다.[1]

이러한 문명의 토양이 형성되고 꽃 피우게 된 데 있어 선각자와 리더들의 역할이 있었음은 명약관화한 사실이다. "유럽의 철학적 전통의 가장 안정적인 보편적 정의는 그것이 플라톤에 대한 일련의 각주(脚註)로 구성되어 있다는 것이다."[2] 라고 갈파한 화이트 헤드(Alfred N. Whitehead, 1861-1947)의 말을 인용하지 않더라도, 자연과학은 물론 철학, 정치학, 윤리학 등의 영역에서 학문적 기반을 제공한 플라톤과 아리스토텔레스, 밀레토스(Miletos)와 이오니아(Ionia) 학파로 대표되는 자연철학자들 등 지적 리더(선구적 사상가)들이 있었다. 또한 그러한 사상을 계승한 사회계약설과 공리주의 사상 등으로 이어진 지적 전통들은 인문, 사회과학 발전의 토양을 제공했다. 이러한 연구들은 사회적 존재로서의 인간에 대한 탐구와 사회현상에 대한 연구의 외연(外延)을 확장시켰다. 그리고 그것은 인류가 보편적 가치체제를 형성하는 토대가 되었다.

개인을 기본 단위로 하는 사회나 국가는 그 체제의 유지를 위해 윤리, 법, 제도 등과 아울러 국민들을 이끌어 갈 지도자를 필요로 한다. 그러나 이상적으로 운용되고 있는 민주주의 국가라 하더라도 본원적으로는 소수가 다수를 주도하는 형태로 운용된다. 권력 피라미드 체계에 있어서 정치지도자는 그

---

1 동양의 사상에도 이러한 이념들은 모두 내포되어 있다. 동양의 사상은 서양사상에 비해 보다 포괄적인 반면, 구체적, 직접적으로 표현되어 있지 않다는 점에서 차이가 있다.

2 "The Safest General Characterization of the European Philosophical Tradition is that it Consists of a Series of Footnotes to Plato" in *Process and Reality: An Essay in Cosmology*.

조직의 정점에 있다. 그리고 하위의 조직에도 다양한 유형의 리더 또는 sub-leader들이 존재한다.

> 지도자(leader). 고대이집트인들은 지도자를 세쉬미(seshmi)라고 불렀다. 그들은 추종자(follower)라는 말도 가지고 있었는데 이를 솀수(shemsu)라고 했다. 놀랍게 리더십에 해당하는 단어도 있었다. 즉 세솀-티(seshem-t)가 그것이다.[3]

리더십(leadership)은 우리말로 지도력(指導力), 지도성(指導性), 지도자(指導者), 지도부(指導部), 대표부(代表部), 통솔력(統率力), 지도적 정신 등으로 변역될 수 있다. 그리고 권한(權限), 권력(權力), 통제(統制), 관리(管理) 등의 개념과 혼용(混用)되기도 한다. 다양한 번역에도 불구하고 우리나라 말로는 '리더십(Leadership)'에 내포된 본래의 의미를 완전하게 반영하기 어려워 외래어를 그대로 쓰는 것이 일반적이다.

리더십은 인간이 '사회적 동물(social animal)', 또는 '사회적 존재(social being)'라는 전제에서 성립된다. 따라서 리더십은 기본적으로 '인간관계학'이다. 즉, 리더십은 개인과 개인, 또는 조직 내에서 작동되는 인간 간의 관계를 기본 인자(因子)로 한다. 이러한 점에서 "행위의 주체인 'A'가 행위의 객체인 'B'에게 정신적 또는 물리적 영향력을 행사하여 'B'의 태도나 정향(定向)을 변화시키는 능력"으로 정의되는 (정치)권력과 유사한 측면이 있다. 또한 일방향적으로 작용하는 세력과 달리 양방향적으로 작동한다는 점에서도 권력과 유사한 측면이 있다. 그러나 물리적 강제력이 리더십의 영역에서는 정당화

---

3 "Leader. The ancient Egyptians had a word for it: seshmi. They also had a word for followers; shemsu. And, remarkably, they had a word for leadership: seshem-t". James MacGregor Burns, *Transforming Leadership*, (New York: Grove Atlantic Inc, 2003), p. 7.

되지 않는다는 점에서 정치권력과 차이가 있다. 즉, 리더십과 권력의 가장 큰 차이는 자율성과 타율성(강제성)에 있다.

'리더십(Leadership)'이라는 용어가 사용되기 시작한 것은 알려진 것보다 오래되지 않았다. 『옥스퍼드 사전』(Oxford English Dictionary, 1993)에 의하면 'Leader'라는 용어가 등장한 것은 14세기 경이다. 'Leadership'이라는 말 역시 1800년경까지 사용되지 않았다. 그리고 리더십에 대한 정의들이 본격적으로 나오기 시작한 것은 1950년대와 1960년대 이후이다.[4] 따라서 leadership이라는 용어가 나오기 시작한 것은 2세기 정도에 불과하다.

리더의 어원에 대해서는 여러 학설들이 존재한다. 그 중 유력한 것 중 하나가 앵글로색슨어(Anglo-Saxon language)에서 기원한 것으로 보는 시각이다. 앵글로색슨어의 '리탄(lithan)'은 'to go' 즉 '가다' 또는 '여행하다'의 의미를 가지고 있다. 교통과 지도, 문명이 발달하지 않아 여행이 어렵던 시기에 여행자들은 여행 안내인들에게 전적으로 의존할 수밖에 없었다. 프로스트(Robert Lee Frost, 1874-1963)의 시 '가지 않는 길(The Road not Taken)'의 첫 구절을 연상시키듯, 미지의 길을 가야할 경우 여행 안내자는 집단의 생사가 걸려 있는 중요한 선택을 해야 했고, 여행자들은 가이드의 결정에 전적으로 따라야 했다. 이로 인해 당시 여행 안내자는 다양한 상황에서 결정적 권한을 가지게 되었다. 여기서 여행 안내자(guide 또는 leader)의 의미가 지금 사용되는 (보편적) 지도자의 의미로 발전했다는 것이다. 즉, 어원(語源) 면에서, 리탄은 좋은 결과를 도출해 내기 위해 목표를 설정하여 앞으로 나아가는 것을 의미한다. 물론 선택과 달리 결과는 시·공간 또는 집단의 속성, 상황 등에 따라 달라질 수 있다.

리더십의 개념은 영역에 따라 다양하게 정의된다. 일반적으로 리더십은

---

4 R. M. Stogdill, *Handbook of Leadership*, (New York: The Free Press, 1973), p. 7.

'특정의 리더가 조직의 목표를 달성하기 위해 구성원들로 하여금 자발적으로 과업에 협력하게 하는 능력, 역량 또는 기술'로 정의할 수 있다. 즉, 리더십은 조직 또는 집단의 목표 달성을 위해 구성원들을 결집시키고, 이견과 갈등을 조정함으로써 목표를 달성하기 위한 에너지를 창출해 내게 하는 기술 내지 영향력이다. 따라서 리더십은 지도자가 갖는 힘과 권한를 바탕으로 구성원들이 집단의 목표 달성을 위해 자발적으로 헌신하고, 지도자와 구성원 간 심리적 공감과 일체감을 가지도록 유도하는 것이다.

리더십의 작동 과정에서 사람들을 움직이게 하는 원천(힘, 능력, 조직, 상황 등)은 자발적으로 작동되도록 상정된 것이다. 이러한 점에서 리더십은 정치권력은 물론, 상급자가 직권(職權)을 무기로 하위의 구성원들을 강제로 움직이게 하는 헤드십(headship)과 구별된다. 즉 리더십과 헤드십의 차이 역시 리더십과 권력과의 관계와 마찬가지로 자발성 또는 강제성에 있다고 볼 수 있다.

리더십의 기원을 논할 때 가장 자주 언급되는 것이 바이킹(viking)과 관련된 일화이다. 리더십의 Lead(er)는 바이킹[5]어에서 '배(Ship)의 키(방향)를 잡는 사람 또는 선장'을 의미했다. 바이킹족이 바다에서 적과 싸울 때는 대장이 가장 먼저 적선(敵船)에 올라갔다. 이것은 다른 문화권의 전투방식과 다소 다른 점이라 할 수 있다. 바이킹 족들은 전리품의 분배 과정에서도 대장과 구성원간의 차이 없이 평등하게 배분했다.[6] 반면, 전쟁에 패했을 경우에는 대장을 소형선에 태워 불을 질러 수장(水葬)시킴으로써 책임의 소재를 명확히 했다.[7] 즉, 바이킹족의 리더들에게는 무한책임만 있었다.

---

5 8세기 말부터 11세기 초 해상을 주무대로 유럽, 러시아 등에 침입한 노르만족(북게르만족). 원래는 스칸디나비아에서 덴마크에 걸쳐 있는 vik(峽江; 협강)에서 유래한 말로 '협강에서 온 자(者)'의 의미를 가지고 있다. vig(전투), wik(城砦化 된 숙영지), viking(해적)에서 유래하였다는 설도 있다. 북유럽에서 강성한 세력을 가지고 있었다.

6 이러한 예는 칭기즈칸의 리더십에서도 찾아 볼 수 있다.

7 이들 나라의 전통 장례법(葬禮法)인 수장(水葬)은 바이킹들의 전통을 계승한 것이다.

비교적 최근에 들어 행복도 측정 기준의 하나로 MEW(Measure of Economic Welfare)가 중시되고 있다.[8] MEW는 미국의 경제학자 노드하우스(W. D. Nordhaus)와 토빈(J. Tobin)이 GNP가 국민복지의 수준을 평가함에 있어 갖는 한계성 즉, GNP가 갖는 복지 지표로서의 결함을 보완하기 위해 제시한 경제적 후생지표이다.[9] 현재 이 지표의 상위권을 형성하고 있는 국가들은 주로 바이킹족의 후손들이 살고 있는 것으로 여겨지는 노르웨이, 스웨덴, 아이슬란드, 핀란드, 덴마크 등 북유럽 국가들이다. 또한 자유와 평등, 정의, 인간의 존엄성, 복지, 그리고 부패인식지수(CPI)와 성평등지수(GDI) 등 많은 지표에서도 이 국가들이 상위를 차지하는 것은 지도자들이 가진 높은 리더십 역량에서 기인된 측면이 크다.

리더십이라는 용어는 17세기 스코틀랜드 군(軍)과 잉글랜드군 간의 축구 경기에서 발생한 패싸움과도 관련되어 있는 것으로 알려져 있다. 영국에서 잉글랜드와 스코틀랜드 선수들이 축구 경기를 하다가 양 팀 선수들이 충돌하자, 흥분한 관중들까지 합세한 대혼란이 벌어졌다. 당시 이를 지켜보던 리처드 킹스턴 경(sir Richard Kingston)이 "우리는 지금 모두 같은 배를 타고 있는 승무원이다. 이제 이 배를 침몰시킬 것인가? 우리 스포츠맨들이 타고 있는 이 배를 가라앉힐까!"[10]라고 말했다고 한다.

해이스(Hayes)와 토나스(Tonas)는 리더를 "타인을 통솔하는 데 필요한 여러 가지 기술을 소유한 자"[11]라고 하였고, 캐틀(Cattell)은 "집단의 임무를 수

---

8 MEW는 한 사회의 구성원들이 사회의 일원으로서 어느 정도 행복감을 느끼는가를 나타내는 지표이다.

9 박은태, 『경제학사전』, (파주: 경연사, 2011) 참조. W. Nordhaus와 J. Tobin은 GNP의 각 항목을 상기한 사항들에 조응하여 공제할 것은 공제하고 첨가할 것은 첨가하여 국민복지를 화폐적으로 측정하고자 시도하였다. MEW는 복지 지표로서 GNP의 결함을 상당히 보완하고 있으나, 생산물의 질적인 차이가 반영되어 있지 않고, GNP의 계수적 조정 성격이 강하다는 비판을 받고 있다. https://terms.naver.com/entry.nhn?docId=779321&cid=42085&categoryId=42085(검색일: 2020.10.21.).

10 https://www.sportalkorea.com/news/view_column.php?gisa_uniq=2014050505425852&section_code=40&key=&field=&cp=se&gomb=1(검색일: 2020.10.18.).

행함에 있어서 가장 효과적인 변화를 만들어 내는 자"[12]로 정의하였다.

리더에 대한 학자들의 정의에서 나타나는 공분모적 요소들을 종합해 보면, 리더는 목표를 제시하고, 그 목표의 달성을 위해 소통과 협력을 통해 과제에 대한 당위성을 납득시키며 협력과 지도를 통해 과업을 수행하는 사람이다.

리더와 유사한 것으로 인식되는 용어 중 하나로 보스(boss)가 있다. 사전적 의미에 의하면, 보스는 '실권을 쥐고 있는 책임자'이고, 리더는 '조직을 이끌어 가는 중심적인 위치에 있는 사람'이다.[13] 따라서 모든 보스가 곧 리더를 의미하는 것은 아니다. 보스는 수레의 짐칸 위에 앉아 지시, 명령하는 사람, 리더는 수레의 앞에서 수레를 이끄는 사람으로 표현할 수 있다. 그렇다고 모든 보스들을 부정적으로 보는 것 역시 아니다. 보스 중에서도 훌륭한 리더가 되기 위해 노력하는 사람들도 있기 때문이다.[14]

리더의 또 다른 비교 대상으로 관리자가 있다. 에리브러험 잘레즈닉(Abraham Zaleznik)은 관리자와 리더를 구분하여, 관리자는 일을 어떻게 완수하는가에, 리더는 일이 사람들에게 어떤 의미를 가지는가에 주안을 두는 것으로 보았다. 따라서 관리자에 비해 리더는 관리하는 (과업의) 대상에 있어서 선택의 폭이 넓다. 이에 비해 관리자는 주어진 과업에 대한 관리에 역점을 두고 과업을 수행한다. 또한 리더는 장기적 관점에서 과업을 이해하고자 하며 새로운 접근법을 고안하고 논의함으로써 과업에 대한 관심을 유발시킨다. 이에 반해 관리자는 현재의 상황에 국한해 과업을 보는 경향이 강하다.

미국의 제40대 로널드 레이건(Ronald Reagan; 1911-2004) 대통령은 리더

---

11 김명훈,『리이더쉽론』(서울: 대왕사, 1975), p. 71.
12 R. B. Cattell and G. F. Stice, *The Dimension of Syllabify in Small Group*(Human Relations, 1953), p. 6.
13 https://namu.wiki/w/%EB%A6%AC%EB%8D%94(검색일: 2019.3.14.).
14 하미승, 2018,『리더십: 이론과 개발』(서울: 윤성사, 2018), p. 32 참조.

를, '위대한 일을 하는 사람'이라기보다 '다른 사람들로 하여금 위대한 일을 하게 만드는 사람'으로 보았다. 즉, 조직이나 집단의 구성원들에게 직접적인 급부(給付)를 주기보다 창조력의 발휘를 통해 구성원들로 하여금 2차적 결과물을 창출해 내게 하는 능력을 가진 사람을 리더로 보았다. 물고기를 그냥 주기보다 물고기 잡는 방법을 가르쳐 주는 사람을 진정한 리더로 본 것이다. 또한 쿠제스(James M. Kouzes)와 포스너(Barry Posner)는 리더를 대단하거나 원대한 자가 아니라, 일상의 순간에 어디에서나 존재하는 자로 보았다.[15] 이것은 리더의 의미를 폭넓게 해석한 것이라 할 수 있다. 필자 역시 여기에 공감한다.

특정의 조직에는 그 조직을 구성하고 있는 구성원의 성격, 환경, 조직이 처해 있는 상황과 변수 등 다양한 요인들이 상존하는 바 리더에 대한 정의 역시 다양하게 존재한다. 또한 상황 등의 변화에 따라 리더에게 요구되는 역할이 달라지기도 한다. 예컨대 지방형(향리형; parochial) 정치문화, 신민형(subjects) 정치문화, 참여형(participants) 정치문화 등 정치·사회적 분화나 글로벌화가 진행되지 않는 전근대사회에 있어서 리더들은 자신이 속한 조직 또는 자신을 둘러싼 주변의 사람들만을 위하면 되었다. 그러나 현재와 같이 시민문화가 보편화된 시대에는 보다 창조적이고 포용적인 마인드를 가진, 그리고 글로벌 시대에 부응하는 역량을 가진 리더가 요구된다.

---

15 정재창 역, 『리더십 챌린지』(James M. Kouzes, Posner, Barry, *The Leadership Challenge: How to Make Extraordinary Things Happen in Organizations*), (파주: 이담, 2018).

II. 개념에 나타난 논점들

리더십의 의미는 영역에 따라 다양하게 정의되는바, 대표적인 논점들을 예시하면 다음과 같다.

- **구성원들로 하여금 공동의 목표를 향해 자발적으로 노력하도록 이끌고 영향력을 행사하는 과정.**

☞ 이 정의에서 키워드는 '공동의 목표', '자발성', 그리고 '영향력의 행사과정' 등이다.

- **특정의 상황에서 목표의 달성을 위해 개인 또는 집단의 활동에 영향력을 미치는 과정.**

☞ 여기서는 '영향력'이 강조되고 있다.
상기의 두 정의에서는 공통적으로 '영향력'과 '과정'(process)이 중시되고 있다.

- **집단의 목표달성을 위해 집단 내의 특정 구성원이 집단의 다른 대상(들)에 대해 영향력을 행사하는 과정.**

☞ 여기서도 역시 '영향력'이 중요한 요소로 언급되고 있다.

- **조직에 대해 일상적 명령을 수행하는 것 이상의 결과를 도출해 낼 수 있는 영향력.**

☞ 여기서는 '영향력'과 '결과의 산출'이라는 점이 강조되고 있다.

일정의 가시적 결과를 산출해 내기 위해서는 목표의 제시, 능력(추진력), 혁신, 결속 등 다양한 요소들이 요구된다.[16]

• 집단에게 요구되는 목표의 달성을 위해 개인 및 집단을 조정하며 동작하게 하는 기술.

☞ 리더십은 조직 구성원으로 하여금 바람직한 조직목표에 자발적으로 협조하도록 하는 기술을 말한다. 여기서 기술은 곧 영향력이다.

• 비전(vision), 응원가, 열정(passion).[17]

☞ 리더는 비전을 제시함으로써 구성원들의 동기(motivation)와 열정을 진작시키고 체제를 변화시킴으로써 일정의 결과를 창출해 낼 수 있다. 이것은 변혁적 리더십의 관점이 반영된 정의라고 할 수 있다.

• 추종자들의 목표 달성을 위한 여건을 조성, 변화시키고 지원해 주는 것.

☞ 여기에서는 여건을 변화시키는 능력과 서번트 리더십이 강조되고 있다.

• 개인이 갖는 특성.

☞ 리더십을 개인이 갖는 특성으로 보는 관점은 자질론, 특성론으로 수렴된다. 전자는 리더십의 성과를 리더의 자질에서 찾는 것으로, 리더가 가지고 있는 자질을 이해하고, 어떻게 하면 리더로서의 자질을 함양할 수 있는가에 관한 것이다.

---

16 이러한 점에서 리더십은 권력과 불가분의 관계에 있다. 그러나 그 속성 면에서는 많은 차이가 있다(별지 참조).

17 톰 피터스(Tom Peters)는 리더십을 은유적으로 표현하고 있다.

• **투심과 공감대.**

☞ 리더십은 목표의 달성을 위해 개인과 집단을 조화시키고 움직이게 하는 '투심(投心)'을 통해 팔로워들을 설득시키는 공감의 기술을 의미한다. 투심을 통한 공감대의 형성은 감성 리더십, 진정성 리더십과 관련된 컨셉이라고 할 수 있다.

• **패턴의 유지, 적응, 목표의 달성, 통합.**

☞ 목표의 달성을 위해서는 정체성이나 패턴을 유지하면서 조직을 운용해야 할 필요성이 있다. 예컨대 로고나 CI 등은 조직의 구성원들의 정체성을 확인시켜 주고 자부심을 갖게 하는 중요한 상징이다. 모든 집단은 그 나름의 정체성을 가지고 있는바 이러한 정체성은 조직의 결속과 유지에 긍정적으로 작용하며 산출과 관련된다. 이 컨셉은 다소 전통적인 관점에서의 정의라고 할 수 있다.

• **집단이나 조직의 활동을 촉진하고 목적의 달성을 위한 중심적인 힘, 혹은 조직이나 집단의 공통 목표를 달성하기 위하여 집단의 구성원들이 목표 지향적인 행동을 하도록 집단의 상호작용을 돕는 것.**

☞ 여기서는 리더의 역량이 강조되고 있다. 이것은 서번트 리더십 관점에서의 정의라고 할 수 있다.

• **집단의 목표나 내부 구조의 유지를 위하여 성원이 자발적으로 집단 활동에 참여하여 이를 달성하도록 유도하는 능력.**

• **대인관계의 기술과 방법, 전략 등을 구사하여 집단의 목표를 성취할 수 있도록 구성원들을 계도, 설득해 나가는 과정.**

☞ 이 정의는 팔로워의 자발성과 함께 리더의 조직 운용능력이 강조되고 있다. 또한 리더십의 속성에 자율성이 내재하고 있음을 표현하고 있다.

• 집단의 목표달성과 유지, 발전을 위해 집단성원의 자발적 지지와 성원을 바탕으로 그들 간의 상호작용을 유도하고 집단 내외적 상황을 변화시키는 지도자의 행동. 목표의 달성을 위해 구성원의 행동을 변화시키는 능력.

☞ 리더에게는 조직의 미비점을 보완하고, 조직이 환경에 하도록 하며, 구성원들이 과업의 수행을 위해 그들이 가진 힘과 역량을 투여하게 하는 노력이 요구됨을 강조하고 있다.

∴ 이상을 통해 리더십의 개념에는 '비전', '목표', '자발성', '과정', '영향력', '산출', '자원', '능력(역량)', '기술', '변화' 등이 키워드로 내포되어 있음을 알 수 있다.

III. 주요 학설

리더십에 관한 학자들의 대표적인 정의를 시기별로 예시하면 다음과 같다.[18]

- 집단이 목표를 설정하고 그것을 성취하도록 집단 활동에 영향을 미치는 과정.

  - (Stogdill, 1948)

- 집단의 활동을 공유된 하나의 목표로 집중시키려는 개인의 행동.

  - (Hemphill & Coons, 1957)

- 공통의 목표달성에 순응해 지향하도록 개개인에게 영향을 주는 것.

  - (Koontz & O'Donell, 1968)

- 주어진 상황에서 개인이나 집단의 목표달성을 위한 활동에 영향을 미치는 과정.

  - (Hersey & Blanchard, 1977)

- 기계적으로 조직의 일상적 명령을 수행하는 것 이상의 결과를 가져올 수 있게 하는 영향력.

  - (Katz & Kahn, 1978)

---

18 백기복, 『리더십 리뷰』, (서울: 창민사, 2016), pp. 15-16; 문태용, 「리더십유형이 직무만족과 조직몰입에 미치는 영향에 관한 연구」, 동신대학교 석사학위논문, 2009 외 참조.

- 강제성을 띠지 않는 영향력 행사과정으로 구성원들에게 방향을 제시하고 활동을 조정하는 것(성공적으로 영향력을 행사하는 사람들이 갖는 특성).

- (Jago, 1982)

- 특정의 목표 달성을 위해 특정 인물이 다른 사람에게 영향력을 행사하는 과정.

- (Conger & Kanungo, 1988)

- 상황이나 집단 구성원들의 인식과 기대를 구조화, 또는 재구조화하기 위해 구성원들 간에 교류하는 과정.

- (Bass, 1990)

- 비전의 제시를 통해 추종자들의 자발적 몰입을 유인하고, 그들에게 활력을 줌으로써 조직을 혁신하여 보다 큰 잠재력을 갖는 새로운 조직형태로 변형시키는 과정.

- (Nanus, 1992)

- 특정 개인이 다른 사람들에 의해서 리더로 인정받는 과정

- (Lord & Maher, 1993)

- 한 사람이 집단이나 조직의 정해진 목표의 달성을 위해 집단 구성원에게 영향을 미치는 과정.

- (Greenberg & Baron, 1993)

- 리더가 일정한 상황에서 다른 구성원들로 하여금 조직이나 집단의 공동목표를 달성하는데 필요한 행위를 하도록 영향을 미치는 과정 또는 능력.

- (Robbins, 1996)

• 집단이나 조직의 한 구성원이 사건의 해석, 목표나 전략의 선택, 작업활동의 조직화, 목표 성취를 위한 구성원 동기부여, 협력적 관계유지, 구성원들의 기술과 자신감이 계발, 외부인의 지지와 협력이 확보 등에 영향을 미치는 과정.

- (Yukl, 1998)

| 참고문헌 |

김명훈, 『리이더쉽론』, 서울: 대왕사, 1975.

김성웅 역, 『섬기는 지도자』(Cedar, Paul, *Strength in Servant Leadership*), 서울: 횃불, 1993.

김원중 역, 『논어』, 서울: 휴머니스트, 2019.

김재홍 역, 『정치학』(Aristoteles: *Politika*), 서울: 길, 2017.

김형찬 역, 『논어』. 서울: 현암사, 2020.

문태용, 「리더십유형이 직무만족과 조직몰입에 미치는 영향에 관한 연구」, 동신대학교 석사학위논문, 2009.

박은태, 『경제학사전』, 파주: 경연사, 2011.

백기복, 『리더십 리뷰』, 서울: 창민사, 2016.

윤병화, 『자기주도리더십』, 파주: 신광문화사, 2019.

정재창 역, 『리더십 챌린지』(Kouzes, James M., Barry Posner, *The Leadership Challenge: How to Make Extraordinary Things Happen in Organizations*), 파주: 이담, 2018.

조중빈 역, 『역사를 바꾸는 리더십』(Burns, James MacGregor: *Transforming Leadership*), 서울: 한국방송통신대학교 출판부, 2006.

천병희 역, 『정치학』(Aristoteles: *Politika*), 서울: 숲, 2009.

하미승, 『리더십: 이론과 개발』, 서울: 윤성사, 2018.

Burns, James MacGregor, *Leadership*, New York: Harper and Row, 1978.

_____, Transforming Leadership, New York: Grove Press, 2003.

Cattell, R. B. and G. F. Stice, *The Dimension of Syllabify in Small Group.* New York: Human Relations, 1953.

Fiedler, F. E. *A Theory of Leadership Effectiveness.* New York: McGraw-Hall Book, 1967.

Fleishman, E. A., *Twenty Years of Constellation and Structure.* Carbendale: Southern Illinois University, 1973.

Koontz, H. and C. O'Donnell, *Management: A Systems and Contingency Analysis of Managerial Functions.* New York: Megrow-Hill, 1986.

Pfiffner, J. M. and R. V. Presthus, *Public Adminstration*. New York: Ronald, 1960.

Shawchuck, N., *How to Be a More Effective Church Leader*. Irvine: Spiritual Growth Resources, 1981.

Stogdill, R. M., *Handbook of Leadership*. New York: The Free Press, 1973.

https://www.sportalkorea.com/news/view_column.php?gisa_uniq=2014050505425852&section_code=40&key=&field=&cp=se&gomb=1(검색일: 2020.10.18.).

https://namu.wiki/w/%EB%A6%AC%EB%8D%94(검색일: 2019.3.14.).

https://terms.naver.com/entry.nhn?docId=779321&cid=42085&categoryId=42085(검색일: 2020.10.21).

2장

리더십의 성립과 작동

Ⅰ. 리더십의 구성요소

리더십은 기본적으로 인간관계를 전제로 한다. 따라서 리더 한 사람만으로 리더십이 작동할 수는 없다. 리더십이 작동하기 위해서는 몇 가지의 전제가 요구된다. 리더십이 성립되기 위해 필요한 구성요소로 ① 리더, ② 팔로워(개인 또는 집단), ③ 과업(또는 목표), ④ 상황(변수) 등이 있다.

A. 리더(Leader, 지도자)

리더십은 기본적으로 지도자(leader) 또는 하위지도자(sub-leader)와 추종자(집단)간의 역학관계에 의하여 수행된다. 리더와 서브-리더는 팔로워에 비해 우월한 위치에 있다는 점에서는 동일하나, 권한의 측면에서는 차이가 있다. 또한 과업에 대한 책임감, 조직의 운용에 대한 마인드 등에서도 차이가 있을 수 있다. 리더와 서브-리더의 위치는 유동적이며, 팔로워와의 관계 역시 마찬가지이다. 즉, 리더가 서브 리더나 팔로워가 될 수 있으며, 팔로워 역시 리더나 서브 리더가 될 수 있다.

리더는 통상 특정 조직에서 최상위 또는 지도적 위치에 있는 사람인 경우가 대부분이다.[1] 그러나 높은 직책을 가지고 있다고 해서 모두 리더로 부르지는 않는다. 그것은 리더의 유사개념으로 인식되는 관리자, 보스, 책임자, 치자(治者), 권력자, 감독, 대표자 등이 리더와 다른 점과 맥을 같이 한다. 즉,

다른 사람들에 비해 높은 위치에 있다고 해서, 고위직에 있어서, 또는 고위의 관리자라고 해서 반드시 리더십을 가지고 있거나 지도자가 되는 것은 아니다. 왜냐하면, 지도적 위치에서 다른 사람들을 이끌어 가는 사람과 그렇지 않은 사람은 권한, 능력, 자질, 사명감, 자신의 역할에 대한 인식 등에서 차이가 있기 때문이다.

B. 팔로워(Followers; 추종자; 집단 또는 구성원)

지도자가 있으면 지도력의 행사 대상인 추종자가 있기 마련이다(오히려 그 반대의 경우, 즉 추종자가 있으면 지도자가 있다는 표현이 보다 정확하다). 추종자가 없는 지도자는 존재할 수가 없다. 추종자는 1인일 수도 있고 다수(또는 집단)일 수도 있다. 그러나 대부분의 경우 추종자는 복수의 사람들로 구성되는 집단이다.

권력의 피라미드 구조에서 볼 수 있는 바와 같이 통상 추종자는 다수의 사람들로 구성되어 있으며, 구성원들의 성격 역시 다양하다. 리더십에 있어서 팔로워들의 추종행위(an act of following)는 자발적인 것이다. 이러한 측면에서 리더십은 권력과 구별된다.

대부분의 경우 집단의 범주에는 리더와 팔로워가 동시에 소속되어 있다. 리더십은 집단의 목표달성을 위하여 개인 또는 집단에 영향력을 행사하는 과정이다. 그러나 개인적 관계에 국한될 경우 그것은 리더십 관계이기보다 권력 관계에 가깝다. 조직이나 집단을 떠난 리더십은 생각할 수 없는바, 리

---

1 그러나 후술할 헤르만 헤세의 작품 『동방순례』에 나오는 주인공 레오처럼 최고의 직에 있지는 않으나 조력자로서 (드러나지 않게) 리더의 역할을 하는 경우도 있다. 이런 경우의 지도자는 서번트 리더인 경우가 대부분이다.

더와 팔로워의 관계는 '수어지교(水魚之交)'의 관계에 있다고 할 수 있다. 기본적으로 리더십은 집단의 외연에 존재하는 사람들을 대상으로 하는 작용이 아니라 집단의 내부에서 일어나는 상호작용이다.

C. 과업(목표)

광의의 정치행위가 이루어지는 국가부터 기업 그리고 소규모의 집단에 이르기까지 모든 조직은 그 조직이 지향하는 목표가 있다. 그 목표는 곧 과업(task)이다. 과업은 지도자를 구심점으로 하는 집단의 목표달성을 위해 그 구성원들에게 부여된 업무이다. 국가적 차원에서 설정되는 대표적 과업으로 국정지표나 국정과제를 들 수 있다. 정치지도자들은 국정지표를 구현하기 위해 능동적, 또는 수동적으로 직무를 수행한다.

그러나 과업에도 차원(즉, 단계)이 있다. 예컨대 과거 우리나라에서 시행되었던 경제개발 5개년 계획의 경우 지도자가 지향한 궁극의 목표는 경제적 발전으로 부강한 나라가 되는 것(또는 잘 사는 것)이었다. 이 목표의 수행을 위해 5년 단위로 1차에서 4차에 이르는 네 차례의 경제개발 5개년 계획(1962-1966, 1967-1971, 1972-1976, 1977-1981)을 짜고, 그 5년 안에서 다시 연도별 목표가 설정되었다. 그리고 당해 연도마다 수출, 생산 등에서의 목표가 설정되고 이러한 목표의 수행을 위한 각종 사업이 행하여졌다.

과업의 성격은 리더나 팔로워의 가치관이 반영된 지향점, 과업의 성격, 집단의 크기, 구조 그리고 과업이 결정되는 당시의 상황 등에 따라 다르다. 그리고 모든 상황에 유효하거나 효율적인 리더십, 필수적으로 요구되는 리더십의 이상형은 없다. 예컨대 군대, 교도소 등에서는 보다 엄격한 리더십이, 대학, 연구소 등에는 유연하고 자유로운 리더십이 보다 효과적으로 기능할 수 있다. 과업은 리더십이 지향하는 궁극의 목표이자 리더십의 수행에 있어 중요한 변수(變數)로 작용한다.

D. 상황

리더십의 작동은 궁극적으로 리더의 리더십의 행사과정에서 나타나는 다양한 상황들과 관련되어 있다. 상황적 조건에 따라 산출(output)은 달리 나타날 수 있다. 리더십의 효율성은 조직의 구조나 그 집단이 처해 있는 상황에 따라 달리 나타난다.

상황에는 대내적 측면과 대외적 측면이 있다. 국가적 차원의 경우 국제정세, 지정학적 위치, 정치·경제적 상황(예컨대 동맹국의 군대 동원 요청, 통상압력 등), 팬데믹 상황 등이 그것이다. 하위집단인 기업의 경우 역시 국내외의 경기(景氣), 통상 압력, 각종 규제, 소비자들의 의식, 정치권력과의 상호관계, 시대적 상황 등이 외적인 요인에 해당한다. 조직 내 구성원들 또는 집단 간의 상호작용, 조직의 문화, 집단의 성격, 집단의 규범, 집단 활동의 제약 조건 및 이들에 대한 인식과 태도, 집단에 대한 충성도 등도 상황적 조건이라고 할 수 있다. 이러한 요소들은 과업, 자발성, 지배력, 설득, 공감, 조작(操作) 등의 요소들과 상호 유기적으로 결합되어 있으며, 독립변수와 종속변수의 위치에 있다. 또한 모든 상황은 대내외의 환경과 밀접한 관계에 있다. 상황적 변수에 따라 과업의 결과 즉, 성과는 다르게 나타난다.

II. 리더십의 전제

리더십은 다양한 요소들을 그 전제로 한다. 즉, 목표의 설정, 조직의 운용 능력, 목표의 수행을 위한 자원들의 가용화, 유효한 수단의 동원, 조직의 운용에 필수적인 조정과 중재, 통제, 조직 또는 집단의 보호와 지속성을 기하기 위한 패턴의 유지, 기타 상황 등이 그것이다.

A. 목표의 설정

지도자는 목표를 설정하고, 조직 또는 집단이 지향해야 할 방향을 제시한다. 그러한 목표는 합목적적이어야 하고, 실현 가능한 것이어야 하며, 구성원들에게 도움이 되는 것이어야 하고, 구성원들에 의해 그 결과가 수용될 수 있는 것이어야 한다.

지도자가 구성원들이 지향하는 바와 조직 자체가 지향하는 바, 즉 조직의 목표를 조화시키는 것은 매우 중요하다. 양자 간의 괴리가 크면 성과는 반비례하여 나타날 것이다. 예컨대 국가적 차원에서는 국익 또는 공익에 부합하며, 국가의 존속에 유기체적으로 기여할 수 있는 것이어야 한다. 그렇지 못할 경우 그 성과는 정당성을 상실하게 될 것이다. 각 집단이 지향하는 목표는 집단의 구성원들이 그들의 가치관을 조직이 지향하는 목표에 부합하도록 투영하고 내재화(內在化)함으로써 효율을 극대화를 기할 수 있다.

B. 동원력

리더는 집단의 과업을 수행하기 위해 조직체계, 인적·물적 자원 등 가용 가능한 방법들을 동원(mobilize)하여 역량을 제고해야 한다. 조직의 운용 방향이 구성원들에 의해 수용되고, 운용의 결과 높은 output을 양산하게 되면, 리더에 대한 팔로워들의 신뢰도 역시 증가함과 아울러 결속도가 공고해져 리더에 대한 추종자들의 신뢰도 역시 높아지게 된다. 아울러 조직의 역량 증가에 따라 개인의 역량 역시 강화되는 환류(feedback) 현상이 반복되게 된다. 이러한 과정에는 외적 요소(환경)도 영향을 준다.

C. 통제력·통합력·조정력

리더는 구성원들이 조직의 목표달성을 위해 모든 역량을 집중할 수 있도록 리더십의 운용과정을 통제(control)·통합(integration)·조정(co-ordination)하는 역할을 한다. 그러나 일부 학자들은 리더십의 행사 자체가 민주주의의 기본 원리에 배치(背馳)되는 것으로 보아 리더에 의한 리더십 행사를 부정적으로 인식하기도 한다. 리더십이 잘못 행사될 경우, 엘리트주의적 사고에서 기인한 다수의 존재에 대한 경시, 독선과 방종에 의한 권력의 독선화, 정책의 불연속성 등의 위험성이 도래할 수 있을 것으로 보기 때문이다. 이런 경우 리더십은 헤드십의 양상을 띠게 되어 독주(獨走)와 일방통행의 위험에 빠질 가능성이 있다. 또한 결과지상주의적인 리더십의 행사는 더욱 위험하다. 그러나 민주주의가 일정 궤도에 오른 현대사회에 있어서 그러한 우려는 기우에 불과하다. 왜냐하면 팔로워들이 높은 정치의식을 가지고 있어서 독단적인 리더십의 운용에 의해서는 리더십 행사의 실효성과 정당성이 약화되기 때문이다.

III. 리더십의 작동

현대사회는 과거의 정태적, 관료적인 조직에서 요구되던 리더십과는 다른 새로운 리더상을 요구하고 있다. 지도자들은 지휘·통제에 의해 조직을 이끌어 가기보다 팔로워들의 자율적인 판단과 자발성을 바탕으로 하여 리더십을 행사하여야 한다. 아울러 지도자들은 물론 추종자, 즉 집단을 구성하는 구성원의 역할과 호응 역시 성과에 큰 영향을 미친다. 이에 따라 궁극적으로 리더의 일방통행이 아닌 리더와 팔로워, 그리고 집단 구성원 간의 협력과 소통이 리더십의 성과를 결정하는 중요한 요인이 된다.

리더십이 작동되는 과정과 그 성과에는 여러 요소들이 상호 영향을 미친다. 리더십의 효율성을 결정짓는 전제로 다음과 같은 요소들을 들 수 있다.

A. 팔로워들의 자발적·능동적 추종

리더십은 인간관계에서 발현한다. 그러나 리더십의 행사과정에서 작동하는 인간관계는 권력정치(power politics)나 헤드십에서 보이는 것과 같은 수직적, 강제적인 것이 아니라 자발적인 것이어야 한다. 시대 상황의 변화로 계서적(階序的), 권위주의적 체계에서 통용되던 리더십은 수평적, 팔로워 중심적 리더십으로 대체되었다. 이에 따라 구성원들의 자발적인 참여가 리더십의 효율성을 좌우하는 중요한 요인이 되고 있다. 이러한 자발성은 리더나 성과에 대한 기대 수준이 높을 때 더 큰 효율성을 발휘할 수 있다.

팔로워들을 움직이게 하는 방법에는 강제성, 압박, 명예나 물질을 매개로 한 보상, 심리적 보상 등 여러 요소들이 있다. 그러나 리더십 발현의 가장 중요한 동인(動因)은 구성원들의 자발적 추종이다. 따라서 리더는 리더십의 효율화를 기하기 위해 팔로워들로부터 자발적인 추종을 확보해야 한다. 이를 위해 리더와 팔로워 간 신뢰감 형성이 요구된다. 이러한 신뢰감은 리더에 대한 존경, 소통, 그리고 성과나 보상에 대한 기대감 등에서 나온다.

정치 지도자가 리더십의 근거인 권력을 획득하는 방법에는 합법적인 방법(선거)과 비합법적(혁명, 쿠데타, 세습 등)인 방법이 있다. 그리고 지배의 유형으로는 막스 베버(Max Weber, 1864-1920)가 『경제와 사회』(*Wirtschaft und Gesellschaft*)에서 지배의 유형으로 제시한 전통적 지배, 카리스마적 지배, 그리고 합법적(합리적) 지배 등을 비롯해 다양한 형태가 있다. 그러나 팔로워들의 속성이나 환경, 과업의 성격 등 다양한 변수들이 있는바 실제로 채택되는 유형은 상황에 따라 다르다. 즉, 이상형(ideal type)을 정형화 하기는 어렵다.

리더십의 작동에 있어서 가장 중요한 것은 지도자가 추종자들의 마음을 움직이는 과정에서 작동하는 진정성과 신뢰, 그리고 통치의 기술이라 할 수 있다. 왜냐하면 리더가 가지고 있는 정통성, 인격, 가치관, 자질, 비전 등에 따라 팔로워들의 지도자에 대한 신뢰나 추종의 강도가 결정되기 때문이다. 또한 <리더의 자질>에서 논의될 바와 같이 단순히 팔로워들로부터 높은 지지나 추종을 받는다고 유능한 리더가 되는 것은 아니다. 지도자가 리더십의 행사과정에서 보이는 절차적 정당성과 아울러, 정의에 입각해 팔로워십을 수행하고 높은 성과를 창출해 낼 때 유능한 리더로 인정받을 수 있다.

B. 리더의 역할에 대한 기대감

추종자들은 리더의 선출과정 또는 취임 시부터 리더에 대해 일정의 성과를 기대한다. 그러한 팔로워들의 기대를 충족시켜 줄 수 있는 가능성이 큰 리더일수록 추종자들로부터 높은 신뢰를 확보할 수 있으며 또한 협력을 도출해 낼 수 있다. 리더에 대한 신뢰감은 리더가 제시하는 정책의 정당성, 조직의 운용방식 그리고 결과에 대한 평가로 나타난다. 리더가 리더로서의 역할을 충실히 수행하고, 기대에 부응하는 정도가 높으면 높을수록 리더십의 발현 과정에서 리더가 구사하는 강제력은 낮아지고 팔로워들의 자발성은 높아진다. 리더의 리더십 수행 과정과 성과는 리더와 추종자들의 신뢰도를 결정짓는 요소로 작용한다. 그리고 이것은 환류의 과정을 거치면서 반복된다.

최근 들어 조직 구성원들의 성격 변화와 함께 개인의 가치관이 다양화됨에 따라 팔로워들이 기대하는 리더십의 성격도 달라지고 있다. 그리고 다문화(multi-cultural) 추세나 개인주의의 확산 역시 정치 리더로 하여금 새로운 리더십을 요구하는 요인이 되기도 한다. 특히 과거에 기능하던 권위주의적 리더십이나, 전체주의적 리더십, 투기적 리더십, 관료주의적 등은 변혁적 리더십, 윤리적 리더십, 서번트 리더십 등으로의 변환을 요구받고 있다.

시민사회로의 전이에 따라 리더와 추종자의 관계가 수직적 관계에서 벗어나 수평적 관계로 변하고, 집단이나 조직 역시 민주적, 자율적, 개방적으로 변모함에 따라 리더가 갖는 영향력이나 통제력 역시 약화되고 있다. 즉, 군림하던 리더상으로부터 조언자, 협력자, 동료, 봉사자, 후원자로서의 역할이 강조되고 있으며, 조직의 변화를 이끄는 이슈 창조자 내지 변혁적 리더로 그 역할이 바뀌고 있다. 예컨대 스포츠 집단의 경우, 과거에는 통제, 권위주의, 스파르타식 등의 방법으로 성적지상주의를 추구하는 카리스마적 지도자들이 많았으나, 1990년대 이후에는 자율야구, 형님리더십 등의 용어들이 자주 회자되었다. 이것은 (선수) 집단을 구성하는 팔로워들의 성격 변화에서 기인된 바 크다.

C. 영향력과 정통성의 확보

전근대사회에서는 리더십의 획득과정 자체가 정당성에 입각하지 않는 경우가 많았다. 즉, 선출에 의한 방법보다 계승, 지명, 추천 등에 의한 권력의 획득 유형이 많았다. 이로 인해 정통성을 결하거나 자질이나 능력이 미비한 사람이 러더가 되는 경우가 있었다. 따라서 리더에 대한 신뢰도가 약해 리더십의 효율성이 낮았다. 또한 제도의 경직화로 뛰어난 능력과 자질을 가지고 있는 리더라 해도 자신의 기량을 발휘하기가 매우 어려웠다.

개인주의와 집단 내 민주화가 보편화 된 오늘날의 경우 경직된 리더십으로는 집단을 효율적으로 운용하기 어렵다. 따라서 리더는 리더십 행사의 근거가 되는 정통성을 확보함과 아울러 조직 운용에서의 투명성을 제고함으로써 운용의 실효성을 높일 수 있다. 집단 구성원들의 성격이 다원화 되고, 수평화 되는 현대사회에서는 능력을 겸비한 사람이 리더로 활동할 수 있는 환경이 보편화 되고 있다. 해당 분야의 업무에 정통하고 업무를 가장 효율적으로 수행할 수 있는 사람이 리더가 될 수 있는 여지가 보다 커지게 된 것이다.

D. 미래지향적 리더십

현대사회의 리더에게는 과거 지향적이거나 현실 안주형이 아닌, 글로벌 시대에 부응할 수 있는 미래지향적인 마인드가 요구된다. 시대적 변화에 따라 기존의 리더십들은 그 유효성이 약화된 것이다. 또한 리더는 조직의 성과를 제고하고 그것의 지속가능성을 견인해 낼 수 있는 능력을 겸비하고 있어야 한다. 이를 통해 구성원들의 성과에 대한 기대를 높이고, 목표의식을 가지게 하며 상호 결속시켜 구성원들이 가진 모든 역량을 조직의 발전에 투여할 수 있도록 해야 한다.

E. 이슈의 적정성

리더십의 운용에 있어서 이슈는 결과에 큰 영향을 미친다. 이슈는 실현가능성이 있고, 실현 가능한 것이어야 하며, 조직의 구성원들로부터 공감을 이끌어 낼 수 있는 것이어야 한다.

국가적 차원에서 볼 때, 국제정세, 국가 간의 역학관계, 정치문화, 시민정신, 경제적 요인, 환경 등은 성과에 영향을 주는 이슈들이다. 국가적 이슈에 대한 정책의 우선순위는 지도자의 위상, 권력구조, 정당, 집단, 계층, 지역, 성별 등에 따라 다르게 평가될 수 있다. 중요한 것은 이슈의 설정에 있어서 대내적인 측면 못지않게 대외적인 요인 역시 큰 영향을 준다는 점이다.

현시점에서 한국의 정책결정 우선순위에서 경제성장, 실업문제 등에 못지않게 환경문제, 출산율 문제, 사회갈등의 해소 등이 주요 이슈가 되어야 할 것으로 보인다. 사회갈등 지수(SCI)가 높은 우리나라의 경우 정부나 자치단체 차원에서 추진되는 과업이 정당 간 이데올로기적 논쟁을 일으키는 경우가 많다. 이로 인해 국민적 합의를 이루기 어려움은 물론 정책추진의 동력 역시 떨어진다. 따라서 이해관계가 상충되는 이슈들에 대한 합리적 선택, 조정과 아울러 사회갈등의 해소를 위한 국가 지도자들의 노력이 요구된다.

F. 시스템의 구비

사회시스템의 구비 역시 중요한다. 우리가 언론 등을 통해 자주 접하는 바와 같이 우리나라의 경우 정치, 경제, 사회, 문화 등 국가 전반에 걸쳐 시스템이 미비하다. 그것은 특히 법적, 제도적 측면에서 그러하다. 이로 인해 어떤 문제가 발생한 후 사후약방문(死後藥方文) 형식으로 법률을 제정하는 경우가 많다.

일반 직장의 경우, 조직문화의 문제, 불평등의 문제, 차별의 문제, 환경의 문제, 안정성의 문제 등이 그것이다. 특히 산출의 효율성을 높이기 위해서는 조직의 구조개선, 연공서열의 탈피, 조직 문화와 환경의 개선, 신개념의 평가 시스템 도입 등을 고려할 필요가 있다.

G. 성과에 대한 기대감

일반적으로 리더십 수행의 성공 여부는 성과로 평가받는다. 정치적 측면에서의 성과는 정권교체의 가장 큰 요인 중 하나로 작용한다. 존경받는 리더들 중에는 권력과 무관한, 비가시적인 측면에서 영향력을 미친 사람들(ex, 성직자나 교육자, 문화예술인 등)도 많다. 그러나 정치나 일반 집단의 경우 역할수행 과정에서 리더가 도덕적 관점에 입각해 이상적인 방향으로 조직을 이끈다 해도, 그 결과가 구성원들의 기대에 미치지 못할 경우 팔로워들로부터 지속적으로 지지를 받기 어렵다.

리더에 의한 것이든 팔로워에 의한 것이든, 또는 양자 모두의 노력에 의한 것이든 간에, 팔로워들은 성과에 대한 반대급부, 즉 기대감을 가진다. 예를 들어 급료의 인상이나 인센티브와 같은 형태의 경제적 보상, 또는 차후에 일정의 이익을 보장해 주는 경우(승진, 지위의 보장, 보너스 등) 등이 그것이다. 이러한 기대는 리더에 대한 또 다른 평가의 기제로 작용한다.

리더를 평가함에 있어 리더가 이룬 업적이나 성과가 중요하기는 하나, 그것만으로 유능한 리더로 인정받을 수 있는 것은 아니다. 성과를 이루는 과정이나 운영의 방식, 리더십의 행사방식 역시 중요한 평가 요소가 된다. 예컨대 독선적인 조직 운영에 의해 높은 산출을 이루었을 경우는 성과를 떠나 긍정적인 평가를 받기 어렵다. 반대로, 구성원으로부터 좋은 평가를 받는 리더라 해도 소기의 성과를 도출해 내지 못하면 역시 유능한 리더로 평가받기 어렵다. 관리형 리더나, 인기 영합 위주로 조직을 운용하는 컨트리 클럽형 리더의 경우가 이에 해당한다. 그러나 이 두 경우는 동전의 양면과 같은 관계에 있다고 할 수 있다. 이것은 리더를 평가하는 기준들이 다르고 유능한 리더를 보는 관점 역시 다양화 되어 있음을 의미하는 것이기도 하다. 예컨대 정치적 리더십과 다른 형태인 경영자의 리더십 측면에서 볼 때 수익성, 경영과정에서의 민주성, 혁신적 기법의 도입, 고객에 대한 서비스의 차원, 재무 구조 개선의 정도, 지속가능성 등 다양한 측면에서의 평가가 가능하다.

H. 지지의 획득

권력의 획득방법은 합법적인 경우와 비합법적인 경우로 구분된다. 정치권력의 경우 전자의 대표적인 경우는 선거, 후자의 경우는 혁명, 쿠데타, 세습 등의 방법에 의하는 경우이다. 리더가 갖는 권력의 가장 주된 원천은 정통성이다. 그러나 이 외에도 보상, 전문성, 준거성(準據性), 그리고 부정적인 경우로 강제성 등을 들 수 있다.

권력의 정통성은 피치자 또는 집단을 구성하는 팔로워들로부터 권력의 획득 근거 내지 운용과정이 정당하다고 인정받는 경우 확보된다. 이러한 형태는 주로 정치적 영역에서 이루어진다. 절대적 권력을 행사하던 지도자가 혁명, 쿠데타, 탄핵 등의 사유로 집권 중 중도하차 하는 경우는 정당성이나 권위를 상실했기 때문이다. 그러나 일부 종교 단체나 기업 등에서 이루어지는 권력 세습의 경우 관행적인 것으로 받아들여지기도 한다.

보상적 권력은 합법적 권력을 보유하고 있는 주체에 의해 구성원들이 행한 성과에 대한 보상으로 주어진다. 그러나 그 기준이 모호하거나 다수에 의해 정당한 것으로 수용되지 않는 경우 역시 정당성 시비에 휘말릴 수 있다.

강압적 권력은 권력을 가진 자가 자의적으로 권력을 행사하는 경우 즉, 리더가 정당하지 않는 방법에 의해 팔로워들을 통제하고자 할 때 발생한다. 리더가 팔로워들이 가지고 있는 지위, 명예, 경제력 등에 대해 위협하거나 물리적·심리적 박탈을 리더십 행사의 수단으로 이용하는 경우도 있다. 그러나 이러한 경우는 리더십보다 권력적인 성격이 강하다.

전문적 권력[2] (또는 권위)은 리더가 가지고 있는 전문성이나 정보력에 의해 주어지는 권력이다. 이 경우 역시 여론 주도자(opinion leader)로서 특정의 힘을 가지게 된다. 그러나 조직의 성격과 완전히 다른 유형의 인물이 보은(報恩), 낙하산 등의 형태로 리더가 되었을 경우 전문성의 미비로 올바른 권위를 행사하기 어렵다.

준거적(準據的) 권력은 리더에 대한 신뢰감이나 존경심에서 생겨나는 경우가 일반적이다. 이것은 자발심의 발로, 이념적 지향, 리더에 대한 모델링에서 기인하는 경우가 많다.

리더는 인격적 측면에서 팔로워들로부터 존경을 받아야 한다. 그리고 희망과 비전을 제시함으로써 팔로워들의 존경심을 이끌어냄과 동시에 집단에

---

2 전문적 능력이 반드시 지식만을 의미하는 것은 아니다.

대한 통제력을 강화할 수 있다. 특히 정치적인 경우 여론은 매우 유동적이다. 리더가 정통성, 공정성 등에 대한 신뢰감을 상실하거나 더 이상 미래에 대한 비전을 제시하지 못할 경우 추종자들은 리더에 대한 지지를 철회할 것이다.

I. 지속성의 여부

리더에 대한 평가는 장기적인 관점, 지속가능성의 여부 등에 입각하여 행하여져야 한다. 특정의 정책이나 통치행위가 당대에는 저평가되고 많은 비판과 저항에 직면했으나 후일에는 높은 평가를 받는 경우도 있다. 링컨의 노예해방, 마하트마 간디의 비폭력·무저항주의, F. 루스벨트의 뉴딜정책, 윌리엄 H. 수어드(William Henry Seward, 1801-1872)가 주도한 알래스카의 매입, 케네디의 인권정책과 쿠바사태 등이 대표적이다. 우리나라의 경우 박정희 대통령 집권 당시 추진한 경부고속도로의 건설, KIST와 포항제철의 설립, 구미공단의 지정, 의료보험제도의 도입, 경지정리와 치산치수사업 등의 경우 추진 당시에는 많은 비판을 받았으나 지금 현재에는 높은 평가를 받고 있다. 그러나 반대로 근대화 과정에서 있었던 인권문제, 대기업 주도의 경제성장, 빈부 차의 문제, 지역 불균형의 문제 등은 현금의 관점에서 부정적 평가를 받는 측면이 있다. 아돌프 히틀러(Adolf Hitler)의 통치방식은, 당시에는 다수의 독일 국민들로부터 열광적 지지를 받았으나 현시점에서는 미증유(未曾有)의 역사적 과오로 전 세계는 물론 대다수의 독일 국민들로부터도 부정적 평가를 받고 있다.

'역사는 이긴 자의 기록'이라는 말이 있다. 정당하지 않는 행위도 힘을 가진 권력자에 의해 정당화 될 수 있다. 이러한 경향은 한국정치에서도 자주 보인다. 과거의 역사적 사실에 대한 평가가 집권자에 의해 자의적(恣意的)으로 바뀌는 경우를 볼 수 있다.

상황의 변화나 평가자가 가진 의식 수준의 발전에 의해 리더나 과업에 대한 평가는 달라질 수 있다. 정당한 것이 오랜 시일을 두고 다수에 의해 지속 가능한 것으로 평가될 때 정통성을 가질 수 있다. 이것은 리더나 그 리더가 행한 업적에 대한 평가가 장기적 관점에서 행하여져야 함을 말해준다.

3장

리더십의 유형: 고전적 형태

I. 이론적 배경과 유용성

A. 이론적 배경

유사 이래 동서양을 막론하고 바람직한 리더의 유형에 대해서는 많은 학자들의 언급이 있었다. 리더십(leadership)은 용어 자체가 외래어이다. 그리고 현재 우리나라에서 인용되고 있는 리더십 이론들 역시 서양의 이론들이 주를 이루고 있다. 그러나 동양에서도 관자(管子; 管仲, ?-B.C. 645), 공자(孔子, B.C. 551-B.C. 479), 맹자(孟子, B.C. 372?-B.C. 289?), 순자(荀子, B.C. 298-B.C. 238) 등에 의해 '성인군주론(聖人君主論)', '제왕학(帝王學)', '위정자론(爲政者論)', 왕도론(王道論), 패도론(霸道論) 등의 이름으로 지도자의 리더십이 언급되었다.

지도자, 즉 리더십과 관련해 가장 널리 알려진 것 중의 하나로 플라톤의 철인왕론(哲人王論) 또는 철인정치론을 들 수 있다. 소크라테스의 사상을 이어받은 플라톤은 그의 『국가론』(國家論: *Politeia; Republic*) 6권에서 철인정치론을 기술하고 있으며 3권 등에서도 국가 지도자, 수호자 등이 가져야 할 덕목과 자질, 교육방법, 교육내용 등과 관련해 많은 부분을 할애하고 있다.[1]

플라톤은 역사의 아버지로 불리는 헤로도투스(Herodotus; B.C. 480- B.C. 424)[2]가 제시한 지배자 1인의 군주국(君主政, Monarchy), 지배자 소수의 귀족

---

1 정치가론(政治家論; *Politios=Statesman*), 법률론(法律論; *Nomoi=Laws*) 등도 기본적으로는 정치 또는 국가의 운용과 관한 내용이 주를 이루고 있다.

2 헤로도투스(Herodotus, B.C. 480-B.C. 424)는 그의 『역사론』(*History*)에서 지배자의 수를 기준으로 정체를 군주제(monarchy), 귀족제(aristocracy), 그리고 민주제(democracy)로 분류했다.

국(貴族政, Aristocracy), 지배자 다수의 민주국(民主政, Democracy) 등 세 가지 정체를 다시 2분해 여섯 가지 유형으로 분류했다.[3] 그리하여 공정국(公正國)인 군주국이 타락한 형태, 즉 불공정국으로 참주국(僭主政, Tyranny), 귀족국이 타락한 형태로 과두국(寡頭政, Oligarchy), 그리고 민주국이 타락한 형태로 폭민국(暴民政, Ochlocracy)을 제시했다. 플라톤에 의하면 좋은 정치와 나쁜 정치의 분류 기준은 법률의 준수 여부에 있다. 즉, 법률이 준수되는 군주정, 귀족정, 민주정을 공정국으로, 법률이 준수되지 않는 참주정, 과두정, 폭민정의 3가지 형태를 불공정국으로 명명했다. 이러한 기준은 현재에도 적용될 수 있다. 공정국이 되느냐 불공정국이 되느냐 하는 것은 주로 지도자의 리더십에 달려 있다.

플라톤은 이상의 여섯 가지 유형 외에 권력정치 또는 금권정치(金權政治; Timokratia=Timocracy)를 제시하였다. 금권정치는 국가통치의 기초를 영예(榮譽)에 두는 정치형태로 금력(金力)과 권력이 결합된, 현대적 의미로 정경유착화 된 과두정 형태이다. 플라톤에 의하면 한 사람이 부자가 되면 다른 사람들 역시 경쟁적으로 배금사상(拜金思想)에 경도되어 그러한 분위기가 국가적으로 확산된다. 이러한 상황에서는 덕을 가진 사람과 빈곤자 모두 멸시 당하게 된다. 결국 투쟁과 명예 대신 부(富)를 가진 자들이 정치의 전면에 나서게 된다. 그러나 궁극적으로 금권정치는 몰락의 길을 걷게 되어 과두정치 체제로 변하게 된다.

플라톤에 의하면 각 정체는 장단점을 가지고 있으며, 절대적으로 선량한 정체는 없다. 굳이 비교하면 군주국이 상대적으로 좋고, 폭군국이 가장 나쁜

---

3 이후 아리스토텔레스는 플라톤의 분류 기준을 다소 변형시켜 공동복리를 목적으로 하는 것, 사리(私利)를 목적으로 하는 것의 2가지 기준에 의해 역시 6가지 형태로 분류하였는데, 구체적인 정체의 형태는 스승 플라톤의 그것과 거의 동일하다. 이 6가지 분류 형태는 이후 많은 정치사상가들에 의해 원용되었으며, 현대국가에도 크게 다르지 않게 적용된다.

다. 그러나 군주국은 참주국으로 변질된 위험성을 내포하고 있다. 민주국은 상대적으로 좋고 자유롭기는 하나, 역시 극단에 빠질 우려성이 있다. 그렇게 되는 중요한 원인은 방종에 있다. 이 경우 국가체제는 폭민국화 되어 무정부 상태가 될 수 있기 때문이 이 또한 위험하다.

플라톤은 중용을 구현할 수 있는 체제로 귀족국을 들었다. 그러나 귀족국이 타락한 형태인 과두국, 즉 소수의 부자가 지배하는 정치형태는 금권정치보다도 타락한 정치형태이다. 폭민국의 중우정치(衆愚政治; 賤民政治)는 배가 산으로 올라가는 것과 같이 다수에 의해 통치되던 민주주의가 타락한 결과 출현하는 정치형태이다. 이것은 빈자(貧者)의 부자에게 대한 반감에서 유발된 형태로 빈자들의 복종이 거부된 유형이다. 중우정치는 자유가 아닌 방종(license)의 무정부 상태[4] 이다. 이러한 형태에서는 무규범·비도덕이 팽배하다.

폭군국, 즉 참주국의 폭군정치는 중우정치에서 혼란이 지속될 경우, 국민의 인기에 편승한 자가 정치의 전면에 부상하여 권력을 유린하는 형태이다. 폭군은 자신이 민중의 보호자임을 자임(自任)한다. 이것은 전쟁기나 혼란기에 그러한 상태를 해결할 수 있는 사람이 자신밖에 없음을 표방하며 등장하는 카리스마적 지도자와 유사한 비합법적인 권력획득의 방식이다. 폭군은 권력정치를 구사하여 반대편을 속죄양(scape-goats)화 하여 숙청하며 전쟁도 불사한다. 그리고 자신의 지위를 유지하기 위해 수단과 방법을 가리지 않는다.

플라톤은 『국가론』 제8장(<잘못된 국가 체제; 정치체제의 메카니즘>)에서, 정체의 변동[5] 에 대해 기술하고 있다. 그에 의하면 통상 정체는 ① 완전한 귀

---

4 후일 홉스(Thomas Hobbes)는 자연상태(Natural State)에 대해 이와 유사하게 기술하고 있다.

5 정치사상사의 가장 대표적인 '정체순환론'으로 로마의 폴리비우스(Polybius, 204/5-122/8 B.C)의 이론을 들 수 있다. 폴리비우스에 의하면 정체는 왕제(王制, Royalty=Kingship)→폭군제(暴君制)→귀족제(貴族制, Aristocracy)→과두제(寡頭制, Oligarchy)→민주제(Democracy)→폭민정치(Mob-Rule)→(專制)君主制의 형태로 변화하며 이것은 순환된다.

족정치→② 권력정치(금권정치)→③ 과두정치→④ 민주정치→⑤ 참주정치의 순으로 변화한다.

플라톤이 상정한 이상정체(理想政體)는 철인에 의한 정치가 행하여지는 정체, 즉 금인(金人)계급이 지배하는 정체였다. 이것은 흔히 철인왕 정치로 불린다. 플라톤은 진정한 정부가 (적어도) 발견된다면 그것은 1인이나 2인, 또는 많아도 극소수인의 수중에 있는 것을 발견할 것이라고 결론을 내리고 싶다.[6] 고 기술하고 있다. 플라톤에 의하면 그 밖의 정체는 진정한 것이 아니라, 옳은 정체를 모방하고 있는 형태이다.

마키아벨리는 통치의 방식으로 '사자와 여우' 이론을 들고 있다. 그는『군주론』제18장 <군주는 어떠한 약속을 이행해야 하는가?>(군주의 계약이행에 관하여)에서 그 유명한 권모술수론(權謀術數論)을 전개하고 있다.

> 군주가 신의를 지키고 계략(計略)를 쓰지 않으며 정직한 삶을 영위해 가는 것은 모두가 칭찬할 일이다. 그러나 현 시대의 경험상 위업(偉業)을 이행한 군주들은 신의를 그다지 존중하지 않고 계략을 사용해 사람들의 지혜를 낭비시켜 궁극적으로 자기들의 말로 충실한 사람들을 정복했다.[7]

이러한 견지에서 마키아벨리는 투쟁에 두 가지 방법이 있음을 알아야 한다고 역설하였다. 하나는 법에 의거하는 것이고, 다른 하나는 폭력에 의거하는 것이다. 전자가 인간 본연(本然)의 것이기는 하나 이 방법만으로 불충분할 때가 있으므로, 후자의 방법에 의지해야 하는 경우도 있다. 따라서 군주는 짐승(의 형태)을 사용하는 방법(폭력적 방법)과 사람을 쓰는 방법(합리적 방법)을

---

6 Plato, *Statesman*, 293 a: tr. by J B. Skemp, (New York: The Liberal Arts Press, 1957).

7 Niccolò Machiavelli. *The Prince and the Discourses*, (The Modern Library), 1950, p. 216(*The Discourses*, First Book, Ch., 39), p. 63.(Chap. 18).

알아야 한다.[8]

아울러 그는 다음과 같이 기술하고 있다.

> 군주가 짐승으로서 행동하는 (폭력적) 방법을 잘 알지 않으면 안 되는 경우에는 여우와 사자를 모방하지 않으면 안 된다. 사자는 올가미에 걸릴 염려가 있고, 여우는 늑대에 의해 피습될 수 있기 때문이다. 그러므로 군주는 올가미를 발견할 수 있는 여우의 지혜와, 늑대를 두렵고 무섭게 하는 사자의 위엄을 갖추지 않으면 안 된다. 사자에게만 의존하려는(위엄만을 보이려고 하는) 자는 이것을 이해하지 못한다. 따라서 사려 깊은 지배자는 신의를 지키는 것이 자기에게 해로울 때와, 그 약속을 한 이유가 이미 없어졌을 때에는 신의를 지켜서는 안 된다.[9]

마키아벨리는, 인간이 모두 선하다면 이 가르침은 해로운 것이라 하겠으나, 인간이 악하고 그들 군주와의 신의를 지키지 않을 때에는 군주 역시 그들에 대해 대해 신의를 지킬 필요가 없다고 했다.[10] 그러나 여기서 염두에 둘 것은 마키아벨리의 권모술수론이 윤리를 완전히 부정하는 것은 아니라는 점이다.

마키아벨리의 정치사상을 관통하고 있는 세 가지의 키워드, 즉 조국(patria)·영광(gloria), 그리고 실력, 즉 덕(virtù)은 조국 이탈리아의 보존과 발전을 지향한 것으로 수렴된다. 이러한 측면에서 그의 이론은 국가의 합목적성을 우선시 한 것으로 볼 수 있다.

마키아벨리의 정치사상은 근대 이후 등장한 국가이성(國家理性; raison

---

8 Machiavelli, *Ibid*, p. 64.
9 Machiavelli, *Loc.cit*
10 Machiavelli, *Loc.cit*

d'état)[11] 즉 자기목적적 존재인 국가의 유지, 발전, 강화를 위해 지켜야 할 법칙이나 행동기준을 제시한 것이다. 아울러 그의 '권모술수론'은 시대 상황의 산물이라고 할 수 있다. 궁극적 측면에서 볼 때 마키아벨리즘은 조국의 지도자들을 위한 하나의 교과서로서 착상된 것이라 할 수 있다.

19세기 독일의 정치사상가인 막스 베버(Maximilian Carl Emil Weber, 1864-1920)는 『경제와 사회』(*Wirtschaft und Gesellschaft*)에서 지배[통치]의 3가지 유형으로 전통적 지배(Traditionale Herrschaft; Traditional Rule), 합법적(합리적) 지배(Legale Herrschaft; Legal Rule), 카리스마적 지배(Charismatische Herrschaft; Charismatic Rule)을 들고 있다(이에 대해서는 후술한다).

제임스 바버(James D. Barber)는 국가 지도자의 유형과 관련해, 직무에 대한 소명감과 활동성, 타고난 기질과 성격을 기준으로 역대 미국의 대통령을 ① 적극적 긍정형(active-positive), ② 적극적 부정형(active-negative), ③ 소극적 긍정형(passive-positive), ④ 소극적 부정형(passive-negative)으로 분류하였다.

첫 번째, 적극적 긍정형은 지도자로서의 사명감이 넘치고 활동적이며, 성격이 활달하고 매사에 낙관적인 유형으로 승부사(gamesman)형으로도 불린다. 바버는 이 유형에 드는 대표적 인물로 프랭클린 루스벨트(F. D. Roosevelt), 트루먼(H. H. Truman), 케네디(J. F. Kennedy) 등을 들고 있다.

두 번째, 적극적 부정형은 사명감이 넘치고 활동적이나, 속이 검고 공격적이며, 정서가 불안한 타입이다. 야수형으로 불리기도 하는데 윌슨(W. Wilson), 닉슨(R. Nixon), 존슨(L. Johnson) 그리고 후버(H. Hoover) 대통령 등이 여기에 속한다.

세 번째, 장인형(匠人型)으로도 불리는 소극적 긍정형은 낙관적이고 진솔

---

11 또는 국가술수(國家術數): Reason of State(英), Staatsräson(獨), Regione di Stato(伊).

한 반면 지도자로서의 사명감과 책임윤리가 부족하다. 태프트(W. Taft), 하딩(G. Harding) 등이 여기에 속한다.

마지막으로, 소극적 부정형은 사원형(社員型)으로 불리기도 하는데, 폐쇄적이고 내향적이며, 자신감과 열정이 부족하다. 아이젠하워(D. Eisenhower), 쿠울리지(C. Coolidge) 등이 이 유형에 속한다고 할 수 있다.[12]

B. 리더십의 유용성

기업경영 분야를 중심으로 많은 업적을 남긴 리커트(R. Likert)는 구성원과 일의 관점에 주목, 리더십을 직원중심적 리더십과 업무중심적 리더십으로 이원화하여 분류하고 있다. 또한 하우스(R. J. House)는 자신이 제시한 경로-목표 이론에 입각하여 지시적 리더십, 지원적 리더십, 참여적 리더십, 성취지향적 리더십으로 분류하였다.

행태론(行態論, 또는 行動論)적[13] 관점의 리더십 이론은 리더가 행하는 '행동 자체'에 중점을 두고 리더십의 작동과정을 파악하는 이론이다. 동 이론은 모든 상황에 보편적으로 적용될 수 있는 리더의 행동유형이 존재한다는 점을 전제로, 리더의 리더십 행사와 추종자와의 관계에서 발생하는 감정적-행태적 반응을 경험적 관점에서 규명하고자 했다.

리피트(Ronald Lippitt)와 화이트(Ralph K. White)[14]는 의사결정이 이루어

---

12 James David Barber. *Politics by Humans: Collected Research on American Leadership*, Durham, N.C.: Duke University Press, 1988; 김호진, 『대통령과 리더십』, (서울: 청림출판, 2006), p. 82 참조.

13 행태(行態)'는 behavior 또는 behavioral로 번역되는데 주로 전자가 많이 사용된다. 후자의 경우 '행태'보다 '행동'의 의미가 다소 강하다.

14 R. Lippitt & White, R. K., An Experimental Study of Leadership and Group Life, in Elenor E. Macoby, T. M. Newcomb and E. L. Hartley(eds.) *Reading in Social Psychology*, (New York: Holt, 1958), pp. 495-511.

지는 양태를 중심으로 하여 리더십의 유형을 민주적 리더십, 권위주의적 리더십, 자유방임적 리더십의 3가지 유형으로 분류한 후 리더십의 실행과정에서 나타난 각 유형의 특징을 연구하였다. 그 결과 팔로워들은 대체적으로 민주형 지도자, 권위주의형 지도자, 자유방임형 지도자의 순으로 선호하는 것으로 나타났다.

미시간대학은 집단의 생산성과 구성원의 사기를 진작시키는 리더십 유형을 찾기 위해 리더십의 유형을 업무 중심형과 종업원 중심형의 두 가지로 분류해 연구를 행하였다. 그 결과 리더십의 효과성이 생산성뿐만 아니라 종업원의 사기에 의해서도 측정되어야 한다는 사실과, 종업원 중심형 리더십이 업무 중심형 리더십에 비해 효과적이라는 결론을 도출해 내었다.

오하이오 주립대 연구팀과 블레이크(R. R. Blake)와 무톤(J. S. Mouton)이 공동으로 제시한 관리망이론은 리더십의 2차원 모형으로 불린다. OSU의 연구에서는 리더와 추종자의 관계 및 조직화 정도, 리더와 추종자 사이에서 보이는 우정, 신뢰, 존경심 등을 조성하려는 배려의 정도라는 이원적 개념을 조합해 4가지 유형의 리더십을 제시했다. 연구에 의하면 고도의 조직화 능력과 배려심을 겸비한 지도자가 유능한 지도자였다.

나아가 블레이크와 무톤[15]은 '생산성'과 '사람'의 두 가지 기준을 바탕으로 운영(관리 또는 경영)망(managerial grid)론을 구축했다. 두 사람은 리더십의 유형을 ① 과업형, ② 중도형, ③ 팀(단합)형, ④ 무기력형, ⑤ 컨트리 클럽형으로 분류했다. 과업형은 생산에 대한 관심은 높으나 사람에 대한 관심은 낮은 유형, 중도형은 사람과 생산에 절반씩 관심을 두고 적당한 수준의 성과를 지향하는 유형, 팀형은 생산과 사람에 대한 관심이 모두 높아 목표 달성을

---

15 R. R. Blake M & Mouton, J. S., *The Managerial Grid*, (Houston, TX: Culf, 1964); R. R. Blake M & Mouton, J. S., The New Managerial Grid, (Houston, TX: Culf, 1978): R. R. Blake M & Mouton, J. S., *The Managerial Grid III*, (Houston, TX: Culf, 1985) 참조.

위한 공동체의식을 강조함으로써 조직목표 달성을 위해 헌신하게 유도하는 유형, 무기력형은 생산성과 사람에 대한 관심이 모두 낮아 신분 유지를 위한 최소한의 노력만 기울이는 유형, 컨트리클럽형은 사람에 대한 관심은 높지만 생산에 대한 관심은 낮은 유형이다. 연구팀이 각 유형을 비교, 분석해 본 결과 팀형이 가장 이상적인 유형으로 나타났다.

피들러(F. Fiedler)[16]는 리더와 팔로워의 관계, 리더의 지위에서 오는 권력, 과업구조(특성)라는 상황변수 조합에 따라 리더에게 유리한 상황이 달라지며 각 상황에 따라 효과적으로 적용되는 리더십의 유형이 달라지는 것으로 보았다. 그는 리더의 리더십 스타일을 '과업지향형'의 리더와 '인간관계 중심'형의 리더로 구분해 연구를 진행했다. 연구 결과 리더에게 유리한 리더십 상황, 즉, 팔로워와 좋은 관계, 강한 직권, 단순하고 명확한 과업구조인 경우에는 과업 지향적 리더십이, 리더에게 불리한 리더십 상황인 경우 인간관계 중심형 리더십이 효과적인 것으로 나타났다.

허쉬(Hersey, P.)와 블랜차드(Blanchard, K. H.)[17]에 의해 제기된 리더십이론은 성장순기이론(成長循期理論)으로도 불린다. 이 이론은 지도자가 팔로워의 성숙도에 따라 그에 걸 맞는 형태의 리더십을 구사해야 한다는 상황론으로 행태이론의 한 유파인 오하이오 연구에 근거를 두고 발전시킨 리더십 이론이다.

허시와 블랜차드는 지도자의 행동을 '인간관계 지향적' 행동과 '과업지향

---

16 F. E. Fielder, A Contigency Model of Leadership Effectiveness. In L. Berkowitz (ed.), *Advances in Experimental Social Psychology*, (New York: Academic Press, 1964); F. E. Fielder, *A Theory of Leadership Effectiveness*, (New York: McGraw-Hill, 1967); F. E. Fielder, The Contigency Model and Dynamics of the Leadership Process, In. L Berkowitz (ed.) *Advances in Experimental Social Psychology*, (New York: Academy Press, 1978) 참조.

17 P. Hersey & Blanchard, K. H., Life Cycle Theory of Leadership, *Training and Development Journal*, 23, 1969, pp. 26-34; P. Hersey, & Blanchard, K. H., *Management of Organizational Behavior: Utilizing Human Resources*, (Englewood Cliffs, NJ: Prentice Hall, 1982) 참조.

적' 행동으로 구분하면서 상황변수로 부하의 직무상-심리적 성숙도를 적용해 3차원적인 상황적 리더십이론을 제시했다. 이 이론에 의하면 부하의 성숙도에 따라 리더의 역할이 달라진다. 즉, 부하의 성숙도가 낮은 경우에는 지시적인 과업행동이 효과적인 반면, 성숙도가 중간인 경우는 부하를 참여시키는 관계성 행동이, 성숙도가 높은 경우는 권한을 대폭 위임하는 것이 효과적이었다.

하우스(R. J. House)[18]가 제시한 경로-목표 이론에 의하면 조직원에게 목표 달성에 필요한 정보, 자원 등을 제공하는 것은 리더의 직무이다. 그에 의하면 리더십의 근원은 조직원들이 작업 목표를 달성하기 위한 목표 달성 경로를 명확히 하고 그 경로에 있는 장애 요소를 최소화함으로써 목표를 달성할 수 있을 것이라는 조직원들의 믿음이다. 하우스에 의하면 지시적 리더는 조직원들에게 자신이 지향하는 바를 알려주고 부하가 해야 할 과업을 지도해 주며, 지원적 리더는 부하들이 요구하는 바에 대해 관심을 보인다. 참여적 리더는 부하와 상담함과 아울러 의사결정을 하기 전에 부하의 의견을 반영한다. 성취지향형 리더는 도전적 목표를 설정하고 부하가 최고의 성과를 낼 것으로 기대한다.

경로-목표 모형에 의하면, 구조화된 과업 상황에서는 모호한 과업상황보다 지시적 리더십이 부하에게 보다 만족을 준다. 구조화된 과업을 수행할 때 지원적 리더십이 발휘되면 부하의 성과와 만족도는 보다 높아진다. 이것은 고도의 지각능력과 상당한 경험을 가진 부하들에게 지시적 리더십이 비실효적이라는 의미이다. 내적 통제 성향을 가진 부하는 참여적 리더십 유형에 보다 만족한다. 과업이 모호하게 구조화되어 있을 때 성취지향적 리더십은 노

---

18 R. J. House, A Path-Goal Theory of Leader Effectiveness, *Administrative Science Quarterly*, 16, 1977, pp. 321-328.

력을 통해 보다 높은 성과를 올릴 수 있을 것이라는 부하의 기대를 증대시켜 준다.

1980년대 초에 이르러서는 새로운 환경에 부응하기 위한 이론들이 나타났는데, 대표적인 것으로 ① 번즈(J. M. Burns)[19]의 리더십, ② 카리스마적 리더십, ③ 문화적 리더십 등을 들 수 있다.

첫째, 번즈는 리더십을 전통적인 거래적 리더십과 변혁적 리더십으로 구분한다. 거래적 리더십은 보상에 관심을 갖고 업무를 할당, 결과를 평가하며 예외에 의한 관리를 중시하고 책임과 결정을 회피하는 안정 지향의 리더십이다. 이에 반해 변혁적 리더십은 조직의 합병을 꾀하고 새로운 조직문화를 창출해 내는 등 변화를 주도하고 관리하는 리더십이다. 변혁적 리더 체제하에서는 거래적 리더 체제 하에서보다 이직률이 낮고, 생산성과 직원들의 만족도는 높다. 변혁적 리더십은 카리스마적 리더십과 유사한 측면이 있다. 그러나 순수한 카리스마적 리더의 경우 부하가 자신의 세계관에 따르도록 바라는 데 그치는데 반해, 변혁적 리더는 부하들이 제기한 의견은 물론 리더가 확립한 의견에도 문제를 제기할 수 있는 능력을 요구한다.

둘째, 카리스마적 리더십에서는 리더가 가진 뛰어난 자질과 능력에 의해 추종자가 조직의 목표에 대해 높은 헌신감을 가지게 되고 리더와 일체화를 갖게 된다. 카리스마적 리더는 뛰어난 개인적 능력을 발휘해 부하가 가시적인 성과를 내도록 한다.

셋째, 문화적 리더십은 조직문화의 변화 및 유지와 관련된 리더십 모형이다. 트라이스와 바이어는 카리스마적 리더십과 변혁적 리더십, 비전적 리더십 모두 기존의 문화를 변혁시켜 상이한 문화를 가진 새로운 조직을 구축하는데 관련된 문화적 혁신을 주로 다루고 있다는 점을 들어 문화적 리더십으

---

19 J. M. Burns, *Leadership*, (New York: Harper & Row, 1978) 참조.

로 분류했다. 문화적 리더십은 -새로운 리더십이론들이 기존의 문화를 비판하는데 반해- 문화적 혁신 이외에 기존 문화의 유지까지 문화적 리더십에 포함시켜 현상유지(status quo)는 바람직하지 못하다는 기존 리더십이론과 다른 견해를 제시했다.

II. 리더십의 유형

A. 고전적 모델

• **전통적(신분적) 리더십(Traditional; Positional Leadership)**

전통적 리더십은 관습이나 경험을 무의식적, 타성적(惰性的)으로 신뢰하려고 하는 인간의 본원적 성향에서 기인하는 지배양식으로, 전통과 관습에 내포된 신성성(神聖性), 블가역성(不可逆性)과, 그 전통에 의해 권위를 부여받은 자가 갖는 정당성을 추종함으로써 성립되는 리더십 유형이다. 가부장적(家父長的) 지배, 군주제적 지배, 종교적 교리에 근거하는 일부의 지배 양식이 전통적 지배의 전형적인 형태이다. 그러나 전통적 지배 양식에 있어서 전통은 피치자와 치자 모두를 구속한다. 즉, 지도자라고 해도 규율이나, 관습에서 벗어나 권위를 훼손시키는 행위를 해서는 안 된다.

권위주의 체제 하에서 지도자는 피치자들의 선택이 아닌 전통이나 관행에 의해 리더십의 근거를 확보한다. 장남에게 권력 세습의 우선권이 주어지는 장자상속제나, 군주제적 지배양식이 그 전형적인 것이다.

전통적 리더십에 의한 통치에서는 계서적(階序的) 방식이 주로 통용된다. 그러나 수권자(授權者)의 노력이나 검증 과정을 결여한 권력의 획득 방식은 팔로워들에 의해 합법적인 것으로 수용되기 어렵다. 또한 경우에 따라 라스웰과 캐플란이 『권력과 사회』(*Power and Society*)에서 제시한 벌거숭이 권력(naked power)에 머물러 지배력의 약화 내지 권력의 누수(漏水)를 가져올 수 있다.

• 카리스마적 리더십

'카리스마'(Charisma)라는 말은 '예언이나 기적을 행할 수 있는 초능력', '절대적인 권위', '신의 은총' 등을 의미하는 그리스어 'Khárisma'에서 유래하였다. 즉, 기적, 예언, 예지, 웅변, 무용(武勇) 등 선천적(先天的)으로 부여된 재능, 축복, 선물 등을 의미한다.

카리스마적 리더십은 특정한 인격자가 지니고 있는 초인적 자질, 신비감, 영웅적 면모, 모범성 및 그에 의해서 계시(啓示) 또는 창조된 질서의 신성성 등에 대한 신뢰로부터 기인되는 지배형식이다. 초인간적 자질, 예언력(豫言力), 탁월한 전쟁수행능력, 영웅적 면모 등은 카리스마적 권위의 원천이 된다.

카리스마적 지배나 권위는 비합리적인 것, 즉 이성적 판단을 초월하는 측면이 있다. 이로 인해 합리주의가 보편화 된 현대사회에서는 존립하기 어려운 것으로 인식되나 여전히 존속하고 있다. 즉, 현대 사회에서도 지도자의 초인적인 속성이 카리스마화 되는 경우가 있다. 고대의 알렉산더 대왕(Alexandros the Great)에서부터 칭기즈칸(成吉思汗; Chingiz Khan), 나폴레옹(Bonaparte Napoléon), 레닌(Vladimir Il'Ich Lenin'), 히틀러(Adolf Hitler), 무솔리니(Benito Amilcare Andrea Mussolini), 간디(Mahatma Gandhi; Mohandas Karamchand Gandhi), 카스트로(Fidel Alejandro Castro Ruz), 호메이니(Ayatollah Ruhollah Khomeini), 나세르(Gamal Abdel Nasser), 고 딘 디엠(吳廷琰; Ngo Dinh Diem), 마오쩌둥(毛澤東; Mao Zedong), 북한의 김일성 등이 대표적인 카리스마적 리더들이다.

이러한 유형의 지도자는 권위주의, 독재적 지도자들에게서 상대적으로 많이 볼 수 있다. 그러나 카리스마적 리더십이 반드시 정치지도자에게서만 발견되는 유형은 아니다. 즉 문화, 스포츠 등의 영역에서 특정한 힘이나 능력을 가지고 있는 사람에게서도 발견된다.

• **투기적(선동적) 리더십(Demagogic; Inflammatory; Agitative, Risky Leadership)[20]**

투기적(投機的; 煽動的) 리더십은 카리스마적 리더십과 거의 유사한 성격을 가지고 있다. 투기적 리더십은 극도의 경제적 불황, 이념적 혼돈기, 아노미적 사회 분위기, 전시(戰時) 등에 나타나는 대중들의 불안이나 불만심리에 편승, 대중(또는 군중)들의 욕구를 배설(排泄)시켜 줌으로써 지지를 확보해 등장한다. 그리고 이러한 리더십은 카리스마화 되기도 한다.

대중의 이익이나 요구의 분출(eruption of demand)이 기존의 체제에 의해 충족되지 못하거나 좌절될 경우 대중들은 권력에 대해 심한 욕구불만과 좌절감(frustration)을 가지게 된다. 그런데 이러한 욕구가 충족되지 못할 경우 대중들의 불만은 고조(escalation) 되어 사회의 전반으로 확산되게 된다. 불안정한 심리가 해소되지 못하고 사회적 상황이 개선될 여지가 안 보이거나, 미래에 대한 희망이 없다고 인식될 때 대중들은 일종의 선동적인 군중심리에 자신을 의탁하게 된다. 요령이나 편법이 만연하는 사회 분위기, 일확천금에 매몰되는 가치관의 혼란 등은 대중들로 하여금 투기적 리더십을 희구하게 하는 토양이 되기도 한다.

그러나 투기적 리더십이 욕구불만이나 사회적 혼란에 대해 만족할만한 대안을 제시하는 것은 거의 불가능하다. 히틀러 치하의 나치체제나 무솔리니 치하의 파시즘 등에서 볼 수 있었던 바와 같이 투기적 리더십에 의존하는 체제는 선동적이고 모순적인 공약을 남발하고, 물거품(泡沫) 같은 기만책으로 민심을 호도(糊塗)하며, 특정 집단을 속죄양(scapegoat)으로 삼는 방법으로 체제의 유지를 위한 출구를 모색하기도 한다. 이러한 상황에서 혼란된 상

---

20 투기적(선동적) 리더십은 통상 Demagogic Leadership으로 표기되나, Inflammatory(Agitative, Risky) Leadership으로도 표기된다.

황을 해결할 수 있는 유일한 사람이 자기 자신임을 자처하며 카리스마적 인물이 등장하게 된다. 그러나 성숙된 시민의식을 가지고 있는 선진국이나 민주주의가 정착된 체제에서는 카리스마적 리더나 투기적 리더가 등장한다고 해도 국민들의 지지를 받거나 성공을 거둘 가능성이 거의 희박하다.

• **권위주의적 리더십(Authoritarian Leadership)**

흔히 '권위'라는 말은 부정적으로 인식되는 경향이 있다. 그 이유는 권위 자체가 지배 또는 우위와 유의어 관계에 있는 점과 아울러 '권위'와 '권위의식'을 혼동하는 측면에서 기인된 측면이 없지 않다. '권위'라는 말에는 불통, 독선적, 계서적인 측면과 아울러, 다소 대립적 뉘앙스를 주는 '신성(神聖)', '존중'의 의미가 아울러 내포되어 있다. 사전적 의미에 의하면 '권위'라는 말은 '타인을 지휘 또는 통솔하여 따르게 하는 힘', 또는 '특정의 분야에서 인정받고 영향력을 미칠 수 있는 위신(威信)'이다. 즉, 권위에는 타인들로부터 신임과 지지를 획득할 수 있는 힘이 있다는 점이 전제되어 있다. 따라서 이것은 단순히 대중들을 통제, 지배하는 것과는 차이가 있다. 즉, 권위라는 말의 저변에는 잠재된 신뢰와 위엄이 깔려있다.[21]

권위주의라는 말이 가끔 지배의 동의어로서 사용됨에 따라 지배-복종의 관계에서 지배자 또는 지배의 사실이 권위라는 말로 표현되기도 한다. 이런 데서 '권위'라는 말에 '주의'라는 말이 붙어져 권위주의 또는 권위주의적이라는 용어가 부정적으로 인식되게 된다.

욕구이론으로 유명한 매슬로(Abraham Harold Maslow, 1908-1970)는 권위주의적 성격의 특징으로 ⓐ 세상을 본질적으로 약육강식의 장으로 보는 세

---

21 권위는 의견이나 지시가 무비판적, 자율적으로 수용되고 승인되는 상태이다. 이 경우 의견이나 지시를 한 사람은 권위를 가지게 되며, 권위자로 불리어진다.

계관을 가지고, ⓑ 인간을 우열의 차이로 분류하고자 하며, ⓒ 권력이나 지위에 대하여 강한 욕구를 가지고, ⓓ 편견이나 증오심이 강하며, ⓔ 인간을 겉면만 보고 판단하려고 하고, ⓕ 인간을 측정하는 가치 기준이---오직 우열에 두어져---일차원적이며, ⓖ 다른 인간을 도구시하고, ⓗ 새디즘(sadism)적·매저키즘(masochism)적 경향을 가진다는 점 등을 들고 있다.

권위주의적 지도자는 주어진 과업의 수행에 높은 가치를 두나, 자신이 가진 직위가 가져다주는 권력에 의존하고, 독단적인 의사결정을 하며, 자신과 상이한 의견을 가진 사람들, 또는 구성원들과의 소통이 미흡하다. 이러한 유형의 리더가 운용하는 체제는 조직이 경직되어 있다. 또 권위주의 체제하에서는 구성원들의 자발성이 약화되어 자율적으로 행동하기 어렵고, 적극적으로 의사결정을 하기 어려우며, 구성원들이 창의성을 발휘하기가 힘들어진다.

또 다른 측면에서 리더의 독선적이고 권위적인 통치(또는 운용) 방식은 구성원들의 동기부여나 업무 몰입도를 저하시키고, 인재들이 이탈하게 되는 원인으로 작용한다. 또한 구성원들 상호간의 불신감과 적대감을 조장할 수도 있다. 이로 인해 조직의 결속력이 약해지고 종국적으로는 과업의 효율성이 낮아진다. 그러나 권위주의적 리더십은 국가가 전쟁, 공황, 팬데믹과 같은 위기에 직면한 상태에 처해 있거나, 권위적 생활양식이 지배하고 있는 전통사회에서는 권위주의 리더십이 효율적으로 작용할 수 있다.

권위주의적 리더십은 리피트와 화이트가 분류한 3가지 리더십 유형 중 하나로, 지도자가 조직의 의사나 정책을 결정하고 구성원들이 따르도록 하는 일방향적인 리더십이다. 칼 뢰벤슈타인(Karl Löwenstein)[22]에 의하면 권위주

---

22 Karl Löwenstein(1891-1973): 독일 출생의 미국 공업학자, 정치학자, 법학자. 1931년 뮌헨 대학 사강사(私講師)를 지냈으나 1932년 나치의 유대인 박해를 피해 미국으로 망명, 1934년 예일 대학 정치학 부교수를 지냈다. 1936년 이후 애머스트 대학 William Nelson Cromwell 교수로 정치학과 법학을 강의하였다. 네이버 지식백과(인명사전, 2002, 인명사전편찬위원회).

의 정치체제는 유일의 권력보유자가 일반국민으로 하여금 국가의사를 형성하는 데 효과적으로 참여할 수 없도록 권력을 독점하는 정치적 조직이다.[23]

현대 정치에서 권위주의적 리더십을 구사한 대표적인 인물로 프랑스의 드골(Charles André Marie Joseph De Gaulle, 1890-1970) 대통령을 들 수 있다. 드골은 국민투표에 의해 대통령의 권한을 강화하고 의회의 권한을 약화시킨 제5공화정 체제를 발족시켰다. 제5공화정 체제는 권위주의적 통치에 의존하면서도 다원주의적 측면을 가지고 있었던 특이한 형태라고 할 수 있다. 드골은 권위주의를 확대 재생산하기는 하였으나 일원적이고 획일화된 체제로 가지는 않았다. 드골 독재라는 평가도 있었으나 드골의 집권 이후 프랑스의 국가적 위상은 그 이전에 비해 매우 높아졌고 많은 영역에서 발전된 모습을 보였다. 이로 인해 드골체제는 부정적 평가 못지않게 긍정적 평가를 많이 받았다. 드골 정권은 국가적 위기에 처해있던 프랑스 국민들이 과거의 국가적 위상과 자존심을 회복하기 위해 드골에게 국가 운영의 전권을 위임한 측면이 강하다.

• 전체주의적 리더십(Totalitarian Leadership)

전체주의는 문자 그대로 개인이 (국가 등) 전체의 존립과 발전을 위해 존재한다는 이념 하에 개인의 권리가 억압되어 있는 정치체제이다. 따라서 전체주의적 리더십은 개인주의, 민주적 리더십과는 대립적 위치에 있으며, 파시즘 체제나 공산주의 체제에서 그 전형을 볼 수 있다. (광의의) 파시즘[24]을

---

23 권위주의적 정치체제를 전체주의적 정치체제와 구별 짓는 기준으로 다원성과 정태성(靜態性)을 들 수 있다. 전체주의적 정치체제에서 권위주의적 정치체제로 변하거나 그 반대의 과정을 밟을 수도 있다. 그러나 때로는 그 두 체제 모두 권위주의적 전체주의(authoritarian totalitarianism)로도 일컫는바 양자의 차이를 명확하게 설명하기 어려운 면도 있다.

24 광의의 파시즘은 독일의 나치즘, 이탈리아의 파시즘, 일본의 군국주의를 의미하며, 협의 파시즘은 이탈리아의 파시즘을 일컫는다.

이끌었던 리더들은 대중의 심리에 내포되어 있는 부정적 측면을 교묘하게 이용했다. 즉 사회적 불안에 떨고 있는 일반대중들에게 실현 가능성 있는 비전을 제시하는 대신, 속죄양(유태인 등)을 만들어 내거나, 부정적 심벌(예컨대 반자본주의, 반사회주의, 반유태주의 등)을 기치로 내걸고 대중들을 결속시켰다. 예컨대 나치 독일은 국가 탄생의 신화, 즉 우수민족(아리안)의 신화를 만들어 대중을 선동하기도 했다. 히틀러의 경우 체임벌린[25]이나 고비노[26] 등의 인종 이론들을 견강부회(牽强附會)격으로 이용하는가 하면, 인종주의가 반영된 바그너의 음악, 독일의 가장 존경받는 작곡자인 베토벤의 음악을 집중적으로 보급하거나 연주하게 하기도 했다. 그리고 이를 통해 국민들의 결속을 도모했다. 실제로 1936년 베를린 올림픽을 전후해 열린 실황 연주 영상에 등장하는 음악은 거의 대부분 바그너나 베토벤의 음악이다. 그리고 유태인 출신 작곡가인 멘델스존과 말러의 음악은 연주가 철저히 금지되었다.

파시즘은 부정적 심볼의 조성과 확대재생산을 통해 그 체제를 유지했는바 그것은 일원적 사회의 산물이자 돌연변이적 형태라고 할 수 있다. 히틀러, 무솔리니, 일본의 군국주의자, 레닌, 스탈린, 김일성 등으로 대표되는 전체주의적 지도자들은 다른 체제에서는 유례를 찾아보기 힘든 독선과 철권 그리고 기만과 조작의 수법들을 동원했다.

• 관료주의적 리더십(Bureaucracy; Bureaucratic Leadership)

관료주의는 관료정치 하에서 보이는 특유의 행동양식이나 의식 상태를

---

25 체임벌린(Houston Stewart Chamberlain, 1855-1927): 영국계 독일 작가로 정치철학, 자연과학에 관한 저술을 했다. 리하르트 바그너의 사위이다. 『19세기의 기반』은 20세기 초 범게르만주의 운동에 큰 영향을 미쳤으며, 반유대주의와 결합하여 나치즘으로 발전하였다.

26 고비노(Josephe Arthur Comte de Gobineau, 1816-1882): 프랑스의 사상가·작가·외교관. 1848년 외상(外相) 토크빌의 비서, 1854년 테헤란(Teheran) 주재 대사의 비서관을 역임하고, 1861년 다시 대사로 테헤란에 부임했다. 아리안종, 게르만 인종의 우수성을 주창하였다. 이것은 나치 등에 의해 악용되었다. [네이버 지식백과](인명사전, 2002, 인명사전편찬위원회).

이르는 말로 용어 자체에 비판적 뉘앙스가 내포되어 있다. 우리나라의 경우 공직사회를 이야기 할 때 복지부동(伏地不動), 상명하복(上命下服) 등의 용어들을 사용하는 경우가 있다. 이것은 관료주의에 내포된 부정적 이미지를 반영하는 용어들이라고 할 수 있다. 관료주의적 리더십은 근대 사회 이후 사회가 관료화되고 조직화됨에 따라 등장하게 된 리더십이다. 관료주의적 리더십은 기존의 가치 또는 규범이나 수직적.계서적 조직체계를 고수하는 경향이 강하다. 따라서 관료주의 리더십은 창조적 리더십을 배격하는 반면 현상유지(Status Quo)적 경향을 띠는 대표적 리더십과 유사한 측면이 있다.

관료주의는 그 자체에 내포된 보수적 경향으로 인해, 기존 체제가 해체되거나 개방주의적 사조가 등장하는 상황에서는 실효성이 약해진다. 그러나 체제안정적인 것을 희구하는 보수적인 시대상황에서는 일정의 유효성을 가진다.

B. 현대적 모델

• 대표적 리더십(Representative Leadership)

대표적 리더십은 산업혁명과 근대를 거쳐 현대에 접어든 안정된 사회체계에서 등장한 리더십이다. 시민혁명 이후 등장한 자유주의(liberalism) 사조에 부응해, 정치체계는 그 체계를 구성하는 일반대중의 동의와 지지에 입각해 성립해야 한다는 사고방식이 보편화 되었다. 시민들은 로크(John Locke, 1632-1704)의 자연권론, 루소(Jean Jacque Rousseau, 1712-1778)의 국민주권론을 거쳐 벤담(Jeremy Bentham, 1748-1832), 제임스 밀(James Mill, 1773-1836)과 존 스튜어트 밀(John Stuart Mill, 1806-1873) 부자(父子) 등의 공리주의자들에 의해 보다 공고화 된 국민주권론과 참정권에 대한 인식을 내면화 하게 되었다.

특히 자유주의적 사고의 확산에 따라 천부적 권리를 인식하게 되면서 시민들은 소극적 권리보다 적극적 권리에 대한 인식을 가지고 정치과정을 통해 각자의 이익을 충족시키고자 했다. 이러한 사상적 흐름 속에서 시민들은 이익을 중심으로 하여 다양한 문제들의 해결 방안들을 모색하게 되었다. 아울러 지도자는 일반대중의 이익을 대표하는 대표자로서의 명분을 가지고 등장하게 되었다. 이로써 과거에 통용되던 전통적, 신분적 리더의 위상이 약화된 반면 개인의 능력과 역량을 바탕으로 집단을 대표하는 리더가 출현하게 된 것이다. 즉, 신분사회에서 이익사회, 신분적 리더로부터 이익을 대표하는 리더로 변모하게 된 것이다.

궁극적으로 볼 때, 대표적 리더십은 지도자가 그 사회 내부에 존재하는 다양한 가치와 이익, 요구 등을 대표하고 실현하는 리더십이다. 일반적으로 사회가 안정화 될수록 리더십은 대표적 리더십의 형태를 띠며, 사회적인 분위기 역시 보수적으로 경도되는 경향이 있다.

• **창조적 리더십(Creative Leadership)**

창조적 리더십은 비안정적인 시기에 개인의 이익 충족은 물론 기존의 가치체계 자체에 대해 새로운 변화를 시도함으로써 리더십을 획득하는 유형의 리더십이다. 창조적 리더십은 과도기적 상황을 안티테제로 하여 출현한다는 점에서 일면 카리스마적 리더십 또는 투기적 리더십의 등장배경과 유사한 측면이 있다. 즉 창조적 리더십은, 기존의 가치체계 하에서는 자신의 욕구 충족이 어렵고 미래가 불투명 하다는 일종의 체념적 상황에서 발생한다고 볼 수 있다. 창조적 리더십이 작동되기 위해서는 새로운 체제가 기존의 가치체계나 생활양식을 대체할 수 있을 것이라는 기대와 함께, 그러한 것들을 충족시켜 줄 새로운 형태의 비전과 과업들이 아울러 제시되어야 한다.

창조적 리더에 의해 새로운 비전과 과업이 제시되면 팔로워들은 지도자가 표방하는 목표에 대한 기대감과 함께 그것을 신뢰하고 따르게 된다. 그리고 새로운 패러다임에 부응하기 위해 개인도 변화된 행태를 보이게 된다. 그러나 창조적 리더에 의해 제시되는 새로운 비전이나 과업의 실행이 항상 팔로워들의 기대를 충족시켜 준다는 보장은 없다. 실제로 대부분의 카리스마적 지도자들이나 독재자들 역시 초기에는 이처럼 기존의 것과 차별화 되는 새로운 형태의 비전을 제시하면서 등장한다.

- **민주적 리더십(Democratic Leadership)**

민주적 리더십은 주로 조직이나 집단의 운용과정과 관련해 언급되는 리더십이다. 여기서는 리더와 팔로워간의 소통이 자유롭게 이루어지고, 구성원들의 의사가 팔로워의 정책결정에 반영되며, 조직의 전반적인 운용이 민주적으로 이루어진다.

민주적 리더십은 리피트(Ronald Lippitt)와 화이트(Ralph K. White)가 분류한 리더십 중 중간적 성격을 띠는 형태의 리더십이다. 그리고 다니엘 골만(Daniel Goleman)이 제시한 6가지의 리더십 유형 중 하나이기도 하다.[27] 그리고 명칭에서 나타나는 바와 같이 긍정적 유형을 대표하는 리더십이다.

민주적 리더십은 등장 과정부터 합법적인 데 기초하고 있다. 즉, 지도자는 세습이나 쿠데타, 혁명 등의 비합법적인 방법이 아니라, 투표 등 민주적 절차에 입각해 선출된다. 또한 민주적 리더는 공익을 정책의 우선순위로 삼음과 아울러 자신이 행한 결과에 대한 비판을 수용하고, 책임을 지며, 팔로워

---

27 다니엘 골만은 『감성의 리더십』에서 <리더십의 다양한 유형>으로 4가지, <불협화음을 일으키는 리더십>으로 2가지를 제시하고 있다(이에 대해서는 후술한다). 장석훈 역. 『감성의 리더십』(Goleman, Daniel, McKee, Annie, Boyatzis, Richard E.: *Primal Leadership: Realizing the Power of Emotional Intelligence*), (서울: 청림출판 2003), pp. 99-141 참조. 다니엘 골만은 감성적 지능(emotional intelligence)의 개념을 1998년 HBR논문에서 비즈니스에 적용하였다. 그가 제시한 5가지는 자기인식(또는 지각, Self-Awareness), 자기규율(self-regulation), 동기부여(motivation), 감정이입(또는 공감, empathy), 사회적 스킬(social skill) 등이다.

들과 끊임없이 소통하며 조직의 운용 과정에 그들의 의견을 반영하기 위해 노력한다. 또한 민주적 리더는 팔로워들에게 의사결정에 대한 권한을 부여함과 아울러 가능한 한 조직의 운용과정에 있어서 구성원들의 동의를 중시한다.

• 상황적 리더십(Situational Leadership)

상황적 리더십은 지도자가 조직이 처한 상황이나 환경적 요소를 고려하여 그에 적합한 리더십을 구사하는 형태의 리더십이다. 따라서 이것은 기술적 측면에서의 리더십이라고 할 수 있다. 상황적 리더는 상황, 즉 조직의 성격이나 시대성, 환경 등에 대한 임기응변에 능하다. 상황적 리더십 이론에 의하면, 리더십이 효율적으로 발휘되기 위해서는 팔로워들을 구성하고 있는 집단에 대한 리더의 리더십 구사 스타일이 중요하다. 즉, 팔로워 집단을 구성하고 있는 사람들의 학력, 빈부, 성별, 연령, 지역, 문화(종교) 등의 차이에서 생겨날 수 있는 여러 변인(變因)들을 분석하여 상황에 적합한 리더십을 구사하여야 한다. 특히 사회적 유동성이 큰 집단에 있어서 변인에 대한 효과적인 대처 능력이 요구된다. 상황적 리더십은 리더십을 확보하는 근거와 관련되기보다 특정의 상황에서 발현되는 리더십이라고 할 수 있다.

• 지원적 리더십(Supportive Leadership)

지원적 리더십은 서번트 리더십과 동일한 것으로 이해될 수 있으나 실제로는 다소의 차이가 있다. 그것은 '지원을 한다.'는 측면과 '봉사를 한다.'는 측면의 차이로 생각해 볼 수 있다. 즉, 지원형 리더십은 서번트 리더십과 지원의 정도나 희생의 강도 면에서 다소 차이가 있는 것으로 볼 수 있다.

지원적 리더십은 로버트 하우스(Robert J. House)가 그의 경로-목표 리더십이론에서 제시하고 있는 네 가지(지시적·지원적·참여적·성취지향적) 리더십

중의 하나로 구성원의 복지나 개인적 욕구의 충족에 역점을 두는 리더십 유형이다. 지원적 리더십은 팔로워들의 문제에 개입하기보다 조력자로서의 역할이 강조된 형태의 리더십이라 할 수 있다. 또한 서번트 리더십과 마찬가지로 리더의 희생적인 마인드가 요구된다.

- **위임적 리더십(委任型; Delegating Leadership)**

위임형 또는 대리자형은 특정의 사안이나 과업에 대해 리더 자신이 직접 결정을 내리기보다 팔로워들에게 결정이나 권한을 위임하는 스타일이다. 이러한 경우는 리더가 과업수행과 관련해 팔로워들이 가지고 있는 능력, 판단력 등에 대한 신뢰감을 가지고 있을 때 가능하다. 나아가 미래에 도래할 상황에 대해서도 어느 정도의 확신을 가지고 있을 때 가능한 리더십 행사 스타일이다. 모험을 하면서도 팔로워의 능력을 믿고 과업을 위임하는 것은 과거로부터의 경험, 즉 팔로워에 대한 신뢰감을 가지고 있을 경우 가능하다. 그러나 부정적 측면에서 볼 때, 위임적 리더십은 리더가 과업에 대한 자신이 없거나, 리더가 특정의 사안에 대해 자신이 책임을 회피한다는 비판을 받을 수 있다. 아울러 팔로워의 입장에서는 미래에 도래할 결과, 평가 등과 관련해 리더가 갖는 책임에 준하는 심리적 압박감을 가질 수 있다. 위임형의 리더십은 리더가 자신에게 주어진 권리를 독자적으로 행사하기보다 팔로워들에게 위임한다는 점에서 민주적 리더십의 카테고리속에 속한다고 할 수 있다.

- **코칭 리더십(Coaching Leadership)**

코칭 리더십은 코치(coacher)[28]가 코치맨(coachman, coachee)으로 하여금 자신에게 내재된 잠재능력을 스스로 발견하여 그것을 스스로 계발, 발전하도록 도와주는 리더십 스타일, 또는 그러한 스타일을 수행하는 기법이다. 여기서 코치와 피코치의 관계는 멘토(mentor)와 멘티(mentee)의 관계와 유사하다.

코칭 리더십은 2002년 다니엘 골만(Daniel Goleman)이 제시한 6가지 리더십 유형 중 하나로 제시하였다. 골먼은 그의 저서 『감성의 리더십』[29]에서 <리더십의 다양한 유형>으로 ① 전망제시형, ② 코치형, ③ 관계중시형, ④ 민주형을, 그리고 <불협화음을 일으키는 리더십> 중 두 개의 유형으로 ① 선도형과 ② 지시형 등 총 6가지로 분류하고, 리더십의 유형과 의미에 대해 기술하였다. 이후 그는 코칭 리더십의 유용성에 대하여서도 의견을 개진했다. 코칭리더는 역할과 업무를 명확히 파악하는 반면 부하직원들에게 의견과 실행투입을 요구한다.[30] 코칭 리더십의 카테고리에 포함될 수 있는 주요 요소로는 방향성(direction), 책임(accountability), 성장(또는 개발, development), 관계(relationship) 등이 있다.

---

28 축구의 경우 감독은 head coach로, 코치는 assistant coach로 표기한다. 코칭(coaching)과 유사한 개념으로 티칭, 카운슬링, 멘토링, 컨설팅, 트레이닝 등이 있다.

29 장석훈 역, *Op.cit*, pp. 99-141 참조.

30 하동석 외(행정학용어 표준화연구회), 『행정학 용어사전』, (서울: 새정보미디어, 2011) 참조.

III. 리더십의 행사 스타일

A. 권위주의형

권위주의형은 전근대사회와 비서구권에서 주로 통용되던 리더십의 행사 스타일이다. 권위주의적 리더가 구사하는 리더십의 운용 기제는 권위, 위계(位階), 조직, 통제, 그리고 명령체계 등이다. 권위주의적 리더십은 긴급성이 요구되는 문제를 관철시켜야 할 경우 효과를 발휘한다. 그러나 지속적으로 구사하게 되면 팔로워들이 리더의 명령에 의존하게 되어 자율성이 약화되고 문제 해결 능력이 저하될 수 있다. 또한 실효성이 떨어지고, 자율성의 위축을 가져오며, 수동적 행태를 가지는 팔로워들을 양산할 수 있다. 권위주의형의 리더는 과거의 경우 어느 정도 유용성이 있었으나 개인주의 의식이 제고되고 조직의 분위기가 민주화된 현재에는 유용성이 낮다. 다소 후진적인 리더십 행사 스타일로 평가할 수 있다.

B. 비전중시형

비전 중시형은 미래지향적 리더십의 행사 스타일이다. 비전 중시형은 미래에 대한 희망이나 과업이 갖는 비전, 그리고 과업의 실현 가능성을 제시함으로써 팔로워들의 역할과 역량을 제고하는 리더십 행사 스타일이다. 미래에 대한 기대가 높을수록 팔로워들은 과업의 성공에 대해 확신을 가지고 자신이 맡은 역할에 대해 보다 능동적으로 임하게 될 것이다. 인센티브 제도가 이러한 목적의 일환으로 행하여지는 것이라고 할 수 있다. 팔로워들이 뚜렷한 목표의식을 가지게 될 경우 과업에 대해 보다 더 애착과 열의를 가지고 적극적으로 임하게 된다. 따라서 효율성 역시 커지게 된다. 비전 중시형의 리더십은 리더와 팔로워 상호간의 신뢰도가 높을 경우 보다 효과적일 수 있다. 비전 중시형의 리더십에서 중요한 것은 리더가 제시하는 비전이나 과업들이 팔로워들에 의해 유효적절하며 타당한 것으로 받아들여져야 한다는 점이다.

C. 관계중시형

관계중시형은 과업보다 인간관계에 중점을 두는 타입으로 인간관계를 통해 팔로워들을 직무와 조직체계에 동화시키고 과정에 적응시키는 스타일이다. 넓은 의미로는 서번트 리더십이나 윤리적 리더십도 여기에 포함될 수 있으나 일반적으로는 소위 '컨트리 클럽형'으로 불리는 리더십의 유형을 의미한다. 리더를 중심축으로 하여 리더와 팔로워, 팔로워 상호간의 공감대가 높아질 경우 과업의 성과 역시 배가될 수 있다. 그러나 잘못되면 과업보다 인간관계만 중시하는 조직으로 전락하거나 비창의적인 조직이 될 수도 있다. 우리나라의 정치권에서 보이는 끼리끼리 문화나 파벌주의, 코드인사 등이 그 전형이라고 할 수 있다. 또한 조직의 운용이 투명하지 못하고 과업에 대한 평가 역시 정실에 치우쳐 행하여질 수 있다. 이것은 궁극적으로는 성과의 저하로 이어진다. 정치적 영역에서는 갈등이 고조되고 세력화 되어 극단의 경우 권력의 변동(교체)을 초래할 수도 있다.

D. 자유방임형

자유방임(Laissez-faire)형 리더십은 지도자가 조직의 의사결정 과정을 주도하기보다 구성원들에게 의사결정권한을 위임하는 리더십 유형이다. 이것은 리피트와 화이트가 분류한 3가지 리더십 유형 중 하나로 권위적 리더십과 대립되는 유형의 리더십이라 할 수 있다. 그러나 위임형 리더십과는 다르다. 양자 모두 지도자가 과업에 대한 애착이 약한 것으로 생각될 수 있으나 자유방임형은 지도자가 가지는 책임감의 정도에서 더 약한 것으로 이해될 수 있다. 연구소, 전문직종 등의 경우(조직의 성격 등)에 따라 자유방임형이 요구될 경우도 있다. 하지만 조직력의 이완(弛緩)을 가져오거나, 통제불능의 상태로 될 수 있다. 또한 독자적인 업무처리로 효율성이 저하될 수도 있다.

IV. 소결론: 바람직한 리더형

지도자가 리더십을 행사하는 데는 여러 제약들이 따른다. 특정의 리더십을 행사하는 데 있어서 제도상의 제약, 시기적 상황, 구성원의 성격, 지속가능성, 환경 등의 유동성에 대한 변수가 존재하기 때문이다. 따라서 리더가 모든 상황에서 그 상황이나 자신의 성향에 맞는 스타일을 찾거나 선택하는 것은 매우 어렵다. 더더구나 리더 단독으로 결정하기 어려운 과업이나 여건들도 존재한다. 특히 효율성의 관점에서 상황적(狀況的) 요소와 변수들을 고려해야 하는 바, 그것은 대체로 다음과 같은 것들이다.

첫째, 리더가 이끌어 가는 조직의 성격에 따라 리더십의 유형은 달라질 수 있다. 즉, 조직은 그 조직이 지향하는 목표나 성격 등에 따라 그에 적합한 리더십 스타일을 요구한다. 예를 들어 계서적인 조직이라 하더라도 군대, 교도소, 검찰, 경찰, 공직사회, 스포츠계와 일부 예술 집단, 일부 종교집단 등에서 보는 바와 같이 성격이나 경직도의 차이가 크다.

일부의 조직에서는 권위주의적 리더십이 효과를 발휘하는 경우도 있다. 그러나 과거와 달리 현금에 들어서는 팔로워의 유형이 다양화 되었으며, 팔로워들의 성격 역시 많이 변하였다. 이로 인해 요구되는 리더십이 고정적이지 않고 유동적이다. 그리고 실제로도 다양한 유형의 리더상을 발견할 수 있다. 예를 들어 여성 리더의 증가와 함께, 여성이나 비군부 출신이 국방장관에 임용되거나, 검찰이나 법원의 수장에 비법조인 출신, 또는 업무와의 연관성이 약한 인물이 임명되는 경우, 스포츠팀 감독에 비선수 출신이 취임하는 것

등이 그 예이다. 대학의 경우도 총장에게 아카데미즘의 구현보다 오히려 경영적 마인드를 요구하는 경우가 많다. 그러나 특정의 분야에서 장점이나 특이성을 가지고 있다고 해도 리더의 개인적 역량이나 리더십의 행사스타일, 한경, 지지도 등에 따라 성과는 달리 나타나는바, 각 조직에 가장 적합한 리더의 유형을 일원화하여 모델링화 하기는 어렵다.

둘째, 팔로워들의 교육 수준 역시 리더십의 유형을 결정짓는 요소가 될 수 있다. 교육수준이 높은 사람들로 구성된 집단에는 민주적 또는 자유방임적 리더십이 보다 효율적으로 기능한다. 대학, 연구소 등과 같은 지식인 집단의 경우 권위주의적 조직 운용은 자율성의 침해로 연구나 성과 측면에서 위축을 야기할 수 있다. 따라서 이런 경우는 권위주의적 리더십보다 위임형이나 자유방임적 리더십이 효과적일 수 있다. 반면, 교육수준이나 전문성이 상대적으로 낮은 사람들로 구성된 집단의 경우 권위주의적 리더십이나 서번트 리더십이 효율적으로 작용할 수 있다.

셋째, 위에 든 학문 외에 과학기술, 의료, 예술, 문화 등을 포함하는 특정 분야의 경우, 조직의 구성원은 물론 리더에게 특수한 지식이 요구되는 경우도 많다. 이런 조직의 경우 전문적, 민주적 리더십이 효율적이다. 즉, 각 영역에서 전문화의 중요성이 커질수록 리더가 의사결정 과정에서 전문적인 의견을 반영할 수밖에 없다. 우리나라에서 논란이 되었던 탈원전 정책의 결정과정이나 일본과의 독도 영유권 관련 협상 등이 이러한 점을 단적으로 보여 주었다. 수요조사나 타당성 조사 등을 등한시 한 채 정치적 고려나 포퓰리즘에 빠져 수행한 공항, 철도 사업 등의 대형 국책사업들은 정책결정과정에 외부적 요인이 개입된 경우로 예산 낭비를 초래한 대표적인 실패 사례로 꼽힌다.

넷째, 환경도 리더십의 유형을 결정짓는 중요 요인이 될 수 있다. 환경에는 팔로워의 성격, 지역, 시대상황(전시, 세계적 공황기, 팬데믹기 등) 등이 포함된다. 이러한 경우에는 리더와 구성원들 간의 소통과 과업이 가져다 줄 효율성 등에 대한 검토가 요구된다. 2020년 Covid-19가 유행하던 당시 백신의 조기 확보를 위해 경쟁하는 과정에서 표출된 각국 지도자들의 리더십은 유관행정기관의 판단, 전문가, 행정가들과의 소통과 아울러, 지도자가 내려야 하는 결단의 중요성을 환기시켜 주었다. 정부형태에 있어서 미국과 같이 여러 주의 결합으로 구성되어 통합적이고 강력한 리더십이 요구되는 체제나, 우리나라의 경우처럼 남북이 대치하고 있는 국가의 경우 대통령제가 내각책임제(議員內閣制)에 비해 상대적으로 효율적인 것으로 인식되는 것은 리더에게 신속한 정책결정이 요구되기 때문으로 이러한 논리와 일맥상통한다.

다섯째, 국가나 사회, 그리고 그 구성원들이 갖는 생활양식으로서의 문화, 또는 에토스(ethos)도 리더십 선택의 변수가 된다. 시대적 변화, 문화의 양식, 종교 등도 그 변수가 될 수 있다. 민주화가 많이 이루어진 집단의 경우 권위주의적 리더십의 유용성이 확연히 낮음은 재론의 여지가 없다.

지금까지 동서양을 막론하고 바람직한 리더상에 대해서는 많은 이론들이 제시되어 왔다. 그러나 위에서 언급한 바와 같이 바람직한 리더로서 특정의 지도자상을 상정하는 데는 난점이 있다. 왜냐하면 시대나 상황, 구성원들의 성격, 환경, 또는 평가자의 주관이나 이해관계에 따라 달리 평가될 수 있기 때문이다.

보편적으로 제시될 수 있는 이상적인 지도자의 상은 팔로워들이 원하는 형태가 될 것이다. 그러나 다수의 구성원들이 원한다고 반드시 바람직한 지도자는 아니다. 예컨대 국가 부채를 늘여 파퓰리즘적 정책을 구사하는 지도자의 경우 당대에는 높은 지지도를 보일 수 있으나 시대상황이 변하게 되면 부정적 지도자로 평가받을 수 있다. 2016년 당시 성인에게 2500 CHF(스위스 프랑, 한화 약 300만원)을 조건 없이 보장하는 기본소득 보장안(案)이 스위스 국민투표에서 80%에 육박하는 반대 의사로 부결된 것[31]은 스위스 국민들의 높은 국민의식을 나타내어 준 것으로 우리에게도 시사해 주는 바가 크다.

그러나 높은 시민의식을 가진 국민이나 집단의 구성원들도 선동이나 이해관계에 휘둘려 특정의 사안에 대해 잘못된 선택을 하는 경우들도 있다. 선거 때는 물론, 경제적 침체나, 정치·사회적 혼란기, 전시(戰時) 등에 선동정치나 감성정치에 매몰되어 팔로워들이 잘못된 선택을 하는 경우가 있다.

현대에 있어서는 대부분의 국가에서 민주주의적인 방식에 의해 지도자가 선출된다. 하위집단인 여타 조직의 경우도 비교적 합리적인 과정에 의해 지도자가 결정된다. 그러나 분명한 것은 리더를 선택하는 팔로워들의 판단력이 집단의 성패를 결정짓는 제1의적 요인이라는 점이다. 팔로워들의 선택이 감성이 아닌 이성에 의거해 이루어질 때, 개인적이거나 지역적인 문제보다 글로벌 시대에 부응하는 보다 큰 영역의 문제에 대해 보다 관심을 가질 때 그 집단은 이상적인 방향으로 나아갈 수 있다. 이러한 측면에서 팔로워들의 의식개혁을 위한 민주 시민교육이나 정치교육 등도 매우 중요하다.

---

31 26개 주 모두에서 반대 의견이 압도적으로 높았다. 당시 의회에서는 '위험한 실험', '유토피아적 안' 등의 말들이 회자되었다.

| 참고문헌 |

강주현 역, 『서번트 리더십』 서울: 참솔, 2001.

김원석 역, 『리더와 리더십』(Bennis, Warren and Burt Nanus; *Leaders*), 서울: 황금부엉이, 2006.

김호진, 『대통령과 리더십』, 서울: 청림출판, 2006.

문근찬, 『리더십산책』, 서울: 한티미디어, 2003.

이극찬, 『정치학』, 서울: 법문사, 2007.

이덕주 역, 『조직과 성과를 이끌어 내는 리더십』(Goleman, Daniel etc, *On Leadership*), 서울: 매일경제신문사, 2011.

이용광·노주선 역, 『리더십 카리스마』(Haney, Bud, Jim Sirbasku, Deiric McCann, *Leadership Charisma*), 서울: 시그마북스, 2012.

이종수, 『행정학사전』, 고양: 대영문화사, 2009.

장석훈 역, 『감성의 리더십』(Goleman, Daniel, Annie McKee. Richard E. Boyatzis, *Primal Leadership: Realizing the Power of Emotional Intelligence*), 서울: 청림출판, 2003.

정재창 역, 『리더십 챌린지』(Kouzes, James M. and Barry Z. Posner, *The Leadership Challenge*), 파주: 한국학술정보, 2018.

조중빈 역, 『역사를 바꾸는 리더십』(Burns, James MacGregor, *Transforming Leadership*), 서울: 한국방송통신대학교 출판부, 2006.

하동석 외(행정학용어 표준화연구회), 『행정학 용어사전』, 서울: 새정보미디어, 2011.

한은미·서영복·이용규, 『마음을 움직이는 글로벌리더십』, 파주: 수양재, 2019.

네이버 지식백과.

Barber, James David, *Politics by Humans: Collected Research on American Ladership*. Durham, N.C.: Duke University Press, 1988.

Blanchard, K., P. Zigarmi and D. Zigarmi, *Leadership and One Minute Manager*, New York: William Morrow, 1985.

_________, H. P. Hersey. and D. E. Johson, *Management of Organizational Behavior*, Upper Saddle River, Englewood Cliffs: Prentice-Hall, 1996.

Burns, James MacGregor, *Leadership*, New York: Harper and Row, 1978.

_____, *Transforming Leadership*, New York: Grove Press, 2004.

Fiedler, F. and M. M. Chemers, *Leadership and Effective Management*, Glenview, Ill: Scott, Foresman and Company, 1974.

House, R. J. and R. N. Adiyta, "The Social Scientific Study of Leadership: Quo Vadis", *Journal of Management* 23, no.3, 1997.

Hughes, R. L., Ginnett, R. C. and G. H. Curphy, *Leadership*, New York: McGraw-Hill, 2002.

Lewin, K., Lippitt & R. K. White, "Patterns of Aggressive Behavior in Experimentally Created Social Climates", *Journal of Social Psychology*, 10, 1939.

Machiavelli, N., *The Prince and the Discourses*. New York: The Modern Library, 1950.

Plato, *Statesman*, tr. by J. B. Skemp, New York: The Liberal Arts Press, 1957.

Zaleznik, A., "Managers and Leaders: Are They Different?", *Harvard Business Review*, May-June 1977.

https://namu.wiki/w/%EC%83%A4%EB%A5%BC%20%EB%93%9C%20%EA%B3%A8?from=%EC%83%A4%EB%A5%BC%EB%93%9C%EA%B3%A8(검색일: 2018.3.10.).

https://blog.naver.com/noble8888/220630077143(검색일: 2020.11.16).

4장

지속가능형 리더십

위대한 행동이라는 것은 없다.
위대한 사랑으로 행한 작은 행동들이 있을 뿐이다.

- Mother Teresa of Calcutta

누구나 화를 내기는 쉽다. 그러나 적절한 사람에게, 알맞은 정도로,
합당한 때에, 옳은 목적을 위해, 제대로 화를 내는 것은 쉽지 않다.

- Aristoteles(*Éthika Nikomacheia*)

자기 자신은 머리로 다스리고 다른 이들은 가슴으로 대하라.

- Eleanor Roosevelt

I. 서번트 리더십

A. 등장 배경

21세기의 글로벌 사회는 시대적 조류에 부응하는 새로운 패러다임의 리더십을 요구하고 있다. 그 중 가장 주목받는 것 중 하나가 서번트 리더십(Servant Leadership)이다.[1] 광의의 의미에서 서번트 리더십은 인도주의(humanism)적 입장에서 구성원들이 조직이나 공동체의 목표달성을 위해 최선을 다할 수 있도록 동기를 부여하고 지원하는 형태의 리더십이다.

서번트 리더들에 의하면 최고의 리더십은 자신이 아닌 타자를 존중하고 공동체의 구성원들을 섬기는 데 있다. 즉, 서번트 리더십은 성과를 창출해 가는 과정에서 구성원들로 하여금 그들이 가진 능력을 최대한 발휘할 수 있도록 지원함과 아울러, 리더와 구성원이 공존의식을 가지고 조직을 운용해 나가고자 하는 이상적 유형의 리더십이다.

전통적 리더십 하에서의 리더들은 팔로워들을 목표의 달성을 위해 필요한 도구적 존재로 여기는 경향이 있다. 그러나 서번트 리더는 팔로워를 집단의 목표를 달성하기 위해 새로운 환경을 공동으로 창출해 가는 파트너로 본다. 따라서 리더는 팔로워들의 의사를 존중하고 다른 의견을 수용하며 팔로워들을 신뢰하고 지원하는 지원자 또는 조력자의 성격이 강하며 리더십의

---

1 서번트 리더십은 '종복의 리더십', '섬김의 리더십' 등으로도 번역된다.

행사과정에서 파트너십과 연대감이 강하게 작용한다.

이러한 서번트 리더십은 소규모의 조직에서 국제단위의 집단에 이르기까지 모든 조직체계에 적용될 수 있다. 서번트 리더십의 유효성과 관련한 연구들은 여전히 그 가치를 인정받고 있으며 현재에도 계속되고 있다.

서번트 리더십은 그린리프 센터(Greenleaf Center)의 설립자인 그린리프(Greenleaf, Robert K.)[2]가 집필한 『리더로서의 서번트』(*The Servant as Leader*)(1970)에서 제시된 이후 학계, 경영계 등의 이목을 집중시켰다. 이 책에서 그는 최고의 리더는 하인, 즉 조직원들을 우선적으로 생각하고 보살펴 주는 리더로 보았다. 그에 의하면 서번트 리더가 가져야 할 덕목은 경청, 설득, 직관과 통찰력, 언어 구사 능력, 그리고 결과의 실제적인 측정 등이다. 그린리프의 연구들은 리더십과 경영학, 조직이론, 평가 등의 영역에 많은 영향을 미쳤다.

그린리프는 헤르만 헤세(Herman Hesse, 1877-1962)[3]가 1932년에 집필한 산문집 『동방순례』(東方巡禮; *Die Morgenlandfahrt: Eine Erzählung; Journey to the East*)에서 이상적인 팔로워십의 모델화를 위한 영감을 받은 것으로 알려져 있다. 순례에 나선 사람들의 이야기인 『동방순례』에서 주인공 레오(Leo)는 돈 많고 신실한 신앙심을 가진 순례자(巡禮者)들의 여정을 케어 하는 하인(servant)이다. 레오는 일과가 끝나면 여행에 지친 순례단을 위해 노래를 불러 피로감을 잊게 하고 즐거운 이야기들로 활력소를 불어넣어 주기도 한다. 레오의 희생에 힘입어 순례단은 순조로운 여행을 하게 된다. 그러나 어느

---

2 Robert K. Greenleaf(1904-1990): 인디애나 주 출신으로 대학 졸업 후 AT & T에서 38년간 재직한 후 1964년 경영연구 담당 부회장직을 끝으로 퇴직하였다. 평소 '고객에 대한 서비스'가 기업의 존재 이유임을 역설했다. 은퇴 후 <응용윤리센터>(후에 로버트 그린리프 센터로 바뀜)를 설립하고, MIT, 하버드 비즈니스 스쿨, 다트머스 대학 등에서 강의하였다. 또한 세계 유수의 기업은 물론 인도 정부에까지 경영 자문을 해주며 세계적 컨설턴트로서 활동했다. 서번트 리더십 이론의 개척자로 일컬어진다.

3 독일계 스위스 문학가로 『수레바퀴 밑에서』(1906), 『데미안』(1919), 『싯다르타』(1922) 등 다양한 영역에서 작품들을 남겼다. 1946년 『유리알유희』로 노벨문학상을 수상하였다.

날 갑자기 레오가 사라지게 되면서 순례단원들은 혼란에 빠지게 된다. 그제야 순례단원들은 하찮은 일을 하면서 자신들을 정성껏 섬기던 레오가 그 순례단의 진정한 리더였음을 자각하게 된다. 순례단원 중 한 사람이 레오를 찾아 오랜 기간을 헤맨 끝에 재회하게 되면서 여행단은 일상을 되찾게 된다. 단원들은 하인으로만 알고 있던 레오가 순례단을 후원하는 교단을 이끄는 대표이자 정신적인 지도자였음을 깨닫게 된다. 이것이 『동방순례』를 통해 헤세가 독자들에게 알려주고자 하는 메시지였다.[4]

그린리프는, 리더는 레오처럼 구성원들이 필요로 하는 것을 채워주고 도와주어야 한다고 강조하며 새로운 리더십의 모델로 서번트 리더십을 제시하였다. 그린리프의 사후(死後)인 1996년, 『서번트 리더 되기』(*On Becoming a Servant Leader*)가 출간되면서 서번트 리더십은 학계에서 새로이 주목을 받기 시작하였다.

최근 들어 리더나 서브 리더의 적극적 지원 및 서비스 제공이라는 모토 하에, 수직적인 리더십에서 벗어나 구성원 중심의 리더십에 접근 하고자 하는 연구들이 활성화 되고 있다. 서번트 리더십은 이러한 맥락의 일환으로 등장한 리더십의 하나이다. 서번트 리더는 비전을 제시하고 팔로워와의 공조를 모색하며, 부하들의 욕구에 대한 몰입과 그 달성을 도움으로써 높은 동기를 이끌어낸다. 리더십에 있어서 상사가 지향하는 서비스 지향적 속성은 궁극적으로 팀원들의 몰입감과 일체감 증진을 결정하는 중요한 요인이 된다.[5]

서번트 리더십은 리더가 서번트의 입장에서 구성원들의 요구에 부응하여 그들을 지원하고 또 헌신하는 리더십이다. 이러한 서번트 리더십은 다른

---

4 이인웅 역, 『동방순례』(Herman Hesse, *Die Morgenlandfahrt-Eine Erzählung*), (서울: 이숲에올빼미), 2013.

5 한광현, 「서번트 리더십이 팀 효과성에 미치는 영향: 팀 효능감의 조절효과를 중심으로」, 『경영교육연구』 제31권 제2호, 한국경영교육학회, 2016, pp. 73-97.

사람에 대한 섬김을 전제로 하는 점에서 기존의 리더십들과 대비된다. 즉 기존의 리더십에서는 리더들이 군림하고 섬김을 받는 데 안주하는 반면, 서번트 리더들은 다른 사람들에 대한 배려와 지원, 섬김의 마인드를 가지고 그것을 실천하기 위해 노력한다. 이러한 측면에서 서번트 리더십은 이타주의적(利他主義的) 가치체계에 기반을 두고 있는 것으로 볼 수 있다. 서번트 리더들은 (팔로우들을) 섬기는 자, 방향제시자, 의견조율자, 조력자, 정보제공자, 희생 감수자로서의 역할을 자청한다.

서번트 리더십은 통치나 조직운용상의 기술이라기보다 리더가 함양해야 할 행동양식 내지 가치체계라고 할 수 있다. 서번트 리더십은 집단 내의 소통을 활성화 하고 다양한 상황에서 가장 효율적인 행동 스타일을 추구한다. 서번트 리더십에서는 개인이 집단의 목표달성을 위한 도구가 아니라 민주적인 운용방법에 의해 조직의 목표를 달성하는 주체이다. 따라서 리더는 구성원을 인격적 존재로 존중함과 아울러 그들을 위해 봉사하고자 한다. 나아가 공동의 목표와 비전을 공유할 수 있도록 지원한다. 개인의 권리 보장이 제도적으로 구축된 현대사회에서 서번트 리더십의 유용성과 중요성은 보다 증가하고 있다. 이것은 기존의 리더십이 시대적 요구에 부응하지 못함으로써 그 리더십의 효율성이 한계에 다다랐다는 위기의식을 반영하는 것이기도 하다.

서번트 리더십은 그린리프 이후 MIT 경영학과 교수 출신으로 켄 블랜차드컴퍼니의 공동 창업자를 지낸 켄 블랜차드(Kenneth Blanchard, 1939-), 프랭클린 코비(Franklin Covey)의 부회장이자 코비리더십센터 설립자로 『성공하는 사람들의 7가지 습관』의 저자인 스티븐 코비(Stephen R. Covey, 1932-2012), MIT 슬로언경영대학원(Sloan School of Management) 교수인 피터 센즈(Peter M. Senge, 1947-) 등에 의해 많은 지지를 받았다.

B. 서번트 리더십의 의의와 행동특성

서번트 리더십은 배타적 의미를 지닌 두 단어인 Servant와 Leader의 결합으로 형성되었다. 서번트 리더십은 리더가 팔로워들을 이끌어 가는 우월한 위치에 있으나 군림하기보다 헌신, 봉사를 통해 조직원들의 역량을 고양, 제고시킴으로써 조직의 발전을 이끌어 내는 유형의 리더십이다. 또한 구성원들이 조직의 목표달성에 기여할 수 있도록 동기를 부여하고, 환경을 조성하도록 지원한다. 이로 인해 서번트 리더십은 다양한 성격을 가진, 그리고 다양한 형태의 조직에서 유효하게 적용될 수 있다.

서번트 리더십은 리더에 대한 팔로워의 신뢰도 형성에 긍정적 영향을 준다. 연구 결과에 의하면 서번트 리더십을 구성하는 요소들(봉사자 정신, 성장지원, 공동체형성, 비전제시 등)은 리더에 대한 신뢰도를 강화시키는 것으로 알려져 있다. 팔로워들은 서번트 리더들이 구성원들의 잠재력을 집결시켜 높은 성과를 견인해 낼 것으로 믿는다. 서번트 리더십에서 리더의 역할은 크게 방향 제시자, 의견 조율자 그리고 조력자 등 세 가지 차원에서 주로 논의된다.

그린리프(Greenleaf, 1970)는 리더를 다른 사람에게 봉사하는 하인(servant)으로 봄과 아울러, 구성원을 섬김의 대상으로 보아 명령과 통제로 일관하는 자기중심적 리더가 아닌 신뢰와 믿음을 바탕으로 개방적인 가치관을 지닌 리더로 보았다. 따라서 그는 서번트 리더십을, 타인을 위한 봉사에 초점을 두며, 종업원, 고객 및 공동체를 우선으로 여기고 그들의 욕구를 만족시키기 위해 헌신하는 리더십으로 정의하였다. 즉, 그는 리더를, 구성원을 섬김의 대상으로 보아 명령과 통제로 일관하는 자기중심적 리더가 아닌 신뢰와 믿음을 바탕으로 조직을 이끌어 가는 개방적 가치관을 지닌 존재로 보았다.

서번트 리더십은 사회의 다양한 분야에 적용될 수 있다. 그린리프는 그의 저서 『서번트 리더십』(*Servant Leadership*)에서 지도자로서의 서번트, 기업에서의 서번트, 교육기관에서의 서번트, 재단에서의 서번트, 관료사회에서의 서번트, 제도적 기관과 서번트, 이사회와 서번트, 종교기관에서의 서번트 리더십 등으로 구분하여 각 영역에서 기능하는 서번트의 역할에 대해 기술하고 있다.[6]

그린리프는 모든 인간이 서번트의 천성을 지니고 있으나 이러한 천성이 사회적 환경이나 조직의 여건 등에 의하여 퇴색되어 있는 상태로 보았다. 지시나 통제중심의 관리 환경에서 생활을 하게 될 경우 서번트의 천성이 약화되고 지시하는 사람 또는 명령하는 사람으로 인식되어진다는 것이다. 그린리프의 철학에서 서번트 천성의 회복은 바로 인간성의 회복이라고 할 수 있다. 훌륭한 관리자와 임원 그리고 최고 경영자는 다수 구성원들에게 서번트로 비쳐져야 하며 리더라는 자리는 서번트의 천성을 갖고 있는 사람에게 일시적으로 주어진 것일 뿐이고 사람은 언제든지 리더의 자리에서 물러날 수 있지만 서번트 천성은 없어지지 않는다고 하였다.[7]

슈와르츠(Schwartz, 1991)에 의하면 서번트 리더십은 조직과 구성원의 목표가 균형을 이루는 가운데 구성원 각자를 팀 리더의 일부로 봄으로써 자율성과 공동체 의식, 주인의식을 갖도록 내재적인 의미를 부여한다. 아울러 그는 지시보다는 조언과 대화를 중요한 관리도구로 사용하며, 구성원의 일체화와 공감대 형성을 통하여 조직의 목표를 달성하는 리더십으로 보았다.

센즈(Senge, 1995)는 서번트 리더십을 모든 인간의 존엄성과 가치에 대한 믿음, 리더의 권력이 구성원들로부터 기인한다는 민주적인 원칙에 입각한

---

6 강주헌 역, 『서번트 리더십: 리더는 머슴이다』(Greenleaf, Robert K., *Servant Leadership*), (서울: 참솔, 2001), 1장-8장 참조.

7 이영석, 「서번트 리더십의 특성 및 적용방안에 대한 연구」, 동의대학교 석사학위논문, 2010, p. 10.

리더십으로 보았다.[8]

그린리프 연구센터의 연구소장이었던 스피어스(Spears, 1995)는 서번트 리더십을 모든 인간의 존엄성과 가치에 대한 믿음하게, 리더의 권력이 부하에서 기인한다는 민주적 원칙에 입각한 리더십으로 보았다.[9] 그는 서번트 리더의 특징적 요소로 ① 경청하는 자세, ② 공감대 형성에의 노력, ③ 부하들의 고통치유에 대한 관심, ④ 분명한 인식을 통한 대안 제시, ⑤ 맹종이 아닌 설득에 의한 동반, ⑥ 폭넓은 사고를 통한 비전 제시, ⑦ 예리한 통찰력으로 미래의 예측을 도움, ⑧ 청지기적인 태도로 봉사, ⑨ 부하들의 능력개발에 노력, ⑩ 조직구성원들 간 공동체 형성에 조력 등 10가지를 들고 있다.

이 외에 서번트 리더십에 대한 대표적인 정의로 다음의 것들을 들 수 있다.[10]

- **그라함(Graham, 1991)**: 카리스마 리더십, 변혁적 리더십과 구별되는 개념. 겸손, 관계적 파워, 자율성, 리더들의 부하에 대한 섬김의 특성을 가지고 있으면서 부하의 도덕적 성숙 또는 성장을 이끌어 낼 수 있는 리더십.

- **하이페츠(Heifetz, 1994)**: 신뢰, 양육 및 공감대가 있는 지원적 환경을 제공하며, 구성원들이 변화와 자기성장을 위해 노력할 수 있도록 하는 리더십.

---

8 Peter M. Senge, Robert Greenleaf's Legacy: A New Foundation for Twenty-first Century Institutions, Reflection on Leadership. How Robert. K Greenleaf's Theory of Servant-leadership Influenced Today' Stop, *Management Thinkers*, New York: John Wiley & Sons, Inc., 1995, pp. 217-240.

9 정학범, 「서번트 리더십이 창의적 행동, 조직시민행동 및 조직몰입에 미치는 영향-상사신뢰의 매개효과와 일반적 자기효능감의 조절효과를 중심으로」, 명지대학교 박사학위논문, 2010 참조.

10 https://search.naver.com/search.naver?where=image&sm=tab_jum&query=%EC%84%9C%EB%B2%88%ED%8A%B8+%EB%A6%AC%EB%8D%94%EC%8B%AD#imgId=blog47544222%7C50%7C220373523014_171181812&vType=rollout(검색일: 2019.3.15.).

- **심스(Sims, 1997)**: 구성원들의 존엄성과 가치를 존중하고 그들의 창조적 역량을 일깨워 주는 리더십.[11]

- **페어홀름(Fairholm, 1997)**: 스스로 (과업에) 몰입하게 만들고, 내면의 자기 변화와 도출되는 행동의 변화를 유발하게 하는 리더십.

- **보이어(Boyer, 1999)**: 섬세하며 경청하는 리더, 구성원들과 동료들의 발전을 장려하고 권한을 위임하는 리더십.[12]

- **바스(Bass, 2000)**: 변혁적 리더십이 가지는 섬김, 신뢰, 진실성, 영향력, 비전 등의 특성들을 가지며, 부하들에게 동기를 부여하고 리더들의 협력을 유발함에 있어 변혁적 리더십을 능가하는 리더십.

- **스피어스(2002)**: 타인에 대한 봉사와 업무에 있어 전체론적으로 접근하며, 집단의식의 형성, 의사결정에 있어서 조직구성원들의 힘의 공유를 강조하는 리더십.

- **대프트(Daft, 2008)**: 리더가 자신의 이익보다 다른 사람의 욕구를 우선적으로 충족시켜 주고, 다른 사람의 성장을 도와주며, 물질적, 감성적으로 이득을 얻을 수 있는 기회를 제공하는 리더십.

---

11 B. J. Sims, *Servant Hood: Leadership for the Group Effectiveness*, Pennsylvania: The Wharton School, University of Pennsylvania, 1997.

12 G. B., Boyer, "Turning Points in the Development of Male Servant-leader", Un Published Doctoral Dissertation, The Fielding Institute, 1999.

C. 서번트 리더십의 본질[13]

서번트 리더십은 기존에 제시된 다양한 유형의 리더십들과 구분되는 몇 가지의 특성 내지 차원을 가지고 있다. 서번트 리더십의 본질 내지 특성과 관련해 제시되는 중요한 요소는 소통, 신뢰성, 능력 등과 관련된 것이다. 우선 리더들은 팔로워들과의 신뢰를 형성하기 위해 열린 마음을 가지고 구성원들의 목소리를 경청하고 소통해야 한다. 소통은 기존의 리더십들과 서번트 리더십을 구분하는 가장 중요한 요소라고 할 수 있다. 아울러 리더는 업무 수행에 필요한 일정의 능력을 가지고 있어야 한다. 업무 수행 능력이 떨어지는 리더는 구성원들로부터의 신뢰성을 담보할 수 없기 때문이다. 업무수행 능력의 미비는 리더십의 약화를 가져오며 그것은 권위의 문제로 이어진다. 권위를 결하는 권력은, 라스웰(H. D. Lassell)과 캐플란(Morton A. Kaplan)이 『권력과 사회』(*Power and Society*)에서 제시한 벌거숭이 권력(naked power)이라 할 수 있다.

그러나 무엇보다 진심을 가지고 부하들을 대하고 업무 추진능력의 소지와 함께, 진실성과 공평성을 준칙으로 삼아 행동할 때 신뢰가 축적될 수 있다. 서번트 리더십이 서비스 성과에 미치는 경로에 대한 연구들에 의하면 구성원들이 서번트 리더십을 높게 인식하면 리더에 대한 신뢰가 높아지고 리더에 대한 신뢰가 높아지면 조직몰입이 높아져서 서비스성과가 높아지는 것으로 나타났다.[14]

현대사회에서의 리더십은 리더와 구성원들 간의 소통, 화합, 협력 등을

---

13 서번트 리더십의 본질과 특성에 대해서는 https://ko.wikipedia.org/wiki/%EC%84%9C%EB%B2%88%ED%8A%B8_%EB%A6%AC%EB%8D%94%EC%8B%AD(검색일: 2019.3.14.)과 https://terms.naver.com/entry.nhn?docId=2075726&cid=42152&categoryId=42152 (검색일: 2019.3.14.) 참조.

14 정성현, 「서번트 리더십 특성이 종업원의 서비스성과에 미치는 영향: 충북지역 N금융기관을 중심으로」, 청주대학교 박사학위논문, 2007 참조.

강조한다. 또한 개인의 창의성과 자발적인 참여 역시 중시되고 있다. 한 개인이 사회의 변화를 예측하고 방향을 정하는 것은 오류의 위험성을 가지기 때문이다. 물론 현대 사회에서도 카리스마와 같은 개인의 능력은 리더십에 긍정적으로 작용할 수 있다. 그러나 개인의 능력에 조직의 생존을 맡기는 것은 너무 많은 위험부담을 가지게 되며, 자칫 권위적인 리더십으로 흐를 가능성이 높다.[15]

D. 서번트 리더십의 구성요소

1. 경청(傾聽)

경청(Listening)은 대화의 제1의적 요소이다. 그린리프는 *The Servant as Leader*에서 경청을 섬기는 리더의 가장 기본적인 자질로 보고 있다. 리더는 경청을 통해 구성원들이 원하는 바를 파악하고 조직의 방향을 보다 정확하게 설정할 수 있다. 리더들이 구성원들의 요구를 경청하지 않는 것은 우월의식에서 발로하는 측면이 크다. 또한 차후 과업 등과 관련해 문제가 발생했을 경우 책임을 전가하기 위한 측면도 있다. 경청의 본질은 단순히 상대방의 말을 듣는 것이 아니라 문자 그대로 귀를 기울여 듣는 것이다. 경청을 통해서만 구성원들과 진정으로 소통할 수 있으며, 팔로워들이 원하는 바를 명확히 알 수 있다. 동일체 의식을 형성하는 데 있어서 팔로워들의 의견이나 요구를 경청하는 것은 서번트 리더가 되는 제1의적 요소라고 할 수 있다.

---

15 강주연, 「서번트 리더십이 조직시민행동에 미치는 영향에 관한 연구: 신뢰와 임파워먼트의 매개역할을 중심으로」, 단국대학교 대학원, 2010 참조.

2. 설득

리더가 팔로워들에게 영향력을 행사하는 방법에는 강압, 박탈, 조작, 보상, 설득 등 다양한 방법들이 있다. 이 중 서번트 리더는 설득의 방법을 주로 사용한다. 힘을 앞세운 Power Politics나 강압에 의한 소통의 방식은 상대의 거부감을 유발할 수 있다. 따라서 설득, 동의 등의 방법에 의해 상대방이 마음을 움직이는 것이 필요하다.

3. 공감

공감(empathy)은 경청에 의해 형성된다. 그러나 단순히 경청 자체만으로 공감이 되는 것은 아니다. 따라서 리더는 과업의 수행을 위해 팔로워와 공감대(bond of sympathy)를 형성하는 것이 필요하다. 공감은 상대방의 감정이나 의견, 주장 등에 대해 동일한 감정을 느끼고 생각을 공유하고자 하는 데서 오는 정서적 반응이다. 공감대는 소통에 의해 상대를 서로 이해함으로써 형성된다. 그린리프는 상대가 노력이나 성과에 대해 불만족을 표시하더라도 상대를 한 인간으로 항상 인정하고 받아들여야 한다고 주장하였다. 공감은 과업의 수행을 위해 팔로워가 조력하게 하는 매우 유용한 방법이다.

4. 존중

훌륭한 리더는 시간과 상황을 떠나 주변 사람들을 소중한 존재로 대한다. 또한 조직원들에게 수용 가능한 적정 수준의 임무를 부여한다. 이것은 개인의 능력을 인정하고 존중함으로써 가능하다. 과업과 관련해 상대방을 존중하는 방법 중 하나는 상대에게 일정의 권한을 위임함으로써 그들의 성장과 자기계발, 그리고 경험의 축적을 돕는 것이다. 서번트 리더에게 있어 모든 사람은 소중한 존재이다. 다만 직무와 책임의 차이, 그리고 과업의 결과에 따른 보상 방식에서 일정의 차이가 있을 뿐이다.

5. 인내

인간은 이성적 동물인 동시에 감성적 동물이다. 따라서 특정의 상황에 직면하게 되면 자기 자신을 억제하기 어려운 경우가 많다. 리더들은 리더십의 수행 과정에서 자신을 절제함과 아울러 인내심을 가지고 팔로워들을 대해야 할 필요성이 있다. 따라서 리더에게 인내심의 함양은 매우 중요하다.

서번트 리더는 인내와 자제를 통해 팔로워들을 대하는 과정에서 생길 수 있는 갈등상황을 극복해야 한다. 리더들은 감정을 앞세우기보다 올바르고 절제된 양식으로 타자(他者)들을 대하는 능력을 배양해야 한다.

6. 권위

권력(power)은 '타인의 선택 여부와 상관없이 자신의 지위나 힘을 이용하여 타인이 자신의 의도대로 행동하도록 강요(강제)하는 능력'이다. 반면 권위(authority)는 '자신의 개인적 영향력을 통해 타인이 자신의 의도대로 기꺼이 행동하도록 하는 기술'을 뜻한다. 따라서 권력과 권위는 다른 개념이다.[16]

'권위'(authority)라는 용어는 사람과 관련해 사용되는 경우와 사물과 관련해 쓰이는 경우의 두 가지 경우가 있다. 예컨대 '권위자'라고 하는 경우는 전자에 해당하며, '법의 권위가 실추되었다'의 경우처럼 무형의 실체 즉, 비인격적(impersonal)인 것과 관련되는 경우 또는 '권위 있는 사전'의 경우처럼 유형의 사물과 관련시켜서 사용되는 경우는 후자의 경우에 해당한다.

리더는 팔로워들로부터 그 정통성을 인정받음으로써 권위를 강화할 수 있다. 매키버(R. MacIver)는 권위를 "어떤 사회질서 속에서 정책을 결정하거나 분쟁을 조정하고 판결하는, 좀 더 넓게 말해 다른 사람들의 지도자로서 행동하는 확립된 권리(established right)"로 정의하고 있다.[17]

---

16 권력, 세력(영향력), 권위의 차이에 대해서는 별첨 참조요.

또한 권위는 권력의 일종인 '형식적 권력'(formal power)[18], 내지 벌거숭이 권력(나체권력; naked power)으로 인식되어지기도 한다. 라스웰과 캐플란 교수는 벌거숭이 권력을 "공공연히 행사되는 비권위적 권력"[19]으로 정의하고 있는바 이것은 권력행사의 대상이 되는 자가 권위적인 것으로 인정하지 않으면서 그것에 복종하는 권력이다.[20] 권위는 일면 팔로워들로부터 자신과 관련된 것에 대한 정당성을 도출해 낼 수 있는 잠재적 능력이라고 할 수 있는데, 이것은 지배자가 통치력을 가지는 근거가 되기도 한다. 권위는 팔로워들이 자발적으로 리더들의 행위를 정당한 것으로 인정, 수용함으로써 성립된다.

소극적-적극적인 정도를 떠나 팔로워들의 자발성이 없이 물리적 강제력에만 의존하여 권력을 행사하는 데는 한계가 있으며, 지배-복종의 관계를 지속적으로 유지하는 것은 매우 어렵다. 즉, 권력에 의존하는 리더십의 행사에는 한계가 있기 마련이다. 액튼 경이 말한 '권력은 부패하는 경향이 있다. 절대적인 권력은 절대적으로 부패한다(Power Tends to Corrupt, Absolute Power Corrupts Absolutely)'는 말이나 '권불십년(權不十年)'이라는 말이 그것을 잘 말해준다. 즉, 권력의 행사에 있어 팔로워에 의한 동의의 획득은 필수적이다. 권위는 팔로워의 동의를 획득하여 정당성을 확보하는 힘이라 할 수 있다.

권력은 직함이나 지위 그리고 조직체계 등에 의해 형성된다. 반면 서번트 리더십은 상대적으로 팔로워들로부터의 존중이나 동의를 토대로 형성된다. 리더가 권력을 통해 조직 구성원들에게 영향력을 행사할 수 있는 것은 사실이다. 그러나 권위가 결여된 영향력은 오래 지속되기 어렵다.

---

17 Robert MacIver, *The Web of Government* (New York: Free Fress, 1965), p. 65.

18 Lasswell, *Power and Personality*, (New York: Norton, 1962), p. 133.

19 Lasswell and Kaplan, *Power and Society*, (New Haven: Yale University Press , 1950), pp. 139-140.

20 한편 전체주의와 동일한 의미로 '권세주의'가, 퍼스낼리티의 특성을 나타내는 말로 '권위주의적 퍼스낼리티'가 사용되기도 한다.

또 다른 측면에서 권위는 타인의 욕구를 충족 시켜주기 위한 '봉사'와 '희생'으로부터 형성된다. 권위에 지도력의 근거를 둔 리더는 팔로워들의 발전을 위해 진력하고, 그에 대한 반대급부로 조직 구성원은 리더의 인격 자체에 대한 존경심을 갖게 된다. 따라서 권위를 매개체로 한 리더와 조직 구성원의 관계는 서로에 대한 신뢰를 바탕으로 하며 이러한 권위로부터 생성된 서번트 리더십은 조직 구성원에 대해 강하고 광범위한 영향력을 갖는다.[21]

7. 비전의 제시

비전의 제시(Present Vision)는 팔로워들에게 비전과 아울러 분명한 목표(과업)를 제시하는 것을 의미한다. 미래에 대한 비전이나 희망을 제시하지 못하는 지도자는 팔로워들로부터 지지나 공감을 이끌어 내기 어렵다. 지도자가 과업이나 미래에 대해 확실한 비전을 제시하면 팔로워들의 지도자에 대한 신뢰감은 물론 과업에 대한 신뢰감 역시 높아져 과업에서의 성과도 동반해 상승하게 된다.

그린리프의 연구(1970)에 의하면 서번트 리더는 크게 두 가지 즉, 미래의 방향을 설정하는 것과 구성원의 성장을 돕는 일을 해야 한다. 방향의 제시는 리더에게 필수적으로 요구되는 덕목이다. 리더는 미래에 대해 불확실성을 가지고 있는 팔로워들에게 비전을 제시하고, 그 비전을 목표와 연결시켜 달성할 수 있어야 한다. 그린리프에 의하면 제대로 된 방향을 제시하지 못하는 리더는 진정한 리더가 될 수 없다.

---

21 김광수 역, 『서번트 리더십: 내 안의 위대한 혁명』(James Hunter: *The Servant Leadership*), (서울: 시대의창, 2013) 참조.

8. 구성원의 성장 견인

그린리프를 비롯한 서번트 리더십 연구자들은 리더에 의한 구성원의 성장에 대해 주목하였다. 인간은 자기 자신이 성장하고 있다고 느낄 때 자존감이 높아짐과 아울러 매사에 긍정적 마인드를 가지고 임할 수 있다. 성장은 새로운 과업에 대한 도전을 통해 가시적인 결과물을 이루어 낼 때 이루어진다. 이러한 과정에서 리더는 구성원들이 리더에 대한 지나친 의존 없이 스스로 새로운 영역을 개척해 나가도록 지원해야 한다. 또한 팔로워들에게 재량권을 줌으로써 잠재력을 발휘함과 아울러 능동적으로 과업을 수행하도록 지원해야 한다. 이러한 과정들은 팔로워의 발전을 견인함과 아울러 리더 역시 성장할 수 있는 하나의 기제로 작용한다.

9. 희생과 겸손

서번트 리더에게는 타인을 위해 봉사하고 헌신하겠다는 강한 의지가 요구된다. 강한 의지와 노력은, 모든 리더는 물론 모든 인간들이 사회생활을 영위함에 있어서 공통적으로 요구되는 요소이다. 서번트 리더십은 개인과 조직의 지속적인 성장을 위한 헌신과 열정을 요구한다. 이 경우 열정은 주로 과업 및 조직의 운용과 관련된 것이다.

서번트 리더는 과업 수행의 과정이나 과업의 성공과 관련된 자기 자신의 기여에 대해 겸손한 자세를 가져야 한다. 즉, 공(功)은 구성원들의 몫으로 돌리는 반면, 과(過)는 자기 자신이 감수하는 형태의 겸손이다. 반면 과업의 수행과정에서 어려움에 직면할 경우 희생정신을 가지고 적극적으로 대처하는 자세도 필요하다. 이러한 희생은 조직을 이끌어 나감에 있어서 리더의 입지를 강화시켜 준다. 나아가 리더는 목표의 수행과정에서 팔로워들이 확신과 소신을 가지고 과업에 임할 수 있도록 끊임없이 실천하고 노력하는 자세를 가지는 것도 필요하다.

10. 용서(관용)

리더는 과업을 주도하는 입장에 있다. 그러나 '조직의 성과에 있어서 리더의 기여는 20%, 팔로워의 기여는 80%'라는 로버트 켈리의 말처럼 과업을 실제로 행하는 주체는 대부분의 경우 팔로워이다. 누구나 과업을 수행하는 과정에서 시행착오를 거듭할 수 있다. 이 경우 리더는 팔로워들의 과오에 대해 힐책하거나 책임을 묻기보다 포용적인 자세로 용서하고, 시행착오를 거듭하지 않도록 지도, 격려하는 자세를 가져야 한다. 즉, 리더가 팔로워들로 하여금 실패를 통해 교훈을 얻고 그러한 상황을 극복함으로써 과오를 되풀이 하지 않도록 이끄는 것도 중요하다. 이를 위해 리더는 인간이 가지고 있는 불완전성을 직시하고 포용하는 능력을 배양해야 한다.

용서는 실패한 팔로워들이 새로운 과업을 창출을 하는 데 있어서 하나의 전환점으로 작용할 수 있다. 왜냐하면 팔로워가 과업에 대해 부담을 가지게 될 경우 자신이 가진 능력마저 발휘하지 못해 좋지 않은 결과를 가져올 수 있다. 실패에 대한 질책은 팔로워의 성장에도 역효과를 미칠 수 있다.

대부분의 성공적인 리더들 중에는 자신과 대척적(對蹠的)인 위치에 있는 사람이나 팔로워에 대해 포용적인 자세를 취하는 경우가 많았다. 대표적인 예로 링컨 대통령을 들 수 있다. 링컨은 자신의 최대 정적(政敵)인 수어드(William Seward, 1801-1872)[22]를 국무장관에, 스탠턴(Edwin M. Stanton, 1814-1869)을 전쟁(국방)장관에 임명했다. 링컨이 마지막 숨을 거둘 때 그의 곁을 지킨 사람도 스탠턴이었다. 링컨의 사망 후 스탠턴은 "이제 그의 이름은 역사에 영원히 남게 되었다."고 말한 것으로 알려져 있다.

---

22 그는 링컨의 사후 대통령직에 취임한 제17대 앤드류 존슨(Andrew Johnson, 1808-1875) 대통령 집권기인 1867년 러시아로부터 알래스카를 720만 달러의 헐값에 사들일 당시 그것을 주도한 국무장관이기도 했다. 구입 당시 '수어드의 어리석은 짓', '수어드의 냉장고', '북극곰의 정원' 등으로 비판받기도 하였으나 이후 위대한 업적으로 평가받고 있다.

11. 정직

'정직은 최선의 방책(Honest is the Best Policy)'이라는 격언이 있다. 정직이야말로 희생정신과 더불어 서번트 리더가 겸비해야 할 가장 중요한 덕목 중 하나이다. 정직은 신뢰를 형성하게 하는 가장 주된 요인이기 때문이다. 리더가 진심을 가지고 팔로워들을 대하지 않거나, 정직하지 못하면 팔로워들 역시 경이원지(敬而遠之)할 뿐 리더를 진심으로 신뢰하지 않을 것이다. 이렇게 될 경우 과업의 결과에도 영향을 준다. 정직한 리더와 같이 일하는 팔로워들은 자신의 일거수일투족을 무겁게 받아들일 것이다. 정직의 덕목 역시 'honest ave'로 통칭되는 링컨의 리더십에서 볼 수 있다.[23]

12. 공동체의식

대부분의 서번트 리더들은 강한 공동체 의식을 가지고 있다. 실제로 서번트 의식 자체는 운명공동체라는 공동체 의식 내지 동일체 의식에서 발원한다. 바이킹의 풍습에서 알 수 있듯 '모두가 같은 배를 타고 있다'는 의식을 가지고 있으면 상호 이해와 공감대의 형성을 통해 구성원들 간의 유대관계를 강화할 수 있다. 그리고 이것은 상호 존중의 마음으로 체화(體化)된다. 팔로워들을 위하고 존중하는 마음은 같은 공동운명체에 소속되어 있다는 동일체 의식에서 나온다. 따라서 서번트 리더는 구성원들이 동일체의식을 가질 수 있도록 솔선수범하고 팔로워들을 계도해야 한다.

13. 치유력(Healing Power)

특정의 목표를 수행하기 위한 압박감이 가중될 경우 구성원들의 정신적,

---

23 리더의 자질 관련 참조.

신체적 부담이 따를 수 있다. 이로 인해 팔로워들을 둘러싸고 있는 내외 집단, 특히 집단내의 인간관계에 문제가 발생할 수 있다. 리더는 이러한 세심한 부분들을 보살핌으로써 팔로워들이 과업에 능동적으로 매진할 수 있는 환경을 만들도록 노력해야 한다.

최근 일부 직장 등을 중심으로 치유센터를 개설하거나, 팔로워들의 개인사까지 세심하게 배려하는 것을 볼 수 있다. 예컨대 가족들을 창사기념일에 초대하거나, 생일, 결혼기념일 등을 챙겨주는 것, 연주회나 체육대회 등에 초대하는 것 등도 그러한 노력의 일환이라 할 수 있다. 그린리프는, 치유는 관계 속에서, 상호 존중과 배려하는 마음가짐은 공동체 속에서 보다 완전하게 이루어지는 것으로 보았다.

14. 인지(Perceptivity)

인지의 대상은 리더 본인과 팔로워이다. 여기서 인지는 상황이나 환경, 타자에 대한 것은 물론 자기 자신에 대한 깨달음, 즉 자기인식(self awareness)도 포함한다. 소크라테스가 말한 '너 자신을 알라'는 말도 자기 인식의 중요성에 대한 성찰에서 나온 것이라 할 수 있다. 리더는 자기 자신을 아는 것과 아울러 상대방, 즉 팔로워들을 아는 것도 필요하다. 인간은 인지에 의해 자기 자신을 성찰하고 상대방에 대한 이해의 폭을 넓히게 된다. 아울러 인지는 통찰력이나 비전을 제시할 수 있는 기제가 되기도 한다.

15. 통찰력·예지력(Insight·Foresight)

통찰력(洞察力)과 예지력(豫知力)은 인지와 관련되어 있다. 통찰은 과거의 경험을 통해 현재나 미래를 꿰뚫어 보는 능력을 말한다. 여기서 중요한 것은 직관이다. 직관은 감각, 경험, 연상, 판단, 추리 등의 사유 과정이 없이 대상에 대해 직접적으로 반응하는 것을 일컫는다.

서번트 리더를 포함하는 모든 지도자들은 통찰력과 아울러 조직이 추구하는 방향성이나 구성원들이 추구하는 바를 실현할 수 있도록 미래를 보는 능력, 즉 예지력을 가지고 있어야 한다. 이러한 관념을 가지는 것은 구성원에 대한 염려와 배려에서 나오는 휴머니즘적 발로라고 할 수 있다.

16. 봉사자 정신(Spirit of Servant)

봉사자 정신은 전술한 요소들의 종합으로 형성된다. 이것은 서번트 리더십의 속성이자 본질적인 요소이다. 리더는 팔로워들을 위해 자신을 희생하고 봉사함과 아울러 구성원들이 과업을 위해 자신의 역량을 투입할 수 있도록 지원하여야 한다. 팔로워들은 리더가 자신을 위해 희생하고 봉사하고 있다는 인식을 하게 될 때 조직의 발전을 위해 보다 열심히 매진할 것이다. 직속상사가 성장을 지원할수록, 공동체형성을 위해 노력할수록 또한 보다 가능성이 있는 비전을 제시할수록 부하직원의 리더에 대한 신뢰가 증가하는 것을 알 수 있다.[24]

전술한바와 같이 그린리프는 인간의 본성에 타인을 섬기는 속성이 있다고 보았다. 그에 의하면 이러한 본성은 사회적 여건이나 조직에 처해 있는 환경 등에 따라 약화될 뿐이다. 시대 환경이 변한 현금의 사회에 있어서 서번트 리더십은 유능한 리더나 서브-리더가 되기 위한 가장 이상적인 요건 중의 하나이다.

---

24 신숙희·장영철, 「서번트 리더십이 부하직원의 리더신뢰에 미치는 영향에 관한 연구」, 『경영사학』 26권 2호, 한국경영사학회, 2011, pp. 143-180.

E. 기존 리더십들과 서번트 리더십의 비교

서번트 리더십은 기존의 리더십들과 몇 가지 측면에서 구별된다. 기존의 리더십과 서번트 리더십을 비교하면 다음의 표와 같다.

범 주	기존의 리더십	서번트 리더십
구 성	포괄적	단일적
목 표	집권, 성과	봉사, 보살핌, 동일체의식, 상생
방 법	명령, 관리, 통제	희생, 공감, 합의
주관심사	과업에 대한 성과 팔로워로부터의 인정	공감을 통한 동반 성장 구성원의 케어
가치관	자기중심적	이타적, 개방적
윤리성	상대적으로 낮음	상대적으로 높음
조직 구조	중앙집권적, 계서적	분권적, 수평적
추동력	일반적 구성원	중요한 자원
우선 순위	과 업	사 람
지위·권한	성과와 리더 자신을 동일시	권한의 대리인이라는 인식
관 계 (리더-팔로워)	계서적(階序的) 수직적 관계	파트너쉽, 존중, 관심, 배려
추진 주체	주로 리더 (리더 중심으로 결정)	주로 팔로워 (조언, 아이디어를 구함)
생 산 성	시간, 경비, 결과물	팔로워들의 자발도
적 용	안정적 환경 반복적, 일상적 업무	변화가 필요한 상황 장기적인 성장 필요 시
경쟁성	경쟁적	비경쟁적
평가 우선성	결과 중심적	과정 중심적

<기존의 리더십과 서번트 리더십의 비교>

전통적 리더십에는 다양한 유형이 존재한다. 그러나 그 성격 면에서는 차이가 있다. 일반적으로 볼 때, 전통적 리더들은 자신이 과업 수행의 주도자라는 생각을 가지고 조직을 운용해 나간다. 이에 따라 권한을 독점하는 경향이 있다. 그러나 책임 문제가 제기될 경우 팔로워에게 전가하는 경향이 있다. 또한 명령을 통해 자신의 존재감을 부각시키려는 경향이 있다. 그러나 서번트 리더의 경우 자신을 낮추고 다른 팔로워들을 지원함으로써 팔로워들이 과업에 매진할 수 있도록 도와준다. 민주화, 글로벌화의 경향에 따라 최근에는 전통적 리더십 방식들보다 서번트 리더십의 효용성이 보다 주목 받는 경향이 있다.

F. 서번트 리더십의 긍정적 측면과 부정적 측면

1. 긍정적 측면

첫째, 서번트 리더십에서는 리더가 자신보다 타자, 즉 팔로워의 입장에서 조직을 운용한다. 이러한 측면은 인간 존중 정신의 발로라고 할 수 있다. 이것은 서번트 리더십의 본질이자 서번트 리더십이 긍정적 평가를 받는 제1의적 요소라 할 수 있다.

둘째, 서번트 리더는 리더의 일반적 리더십 행태이던 (팔로워 위에) 군림, 지배하는 기존의 리더십 양식에서 벗어나, 팔로워들을 지원하고 그들이 꿈을 실현할 수 있도록 영감을 주고 지원한다.

셋째, 개인 능력의 고양(高揚) 측면이다. 서번트 리더십은 구성원들이 가지고 있는 강점들을 계발시켜줌으로써 각자의 역량을 향상시키는 데 도움을 준다. 그리고 이것은 과업의 결과에 긍정적으로 작용한다.

넷째, 서번트 리더는 과업과 관련해 리더 자신이 독단적 결정을 하기보다 구성원들과 협의하며, 구성원들이 의사결정 과정에 참여하도록 유도한다. 아울러 팔로워들의 의견을 경청하고 소통을 확대하고 협의를 중시함으로써 조직 운용의 투명성을 높여 조직이 바람직한 방향으로 나아가게 한다. 또한 구성원들의 책임의식이 고양되어 보다 열정적으로 과업에 임할 수 있게 한다. 이것은 의사결정 과정의 투명성 내지 민주화와 관련된다.

다섯째, 직무의 배정 과정에서 구성원들로 하여금 적성과 능력 등을 고려해 과업을 수행하게 함으로써 개인의 역량을 강화하는 데 긍정적으로 작용한다. 또한 이것은 효율성의 강화에도 도움이 됨은 물론 구성원들이 워라벨을 실현하는 데도 도움이 된다.

여섯째, 능력, 역량 등을 떠나 리더와 팔로워 상호간 타자에 대한 이해가 조직의 운용과정에서 중요하고 필수적인 요소가 되어야 한다는 점을 환기시켜 준다. 여기에는 구성원들에 대한 배려와 존중, 공정심, 공동체 의식의 확립, 능력의 고양 등이 포함되어 있다.

마지막으로, 서번트 리더십은 리더 스스로가 어떻게 사고하고 실행할 것인가에 대한 방향을 제시해줌으로써 미래지향적이고 지속가능한 리더십이 될 수 있는 가능성을 높여준다.

2. 부정적 측면

첫째, 통합적, 수직적으로 이루어지던 의사결정 방식과 달리 구성원들의 의사가 많이 반영됨으로 인해 소위 의견을 분출현상이 초래됨으로써 업무의 효율성이 감소될 수 있다.

둘째, 조직의 운용과정에서 리더의 권한이 약화됨으로써 구성원 간 의견의 대립이 심한 이슈나 신속한 결정이 요구되는 사안의 경우 논의에 대한 시간의 지연 등으로 긴박한 과업에 대한 대처력이 약화될 수 있다.

셋째, 업무에 있어서 조직의 전반적인 권한 역시 축소될 수 있다. 이 경우 업무과정에서 각 구성원들이 원하는 바를 파악하는데 제한이 따를 수 있다.

넷째, 조직의 권한 약화로 인해 긍정적 결과는 물론 부정적 결과에 대해서도 공동으로 책임을 져야 한다. 이로 인해 책임의 소재로 인한 구성원들 간의 갈등이 노정될 수 있다.

다섯째, 리더보다 팀 위주로 조직이 운용되는바, 각 개인의 의사들이 반영되는데 시간이 걸릴 수 있다. 아울러 이로 인해 성과를 도출하기까지 상대적으로 많은 시간이 걸린다.

마지막으로, 서번트 리더십의 장단점에 대한 연구는 아직 진행 중이다. 그로 인해 아직 이론이 정립되지 못한 상태이다. 따라서 과업이나 조직의 성격, 상황 등을 고려하지 않은 채 서번트 리더십 체계를 도입하는 데는 한계가 있다.

G. 소결론

여타의 리더십과 비교해 서번트 리더십이 효율성이나 성과의 측면에서는 반드시 강점을 가지고 있다고 볼 수 없다. 그러나 인간중심적 관점에서 보면 매우 이상적인 측면을 가지고 있다. 그것은 조직의 운용과정, 구성원에 대한 배려, 인격에 대한 존중, 각자의 자아실현 추구 등 휴머니즘적 측면과 아울러 지속가능성이라는 측면에서 특히 그러하다.

이러한 측면에서 우리나라에서도 서번트 리더십에 대한 연구가 학계, 기업 등을 중심으로 활성화 되고 있다. 아울러 정치권, 공직사회, 기업, 소규모의 단체나 집단에 이르기까지 서번트 리더십의 운용방식을 도입하는 지도자들과 단체들이 늘어나는 추세에 있다. 나아가 실제로 서번트 리더십의 방식을 도입하여 긍정적 결과를 도출해 내는 조직들이 늘어나고 있다.

그러나 아직까지 한국사회에는 전반적으로 권위주의 문화가 많이 남아있는바 그것은 집단의 경우 더욱 그러하다. 특히 수직적 구조와 아울러, 개인의 능력보다 연공서열 위주로 구성원들을 평가하는 문화가 많이 남아 있음을 부인할 수 없다. 또한 서번트 리더십 자체가 등장한 것이 비교적 최근이기 때문에 서번트 리더십의 장단점을 검증할 수 있는 평가체계 역시 미흡한 것이 사실이다. 현대 사회가 급격하게 변함에 따라 바람직한 리더의 상 역시 변하고 있다. 따라서 서번트 리더십에 대한 지속적인 연구와 함께 리더십의 새로운 패러다임을 창출해 내기 위해 노력할 필요가 있다.

II. 윤리적 리더십

A. 등장 배경과 의의

최근에 들어 한국사회에서는 일부 정치인 등에 의해 야기된 불공정, 차별 등에 대한 논란이 이슈화되고 있다. 그로 인해 특히 젊을 세대들을 중심으로 사다리, 기울어진 운동장, 유리천장 등의 말들이 자주 회자되고 있다. 과거의 경우 이러한 문제들은 사회적 이슈로까지 확대되지는 않았다. 그러나 민주화에 따른 시민문화의 확산과 함께 시민들은 다양한 루트와 방법에 의해 자신들의 존재감을 드러내고 여론을 형성하면서 정치에 참여하고 있다.

조직은 목표를 설정하고 그것의 달성을 위해 조직을 운용하는 과정에서 윤리적 리더십에 의거해 가치를 추구하고 합리적인 틀을 구축하며 구성원로부터 지지를 확보해야 한다. 아울러 조직 구성원들의 창의성과 개성, 능력을 고양시켜줄 수 있는 감성 관리 역시 중시되고 있다.

최근 한국사회에는 정의와 공정과 룰을 깨는 일부지도층의 정치행태를 반면교사로 삼아 윤리적 리더십의 중요성이 새로이 인식되고 있다. 아울러 성과 못지않게 과정을 중시하는 방향으로 인식이 변화함에 따라, 윤리적 행동과 도덕적 의사결정이 요구되는 진성 리더십(Authentic leadership)의 중요성이 강조되고 있다.

최근에는 CEO(Chief Executive Officer)의 의미가 Chief Ethical Officer로 재해석되고 있다. 즉, executive(경영의)에서 ethical(윤리적)로 그 의미가

바뀐 것이다. 즉, '리더가 무엇을 해야 하며, 어떤 사람이 리더가 되어야 하는가?' 등과 같이 근본적인 물음을 하고 있다.

지도자가 행하는 통치행위의 윤리성은 법적인 문제를 떠나 지속적 논란과 관심의 대상이 되어 왔다. 과거의 경우 지도자의 공적은 주로 성과를 중심으로 평가되었다. 그러나 최근에 들어서는 특정 정치인의 정치적 위업을 언급함에 있어서 도덕성이 평가의 제1의적인 요소로 되었다. 이것은 시민의식의 성장과 함께 리더를 평가하는 기준이 바뀌었음을 의미한다.

리더십에 대한 연구가 본격적으로 행하여지기 시작한 20세기 중반 이후 리더의 평가에 대해서는 다양한 기준들이 제시되어 왔다. 그러나 리더십에 내포된 윤리와 관련된 연구는 매우 미흡한 상태였다. 심지어 1970년대 초부터 경영윤리에 관한 연구들이 본격화 되었으나, 이러한 연구들 역시 결과 내지 업적 중심적인 것으로, 리더십 윤리와 다소 거리가 있었다. 켈로그 재단(Kellogg Foundation)의 후원을 받은 리더십 연구자들이 '리더십 이론과 관행이 정당한 사회를 이루는데 어떻게 활용될 수 있을까?'에 관심을 두고 연구를 시작한 이후, 1998년대 *Ethics, the Heart of Leadership*이 출간됨으로써 리더십 윤리에 관한 연구가 본격화 하기 시작했다. 이를 계기로 윤리적 리더십의 본질에 대한 연구들이 활성화 되고 있다. 이러한 경향에 따라 윤리적 리더십은 사회적 학습 이론의 관점에서 개인의 행동뿐 아니라 대인관계를 통해서 규범적으로 적절한 행동을 보이는 것, 또는 상호 의사소통 강화, 지원, 의사결정 과정을 통해서 구성원들도 그러한 윤리적 행동을 장려하도록 하는 것으로 정의되었다.[25] 여기서 중요한 것은 윤리적 리더십이 리더는 물론 팔로워들과도 관련되어 있다는 점이다.

---

25 M. E., Brown, Trevino, L. K., & Harrison, D. A., Ethical Leadership: A Social Learning Perspective for Construct Development and Testing, *Organizational Performance and Human Decision Processes*, 97(2), 2005, p. 120.

B. 윤리적 리더십의 본질

1. 행위론적 측면

리더가 행하는 행태 또는 행동을 연구의 대상으로 하는 윤리이론은 리더의 행동에 관한 결과에 초점을 두는 목적론(teleological theory)과 리더가 지켜야 할 의무 혹은 규칙을 강조하는 의무론(deontological theory)으로 구분된다.

a. 목적론

사전적 의미에 의하면 목적론은, 모든 사물은 목적에 의해 규정되고 목적을 실현하기 위하여 존재한다는 이론이다. 목적이론은 특정 개인이 행하는 행동의 결과에 대해 그것의 옳고 그름을 판단하는 이론이다. 여기서의 핵심은 리더의 행위가 합목적적이고 바람직한 결과를 낳았느냐 아니냐 하는 것이다. 그러나 행위의 옳고 그름을 판단하는 기준은 각자에 따라 다를 수 있는 바 특정 기준이나 원칙을 모델링화 하는 것은 결코 간단한 문제가 아니다.

예컨대 벤담이 주장했던 '최대 다수의 최대행복'을 지향하는 양적 공리주의(功利主義)의 관점이나, 어떤 행위를 행함에 있어서 다른 사람들의 이익을 우선적으로 고려하는 이타주의(利他主義)적 관점이 대표적이다. 특정 행동의 결과를 평가하기 위한 도덕적 행동기준은 크게 윤리적 이기주의(ethical egoism), 공리주의(utilitarianism), 이타주의(altruism)의 세 가지로 나누어진다.

첫째, 윤리적 이기주의는 어떤 개인이 자신의 이익을 우선적으로 고려해 행동하는 것을 의미한다. 수익의 추구를 목적으로 하는 회사나 경영자가 이익의 극대화를 위해 의사결정 하는 경우가 여기에 해당한다.

둘째, 공리주의는 리더가 최대다수에게 최대의 행복(이익)을 창출하기 위해 행동하여야 한다는 것이다. 물론 여기서는 양이냐(양적 공리주의) 질이나(질적 공리주의)로 관점이 나누어진다. 여기서의 관건은 사회적 편익을 극대화 하되 사회적 비용은 최소화하는 것이다. 예를 들어 특정 질병보다 전국민들의 건강예방을 위해 많은 정부가 많은 예산을 투입하는 것이 그 예이다.

셋째, 이타주의는 특정의 개인이 자신보다 다른 사람에게 이익이 되는 방향으로 행동하는 것이다. 이러한 측면에서 리더는 자기가 추구하는 이익에 반한다 해도 타인을 위해 행동하는 것이 필요하다. 서번트 리더로 일컬어지는 슈바이쳐 박사나 테레사 수녀, 이태석 신부가 병들고 소외된 사람을 위해 국경을 초월하여 자신을 희생하며 타인을 위한 삶을 영위한 경우가 여기에 속한다.

b. 의무론

사전적 의미에서 의무론은 도덕의 근본 원리를 행복 등의 목적에 두지 않고 의무에 두는 관점을 포괄적으로 일컫는 말이다. 의무론은 행위의 결과 뿐 아니라 그 행위가 진행된 과정 자체도 중요하게 본다. 즉, 어떤 행동이 윤리적인가 아닌가는 그 행동의 결과뿐만 아니라 그 행동자체가 선한 것인가 여부도 중요하다는 관점이다. 여기서 의무는 마땅히 해야 하는 행위를 가리킨다. 리더는 좋은 결과만 내면 되는 것이 아니라 리더십이 진행되는 동안의 전체 과정에서 진실만을 말하고 약속을 지키며, 다른 사람에게 공정하고 대하고 존중하는 행동을 일관되게 보여야 한다는 것이다. 이러한 행동에 입각한 리더십은 결과와 관계없이 선한 행동으로 평가받을 것이다. 따라서 이것은 성적 지상주의, 결과 중심주의적 사고와 대립되는 것이다. 의무이론은 리더가 올바른 행동을 해야 할 리더의 행위를 지배하는 의무와 규칙, 책임에 초점을 맞추는 관점이라고 할 수 있다.

2. 자질론적 측면

자질론은 덕(virtue)에 기초하여 인간을 평가하는 이론이다. 따라서 리더십 이론에서 자질론은 조직을 이끌어 가는 리더는 어떤 자질을 가져야 하는가, 또 가지고 있는가에 초점을 둔다. 여기서 가장 중심이 되는 것이 도덕성이다. 자질론적 관점에 의하면, 윤리적 덕성은 선천적인 것이기 보다 본인의 노력 즉, 수양과 교육에 의해 함양되는 것이다. 인간은 사회화의 과정을 통해 교육되어지는데, 이러한 과정에서 도덕성을 함양함으로써 도덕성을 가진 리더가 된다는 것이다. 즉, 덕성과 도덕적 자질은 교육과 체험을 통해 획득된다. 덕성론을 주장하는 학자들에 의하면, 덕을 추구하는 리더는 도덕적 가치의 개발과 훈련을 통해 덕을 함양하기 위해 노력해야 한다. 아울러 리더는 다른 사람에게 도덕적·윤리적인 행동을 하도록(to do) 강조하기보다 당위론적 관점에서 도덕적·윤리적인 사람으로 되어야(to be) 한다고 본다.

덕성은 인간에게 항상 내면화되어야 하는 것으로 매우 중요한 것이다. 윤리적 덕과 관련해서는 아리스토텔레스가 『니코마코스 윤리학』 등에서 언급한 것을 비롯해 칸트 등 많은 학자들에 의해 제기되었다. 아리스토텔레스에 의하면 인간은 도덕적 가치의 훈련과 개발을 위해 노력해야 하는 바, 윤리는 공동체 생활에서 필요불가결한 것이다. 아리스토텔레스에 의하면 도덕적이고 윤리적인 덕성을 가진 사람이 되기 위해서는 용기, 절제, 관용, 자제력, 정직, 사교성, 겸양, 공정, 정의를 지니고 있어야 한다.

『니코마코스 윤리학』에 나타난 아리스토텔레스의 윤리사상은 ① 행복 ② 탁월성(arete) ③ 실천적 지혜 ④ 중용(中庸) 등이다.

첫째는 행복(eudaimonia)이다. 아리스토텔레스는 인간이 추구해야 할 최고선을 '행복'이라고 보고 있다. 행복은 삶의 궁극적인 목적이기 때문에 다른 목적들은 행복을 얻기 위한 수단에 지나지 않는다. Aristoteles는 행복을 인간이 행위를 통해 성취할 수 있는 것 중의 최상의 것으로 보면서 단지 심리적인 만족 상태를 초월하는 것으로 보았다. 행복은 다른 것의 수단도 될 수 없고 단지 심리적인 만족상태가 아니라 '훌륭한 행동'을 지칭한다.

아리스토텔레스는 행복에 입각한 세 가지 삶의 유형으로 향락적인 삶, 정치적인 삶, 관조적인 삶의 3가지를 들고 있다. 아리스토텔레스는 즐거움을 위해 사는 무절제한(향락적) 삶을 살거나, 명예를 추구하기 위한 삶(정치적 삶)보다, 지혜로움에서 행복을 얻으며 지혜에 따라 행동하는 삶(관조적인 삶)을 행복한 삶으로 보았다.

둘째는 탁월성(arete=virtue), 즉 덕이다. 아리스토텔레스는 인간적인 좋음을 탁월성에 따른 영혼의 활동으로 규정하였다. '인간적인 좋음(행복)은 덕을 갖춘 인간, 덕이 있는 영혼의 활동'이다. 즉, 행복은 덕이 있는 인간의 활동이다. 아리스토텔레스에 의하면 우리는 탁월성들을 본성적으로 받아들일 수 있으며 습관을 통해 완성시킨다. 덕이 있는 본성의 상태는 이성에 따른 행위에서 잘 나타나지만 우리가 완벽한 도덕적 본성과 성향을 갖추고 태어나지 않았기 때문에 도덕적인 덕(탁월성)이 실현될 수 있도록 욕망이나 충동을 이성으로 억제해야 한다. 탁월성에는 지적 탁월성과 성격적 탁월성의 두 가지가 있다.

셋째는 실천적 지혜이다. 실천적 지혜에는 숙고(bouleusis), 이해력, 합리적 선택 등이 있다. 아리스토텔레스에 의하면 숙고는 '단순히 생각하는 것을 넘어 판단을 정교화 하는 능력'이다. 숙고는 행위자가 스스로 자신의 욕구와 행위를 결정해가는 과정이다. 이러한 과정에서 어떠한 행위를 할 것인가 하는 것은 결국 선택의 문제이다. 합리적 선택은 여러 가지 행위 중 가장 우선시 되어야 할 행위를 선택하는 것이다. 즉, 합리적 선택은 숙고를 통한 이성적 판단을 통해 올바른 행위의 선택으로 나아가는 일련의 과정이자, 그러한 과정을 통해 이루어진 올바른 행위의 선택이다.

마지막으로 중용이다. 아리스토텔레스는 다른 사상가들에 비해 중용에 대해 많은 부분을 할애하여 기술하고 있다. 그에 의하면 중용은 양극단을 피하는 중간, 즉, 중간적인 성향을 말한다. 중간적인 성향이란 중간을 목표로 중앙, 중간이 아닌 중간적인 성향을 말하는 것이다. 그에 의하면 중용은 행위에 관한 것이며 원리(중용의 원리)를 가지고 있다.[26] 또한 중용은 감정, 행위 모두에 적용할 수 있다.

결론적으로, 아리스토텔레스는 우리가 살아가면서 추구하는 것 그리고 마땅히 추구할 것을 '행복'으로 규정하고 있다. 그에 의하면 행복은 단지 심리적인 차원에서 성립하는 것만은 아니다. 아울러 아리스토텔레스가 규정한 행복은 객관적으로 인정될 수 있는 상태이다. 아리스토텔레스는 인간의 고유한 기능인 이성이 잘 발휘될 때 인간이 행복 할 수 있는 기본적인 요건이 갖추어 진다고 본다.

아리스토텔레스에 의하면 윤리적 행위의 목적은 각자가 자신의 몫을 제대로 수행할 수 있도록, 즉 자기실현을 할 수 있도록 하는 데 두어져야 한다. 윤리적 행위에 있어서 수단적 가치를 지닌 것과 자체 목적적인 것 간의 구분을 명확히 하는 것은 당연하다. 문제가 되는 것은 사회적 책임을 다하지 않는 행위를 하는 경우이다. 수단에 해당하는 일을 전적으로 무시하고 목적 자체의 실현에만 집착하는 것은 올바른 태도가 될 수 없기 때문이다.

칸트(Kant, Immanuel; 1724-1804)는 도덕성을 논할 때 가장 먼저 인용되는 학자 중 한 명이다. 그는 개인 행위의 원칙은 보편성이 있어야 한다는 도덕법칙을 주장했다. 칸트에 의하면 모든 사람들을 수단이 아닌 목적, 즉, 인간 자체로 대하며, 자신이 행하고자 하는 바가 언제나 보편적 행위법칙에 타당할 수 있도록 행동해야 한다. 칸트는 이러한 행위법칙을 정언명법(定言命法)으로 명명했다. 우리는 자신을 포함해 모든 사람들을 목적 자체로 대하는

---

26 그는 용기와 관련한 언급에서, "참된 용기는 비겁도 만용도 아닌 중용의 도리'라고 언급하기도 했다.

것이 바람직하다는 것을 알고 있다. 모든 인간은 그러한 행위법칙을 선험적으로 인식할 수 있는바 그 이유는 인간이 본성적으로 이성의 소유자이기 때문이다. 즉, 인간은 모든 인간을 목적 자체로 대함으로써 존엄성을 고양시킬 수 있다.

칸트에 의하면 모든 인간에게 차별이 없이 동일한 행위법칙을 적용하는 것이 도덕적이다. 가까운 가족이나 아무런 관련이 없는 다른 사람이나 모든 존재는 인간이라는 점에서 동등하며, 도덕적인 행위판단은 이 사람들이 인간이라는 데 있을 뿐 친소관계와는 무관하다. 이러한 의미에서 칸트는, 자신의 개인적 판단이 언제나 보편적 자연법칙에 부합하는 것인지 성찰해야 한다고 주장하였다. 그리하여 그는 '인간을 수단으로 대하지 말고 목적으로 대하라'거나, '하늘에는 별빛, 내 마음에는 도덕률'이라는 말을 자주 되뇐 것으로 알려져 있다. 칸트는 '타인에 대해 존중심을 가지고 대하는 것은 우리의 의무'라고 주장하였다. 이는 존중심 자체가 타인에 대하는 목적이어야 하고, 어떤 목적을 위한 수단이 되어서는 안 된다는 것을 의미한다.

칸트의 도덕법은 실정법보다 근본적인 법칙이자 더 넓은 보편성을 지닌 상위법이기 때문에 모든 사람들에게 적용 가능한 법이다. 그러나 현실에 있어서 모든 인간은 도덕적인 삶이 무엇인지 잘 알고 있으나 자신이 상정한 기준에 의해 다른 사람들을 평가하고, 도덕률과는 다른 선택을 하면서 살아간다.

벨라스퀘즈(M. G. Velasquez)는 윤리를 리더십이나 경영관리에 적용시키기 위해서 경영자는 인내, 공공심, 성실성, 진실성, 충직성, 자비심, 겸양 등의 덕성을 개발해야 한다고 보았다.[27]

덕성론을 강조하는 학자들에 의하면 학습에 의해 덕성들을 계발하게 되면 그러한 덕성들은 자연스럽게 내재화 된다. 리더 역시 덕성을 내면화 하여

---

27 M. G, Velasques, *Business Ethics: Concepts and Cases*, (Englewood Cliffs, N.J: Prentice Hall), 1992. p. 37.

조직의 운용과정에서 그러한 것들을 실천함으로써 보다 효율적으로 계도할 수 있다.

C. 윤리적 리더십의 중요성

리더들의 행위는 조직의 운용이나 팔로워들의 행동에 직·간접적으로 영향을 준다. 그것은 특히 신뢰도의 측면에서 그러하다. 리더가 조직 구성원들에게 신뢰감을 줄수록 조직의 결속력이 강해지고 성과 역시 높아질 것이다. 따라서 리더는 자신이 행하는 행동에 대해 도덕적 부담감과 아울러 책임감을 가지고 있어야 한다.

특히 리더는 팔로워들을 인격적으로 대해야 한다. 이것은 리더가 팔로워에 대해 가져야 할 책무이자, 올바른 리더십에 가장 부합하는 행동준칙이다. 윤리적 리더십이 중요한 이유는 조직이나 집단이 공동목표를 설정하고 과업을 달성하는 데 있어서 차지하는 리더의 역할 중요성과 영향력 때문이다.

D. 윤리적 리더십의 구성요소

1. 정직성

'정직은 최선의 방책(Honest is the best policy)'이라는 말이 있다. 리더에게 요구되는 제1의적 요소는 성과가 아니라 높은 도덕성이다. 도덕적 방법에 기초하지 않는 성과는 그 가치가 절하된다. 사회화의 과정에서 가장 먼저 교육받는 것 중의 하나가 도덕성이다. 이것은 인간이 혼자의 힘만으로는 살아갈 수 없는 사회적 존재이기 때문이다. 리더 역시 마찬가지이다. 리더가 정직하지 못하거나 공정심을 가지지 않고 조직을 운용하게 되면 팔로워들은 리더를 더 이상 신뢰하지 않을 것이다. 또한 불신으로 인하여 리더의 영향력이 약화되게 된다. 이는 리더가 추진하는 정책이나 시스템 자체에 대한 불신으로 확대된다.

달라 코스타(J. Dalla Costa)는 그의 저서 『윤리적 명령: 왜 도덕적 리더십이 좋은 것인가』(*Ethical Imperative: Why Moral Leadership is Good Business*)에서 정직한 것은 속이지 않은 것 그 이상의 의미를 가지고 있다고 기술하고 있다.[28] 나아가 리더들에 있어서 정직하다는 것은 과업과 관련해 이행할 수 없는 약속을 하지 않고, 과업에 관한 거짓 설명을 하지 않으며, 회피하면서 숨지 않고, 의무를 억압하지 않으며, 책임을 전가하지 않고, 기업의 적자생존 압력을 핑계로 다른 사람의 존엄성이나 인간성 존중의 훼손하지 않는 것을 등을 의미한다. 또한 그는 조직이 정직함의 필요성을 인식하고 정직한 행동에 대하여 보상하는 것이 중요함을 기술하고 있다. 윤리적 리더는 약속을 준수하고 잘못에 대해 변명하거나 회피하지 않으며, 책임을 은폐하거나 의무를 피하지 않는 등의 행동을 해야 한다.

2. 배려와 존중

리더들에게 타인을 대한 존중심이 결여되어 있다면 구성원들의 협조를 적극적으로 끌어 내지 못할 것이다. 그리고 그것은 과업의 결과에도 영향을 미칠 것이다. 조직의 운용과정에서 팔로워들은 자신이 자율적으로 설정한 목표에 대한 가치를 갖는 존재로서 대우받아야 하고, 다른 사람(리더)의 개인적 목적을 위한 수단으로 취급받아서는 안 된다.[29] 팔로워들에게 인간적으로

---

28 Dalla Costa, J. *The Ethical Imperative: Why moral leadership is good business*, Reading, (MA: Addison-Wesley, 1998) 참조.

대한다는 의미는 리더가 그들의 의견을 존중하고, 그들의 생각을 신뢰하며, 나아가 그들을 하나의 인간으로서 인정함을 의미한다. 리더가 구성원의 의견을 존중하지 않으면 다른 사람을 목적으로 대하지 않는 것이 된다.

번즈에 의하면 리더는 구성원들이 자신들의 욕구, 가치, 목적을 이해하도록 노력함과 아울러 리더의 욕구, 가치, 목적과 뜻을 같이 하도록 노력하여야 한다.[30]

3. 희생과 봉사정신

리더의 리더십에는 어느 정도의 자기희생이 동반되기 마련이다. 윤리적 리더십은 이타주의에서 발원한다. 따라서 윤리적 리더들의 계획수립, 의사결정 과정, 그리고 조직의 운영에 있어 구성원들의 입장을 우선적으로 고려한다.

윤리적 리더는 팔로워들의 요구에 부응하고, 그들의 입장에서 일하며 그들의 복지에 도움이 되도록 하는 것을 자신의 의무로 여긴다. 윤리적 리더는 다른 사람들에 대한 봉사에 주목하고, 그들이 복지에 대해서 유익하고 해가 되지 않는 방향에서 의사결정 해야 할 책임이 있다.

센즈(P. M. Senge)는 학습조직에 있어서 리더의 중요한 과업의 하나는 조직의 비전을 챙기는 봉사자가 되어야 하는 것으로 보았다.[31] 비전 봉사자는 자기 중심적인 것보다 더 위대한 조직의 비전을 명확히 하여 육성함으로써 자신의 비전과 조직 내 구성원의 비전을 통합하는 것을 의미한다. 유능한 리더는 자신의 비전을 조직이나 지역사회에 필요한 중요한 일부분으로 본다.

---

29 T. L. Beauchamp, & Bowie, N. E., *Ethical theory and business*), Englewood Cliffs, NJ: Prentice Hall, 1988, p. 37.

30 J. M. Burns, *Leadership*, New York: Haper & Row, 1978 참조.

31 P. M. Senge, *The Fifth Discipline: The Art and Practice of the Learning Organization*, (New York: Doubleday, 1990) 참조.

결국 봉사의 의미는, '갖지 않은 사람들'을 보살펴야 한다는 그린리프의 개념이나 커다란 목적을 위해서 헌신해야 한다는 센즈의 개념이 된다.

궁극적으로 볼 때, 봉사의 본질은 많은 서번트 리더들이 그러한 것과 같이 다른 사람들의 보다 큰 행복(이익)을 위해서 공헌하는 것이다. 봉사의 원칙을 실천하는 데 있어서 윤리적 리더는 기꺼이 구성원 중심적으로 되어야 하고, 그들의 이익을 최우선으로 하며, 다른 사람에게 바람직하고 유익한 방향으로 행동하여야 한다.

4. 공정성과 합리성

윤리적 리더는 공정성과 합리성에 중심을 두고 조직을 운용한다. 특히 구성원들을 평등하게 대하기 위해 노력한다. 조직 내에서 어떤 개인에 대한 차별이 행하여지는 경우 그에 대한 근거가 분명하고 합리적이어야 하며 도덕적 가치에 기준이 두어져야 한다. 예를 들어 리더가 조직에서 구성원들에 대해 내리는 징계, 직무성과에 대한 보상의 제공, 직무수행에 필요한 자원의 배분 등에 있어서 리더가 자의적(恣意的)으로 규칙을 적용하거나 차별적인 처우를 결정하는 것은 정당하지 못한 것이다. 조직 내의 구성원들이 지연, 학연, 연령, 성별 등으로 특별대우나 차별을 받을 경우 이 역시 정당하지 못한 것이다.

롤즈(John Rawls)는 그의 『정의론』(*A Theory of Justice*)에서 '공정성'을 '공통의 이익을 촉진하기 위해 협력하는 모든 사람들에게 반드시 필요한 것'으로 보았다. 공정성은 "남에게 대접을 받고자 하는 대로 너희도 남을 대접하라"(누가복음 6장 31절)는 성경의 구절과도 일맥상통한다. 리더는 자신이 팔로워들로부터 인정받기 원하면 그 역시 팔로워들에게 올바르고 공정하게 대해야 한다.

리더가 이익과 책임을 배분함에 있어 지침이 될 수 있는 몇 가지 공통된 원칙들이 있다.[32] 이러한 원칙들은 리더가 자원이나 성과의 분배방식을 선택하는 과정에 논리적 근거를 제시해 준다. 분배의 정의를 구현하기 위해서는 분배에 있어서 일정의 기준과 원칙이 정립되어 있어야 한다. 그러한 준거로는 ⓐ 균등, ⓑ 필요성, ⓒ 권리, ⓓ 노력, ⓔ 공헌도 등이 그것이다. 이러한 공정분배를 잘 실현했던 대표적인 리더로 칭기즈칸, 바이킹족의 지도자 등을 들 수 있다.

5. 동일체 의식과 신뢰감

조직이 추진해야 할 공통의 목표(즉, 과업)를 수행하기 위해서는 리더와 구성원 간의 컨센서스가 요구된다. 이것은 과업과 관련해 리더와 구성원들 간에 동일체 의식이 있어야 함을 의미한다. 그렇게 되어야 성과의 효율성이 높아질 수 있다. 그러나 경우에 따라 리더는 다수의 생각 또는 단기적인 효과와 양립할 수 없는 과업을 추구해야 할 경우도 있다. 특히 장기적인 과업이나 당장 가시적인 성과를 내기 힘든 과업의 경우 더욱 그러하다. 이러한 목표를 추진하는 데 있어서 리더와 팔로워 상호간의 신뢰는 매우 중요하다.

과업과 관련해 고려해야 할 또 다른 중요한 요소는 그 과업들이 공공성에 부합하는 것이어야 한다는 점이다. 개별 공동체에서는 유익하나 전체 공동체의 상규를 벗어나는 과업의 경우 가시적인 성과가 높다고 해도 정당성을 인정받기 어렵다. 이를 위해 리더는 구성원들을 설득하고, 구성원들 역시 개인이 아닌 공동체적 관점에서 과업에 참여하고 협조하며, 경우에 따라 진언을 하는 것도 서슴지 않아야 한다.

---

32 T. L. Beauchamp, & Bowie, N. E. *Op. cit.* 참조.

E. 소결론

윤리적 리더십은 서번트 리더십 및 변혁적 리더십과 관련성을 가진다. 번즈(Burns)는 변혁적 리더십의 핵심은 리더와 구성원의 공통목표를 추구하면서 고차원적인 도덕적 성숙의 변화까지 도출해 내는 것이라고 주장하였다. 변혁적 리더십 이론의 중심에도 구성원들의 도덕적 성숙이 포함된다는 점에서 변혁적 리더십은 윤리적 리더십과 일맥상통한다. 윤리적 리더는 집단에 참여하는 모든 구성원들의 요구에 대해 배려하고 공동체의 이익에 주목한다. 아울러 윤리적 리더는 구성원들에 대한 보살핌의 윤리를 실천하고 타인의 의사를 이해하고 존중하며 그러한 것을 수용하기 위해 노력한다. 리더는 윤리적 리더십의 구현을 위해 노력해야 하며 정직성, 진실성, 신뢰성, 개방성, 존중, 원칙 있는 의사결정 등의 윤리적 속성을 함양하고 실천하도록 노력해야 한다.[33]

윤리적 리더십과 관련해 로스트(J. C. Rost)는 시민적 덕(civic virtue)에 유의할 필요가 있다고 본다.[34] 그는 리더와 추종자들이 사회공동체가 나아갈 바에 대해 관심을 가져야 한다는 점을 환기시켜 준다. 윤리적 리더십은 높고 광범위한 도덕적 목표를 지향하는데, 조직이나 집단이 추구하는 목표 역시 그 영역 내에 있어야 한다는 것이다.

윤리적 리더십은 배려의 윤리(ethic of caring)에 기초해야 한다. 리더와 구성원의 관계에서 배려는 신뢰와 협력적 관계를 구축하는 주요 요소가 되기 때문에 상호간의 배려는 조직에 있어서 매우 중요하다.

윤리적 리더십에 대한 연구는 리더와 팔로워 간의 관계가 윤리와 신뢰에

---

33 백기복, 『리더십 리뷰』, (서울: 창민사, 2016), p. 317.

34 J. C. Rost, *Leadership for the Twenty-first Century*, (New York: Praeger, 1991).

기초해야 한다는 점을 환기시키고 있다. 최근 한국의 정치나 기업 등에서 제기되는 여러 이슈들을 고려해 볼 때 윤리적 리더십의 역할은 매우 중요하다. 윤리적 리더십은 훌륭한 리더의 자질로 어떤 덕목이 중요한가를 환기시켜 준다. 아울러 조직이 운용에 있어서 공정과 정의에 대한 자문(自問)과 반성의 화두를 던진다.

III. 감성(공감) 리더십

A. 의의

포스트 모더니즘의 등장 이후 글로벌화와 인식체계의 변화에 따라 감성지수(EQ: Emotional Quotient)의 중요성이 부각되고 있다. 감성지수는 지능지수(IQ)와 대조되는 개념으로, 문자 그대로 감성을 척도로 표시한 것이다. 즉, 감정을 적절히 조절함으로써 원만한 대인관계를 구축할 수 있는 '심리적 지능지수'를 일컫는다.

감성지능은 자신의 감정을 다스리고 상대방을 진심으로 이해함으로써 좋은 대인관계를 유지하는 능력이다. 심리학적 측면에서 감성지능(또는 감성지수)이라는 개념을 최초로 사용한 사람은 메이어(John D. Mayer)와 샐러비(Peter Salovey)이다.[35] 두 사람은 초기 연구에서 감성지능의 영역을 감성의 평가와 표현, 감성의 조절, 감성의 활용 등으로 분류하였다. 여기서 감성지능은 자신과 타인의 감정과 정서를 평가하고 그것들을 변별하며, 정보를 활용해 자신의 사고와 행동을 이끌어 낼 수 있는 능력을 말한다. 메이어와 셀리비 이후 많은 학자들에 의해 감성지능에 관한 연구들이 진행되었다. 그들은 감성지능에 있어서 공통적인 전제가 존재한다고 보는바 그것은 ⓐ 감정이 일상적 삶에 매우 중요하다는 것, ⓑ 사람에 따라 감정을 지각, 이해, 사용, 통제

---

35 J. D. Mayer & Salovey, P., "Emotional Intelligence." *Imagination, Cognition and Personality*, 9(3), 1990, pp. 185-211.

하는 능력이 다르다는 것, ⓒ 그 차이가 다양한 상황에서 인간의 적응 능력에 차이를 가져온다는 것 등이다.[36]

감성지능은 심리학, 교육학, 경영학 등을 중심으로 연구가 진행되어 왔다. 감성지능 분야의 대표적인 연구자로는 메이어와 샐러베이(1990) 외에 쿠퍼와 사와프(Cooper and Sawaf, 1997), 다니엘 골만(D. Goleman, 1998) 등을 들 수 있다. 특히 감성지능의 구성요소를 능력기반에 입각하여 연구한 학자로 메이어와 샐러베이 웡(C. S. Wong) 그리고 로(S. L. Law)[37]를 들 수 있다. 메이어와 샐러베이는 감성지능을 "감정을 정확히 지각하고 인식하여 표현하는 능력, 감정을 생성하거나 이용하여 사고를 촉진하는 능력, 감정과 감정지식을 이해하는 능력, 감정발달과 지적발달을 촉진시키기 위해 감정을 조절하는 능력"으로 보았다.[38]

이 용어는 <Times>가 다니엘 골만의 저서 『감성지수』(Emotional Intelligence)를 소개하면서 기업, 학계 등에 널리 알려지고 활용되기 시작하였다. EQ는 조직이나 집단에서 상사나 동료, 부하직원들 간 어느 정도 원만한 관계를 유지하고 있고, 개인이 팀워크에 어느 정도 공헌하는가를 평가하고 있기 때문에 기업인들의 많은 관심을 끌고 있다. 실제로 일본 IBM에서는 감성지수를 토대로 직속상관, 동료, 부하직원 등도 평가에 참여하는 방식을 관리직의 인사고과에 도입하기도 했다.[39]

감성 리더십에서의 감성은 공감을 위한 감성이다. 수많은 조직으로 구성

---

36 J. McCleskey, Emotional Intelligence and Leadership: A Review of the Progress, Controversy, and Criticism, *International Journal of Organizational Analysis*, 22(1), 2014, pp. 76-93.

37 C. S. Wong & Law S. L., "The Effect of Leader and follower emotional Intelligence on Performance and Attitude: An Exploratory Study", *The Leadership Quarterly*, 13(3), 2002, pp. 243-274. 웡과 로는 감성 지능이 ⓐ 자기 감성 이해, ⓑ 타인 감성이해, ⓒ 자기 감성조절, ⓓ 감성 활용으로 구성되는 것으로 보았다.

38 변상우, 『글로벌리더십』, (서울: 청람, 2014), pp. 325-326.

39 [네이버 지식백과] EQ (매일경제, 매경닷컴).

되어 있는 현대사회에서 조직이 성공적으로 운용되기 위해서는 구성원들의 삶에 대해서도 관심을 가져야 한다. 이를 위해 리더들은 감성 리더십의 마인드를 가지고 조직을 이끌어야 한다. 이것은 구성원들의 개성과 감정, 가치관을 존중함과 아울러 창의력과 역량이 조직에 도움이 되게 한다. 따라서 구성원들의 감성 관리는 시대적 요구라고 할 수 있다.

미래학자이자 문명비평가였던 엘빈 토플러(Alvin Toffler)[40]는, 21세기는 지식 못지않게 감성이 중요한 사회라고 보며 감성의 중요성을 역설했다. 그는 직무능력과 지식보다는 감성지능의 관리 여부가 리더의 성공 여부를 결정한다고 주장하면서, 그 비율을 감성 80%, 지식 20%로 보았다.

감성 리더십은 리더 스스로 구성원의 감성을 이해하고 배려함과 아울러 구성원들과의 자연스러운 관계를 형성하여 조직의 감성역량을 높이는 능력을 말한다.[41] 즉, 구성원들의 마음을 이해하고 그들의 감정에 맞추어 공감을 얻으며, 관계를 형성하여 리더가 팔로워들로부터 호응과 신뢰성을 얻는 것을 의미한다. 이러한 측면에서 감성 리더십은 서번트 리더십, 윤리적 리더십과 밀접하게 관련되어 있다.

궁극적으로 리더십에 있어서 감성지능은 리더 스스로 자신의 내면을 파악하고, 구성원의 감성을 이해하며 배려함과 동시에 자연스럽게 조직 구성원들과의 관계를 형성하여 조직의 감성역량을 높이는 능력이다.

---

40 엘빈 토플러(Alvin Toffler, 1928-2016): 미국의 미래학자이자 문명비평가. 『미래의 충격』, 『제3의 물결』, 『권력이동』, 『부의 미래』 등을 저술하였다. 헌팅턴(Samuel P. Huntington, 1927-2008), 기 소르망(Guy Sorman, 1944-) 등과 함께 미래학, 문명비평 등의 영역에 많은 업적을 남겼다.

41 장석훈 역, 『감성의 리더십』(Goleman, Daniel, McKee, Annie, Boyatzis, Richard E.: *Primal Leadership: Realizing the Power of Emotional Intelligence*), (서울: 청림출판, 2003), pp. 74-97 참조.

B. 감성 지능의 구성요소

메이어와 샐러비는 감성지능의 구성 요소를 감성자각, 감성 촉진사고, 감성이해, 감성관리의 4개 영역으로 구분해 설명하고 있다.[42] 두 학자의 연구를 기반으로 하여 웡(Wong)과 로(Law)는 감성지능을 자기 감성이해, 타인 감성이해, 자기 감성조절, 감성 활용의 4개로 분류하였다. 그리고 여기서 나아가 감성지능의 측정을 위한 도구도 개발하였다.

감성지능의 구성요소에 관한 대표적인 연구의 하나로 전술한 다니엘 골만(D. Goleman)의 혼합적 감성지능 연구를 들 수 있다.[43] 골만은 감성지능과 관련해 방대한 연구를 행하였으며 많은 논문과 저술 등을 남겼다. 골만은 1998년 연구에서 감성지능 자체만으로는 직무성과를 충분히 예측하는 데 한계가 있는 것으로 보고 감성지능과 감성역량(emotional competence)을 구분하여 설명하였다. 그에 의하면 감성역량은 더 나은 직무성과를 달성하는 데 필요한 개인적·사회적 기술을 뜻하는 것으로 감성지능에 기반을 두고 있다.[44] 아울러 골만은 1998년의 연구에서 효과적인 성과와 관계되는 감성적 역량 및 사회적 역량과 관련해 감성지능의 요소로 5가지를 제기하였던 바[45] ① 자기인식, ② 자기통제, ③ 자기동기부여, ④ 공감, ⑤ 사회적 기술 등이 그것이다.

---

42 J. D. Mayer & Salovey, *Op.cit*, pp. 443-442.

43 Goleman, D., *Working with Emotional Intelligence*, (New York: Bantam Double day Dell, 2000) 참조.

44 변상우, 『글로벌리더십』, (서울: 청람, 2014), p. 327.

45 그리고 2002년에는 1998년의 연구를 바탕으로 감성지능의 범위를 확장하여 4개의 영역으로 분류하여 재구성하였다.

1. 감성지능의 5영역

a. 자기인식

자기인식(self-awareness)은 자아의식, 자기이해, 자각 등으로 번역된다. 자기인식은 용어의 의미 그대로 인간의 자신의 내재적 측면에 대한 인식을 의미하는 바 자기 자신에 대한 인식의 정도는 개인의 가치체계나 목표 등에 대한 이해도에 영향을 미친다. 자기인식도가 높은 사람은 자신의 장단점에 대한 명확한 인식을 가지고 있으며, 자신의 인식이나 감정을 진솔하게 드러내는 경향이 있다. 또한 자기 인식도가 높은 사람은 자신의 미래에 대한 인지도가 높으며, 과업 등에 대해 명확한 입장을 나타내는데 이것은 뚜렷한 주관을 가지고 있기 때문에 가능하다.

다른 한편으로 자기인식도가 높은 사람은 강한 현실인식을 바탕으로 과업 등에 관해 건설적 비판을 행하여도 타자의 입장을 이해함과 아울러 갈등을 야기하지 않는다. 즉, 팔로워에 대한 비난이나 비판을 자제한다. 또한 자신의 말이나 행동이 동료직원에게 줄 수 있는 영향에 대해 신중하게 임한다. 그러나 비현실적인 과업의 추진에 대해서는 비판적이다.

골만이 5개의 감성지능 요소를 25개의 역량군으로 세분화하여 분류한 데 의하면 자기인식 영역에 포함되는 것은 '감성인식', '자기확신', '정확한 자기평가'의 3개이다.

b. 자기 통제(자기 조절)

자기통제(self-regulation)는 자신의 감정을 스스로 관리하는 능력이다. 이것은 자신이 직면한 문제에 대해 자기 인식을 통해 객관화시켜 해결하는 것을 의미한다. 자기 자신을 효율적으로 통제하는 능력을 가진 사람은 자제력이 높은 사람으로 대인 관계에서의 융화도 역시 높다. 이러한 유형의 리더는 과업의 결과가 기대에 못 미친다 해도 팔로워들에게 책임을 전가하기보다

전 과정들을 다시 검토하여 이후에는 그러한 전철을 밟지 않도록 노력하며 문제점들에 대한 합리적 솔루션을 찾기 위해 노력한다.

또한 자기통제력이 강한 리더들은 자신의 감정을 조절, 통제할 수 있는 능력이 가지고 있기 때문에 감정적이 아닌 이성적인 방법에 의해 과업을 수행한다. 이에 따라 다른 사람들에게 신뢰감을 줌과 아울러 합리적이고 공정한 사람으로 인식된다. 뿐만 아니라 변화에 대한 적응도가 높아 새로운 상황에서도 주도적으로 구성원들을 이끌어 나가는 능력이 있으며 특히 위기 상황에서도 순발력을 발휘한다.

전반적인 측면에서 통제력이 높은 리더는 갈등해결 능력이 높고 긍정적인 분위기를 조성함으로써 생산성의 향상과 아울러 좋은 인간관계로 인맥관리 역시 잘 하게 된다. 따라서 업무 수행 능력도 높다.

골만이 5개의 감성지능 요소를 25개의 역량군으로 세분화 하여 분류한데 의하면 자기통제 영역에 포함되는 것은 '자기통제', '신뢰감', '성실성', '적응성', '혁신성'의 5개이다.

c. 자기 동기부여(자기동기화)

흔히 의욕이 없거나 삶에 대한 목표의식이 약한 사람, 실의에 빠져있는 사람 등에 대해 새로운 자기 동기부여(self-motivation)가 필요하다는 말을 한다. 인간의 삶에 있어서 동기부여는 목표에 대한 새로운 의욕을 갖게 하고 좋은 산출을 이루어 내는 원동력이 된다.

특히 어려운 상황에서 특정의 과업을 수행함에 있어서 동기부여는 긍정적인 마인드를 가지게 하는 계기가 된다. 휴가, 승진, 인센티브에 대한 약속 등은 구성원들로 하여금 과업에 보다 열정적으로 임하게 하는 촉진제가 된다. 그러나 이러한 외재적 요인들에 의한 동기부여는 그 효과가 단기간에 그칠 수도 있다. 반면 자기 욕구의 만족을 위한 열정이나 일에 대한 성취감 등의 내재적 요인들은 전자에 비해 더욱 효과적인 동기부여로 작용할 수 있다.

아울러 동기의 부여는 위기 상황을 극복함에 있어서 긍정적으로 작용함으로써 과업을 성공리에 수행할 수 있는 동력이 된다. 자기 동기부여가 확립되어 있는 리더는 과업의 수행에 대한 자긍심이 높으며, 위기 상황을 지혜롭게 극복함으로써 구성원들에게도 동기를 유발시키는 나비효과가 된다. 또한 동기부여가 내면화 되어 있는 리더들은 다른 사람들에게도 긍정적 영향을 주어 리더를 따르게 하는 효과가 있는바, 궁극적으로는 과업수행에 효율적으로 작용한다.

골만이 5개의 감성지능 요소를 25개의 역량군으로 세분화 하여 분류한 데 의하면 자기동기부여 영역에 포함되는 것은 '성취를 향한 추진력', '조직몰입', '낙관주의' 3개이다.

d. 공감

공감(empathy)은 다른 사람이 가진 감정, 의견, 주장 등에 대해 자기 자신도 동일하게 느끼는 감정이나 기분 등을 의미한다. 다른 사람의 슬픔에 대해 위로해 주고 뜻을 같이 하는 것, 예술을 감상하고 같은 느낌을 갖는 것, '동병상련(同病相憐), 이심전심(以心傳心) 등의 표현들은 모두 공감과 관련되는 것이다. 많은 하위조직들은 이러한 공감을 바탕으로 형성된다.

심리적 측면에서 볼 때 공감은 감정이입(感情移入), 또는 다른 사람의 감정이나 욕구를 이해하는 능력과 관련되어 있다. 집단은 같은 카테고리 내에 있는 사람들과 함께 동일한 목표를 달성하기 위해서 공존하는 곳이다. 따라서 집단에 있어서 타인들과 동일체의식을 갖는 것은 조직의 목표를 지향함에 있어서 중요한 요소이다.

조직이 추구하는 가치는 각 개인이 자신이 추구하는 바와 다를 수 있다. 따라서 조직의 성과를 이루기 위해서는 동조하고 협력하는 팀플레이가 요구된다. 이를 위해서는 자신의 주관이나 개성을 절제하고 다른 사람들과 소통하고 협력함으로써 공감대를 높이는 것이 필요하다. 또한 과업의 목표는 시대나 상황에 따라 변할 수 있는바 이러한 측면에서 흔히 말하는 '집단지성'과 같이 동일체 의식을 가지기 위한 각 구성원들의 노력이 필수적이다. 이러한 과정에서 공감력의 형성은 매우 중요하다.

집단에 대한 동일체 의식이나 공감대는 집단내의 갈등을 줄이며, 정서적 안정화에도 긍정적으로 작용하는 바, 유니폼, 뱃지, 로고, 엠블럼, CI, 국가(國歌), 사가(社歌) 등의 상징은 동일체감의 형성에 있어서 중요한 하나의 기제가 된다. 동일체 의식이 강한 집단일수록 조직의 안정화와 직무 만족도를 앙양시키고 집단에 대한 자부심을 높이는 효과가 있다. 이러한 조직의 경우 조직이나 직장으로 이직하는 사람들은 적어지게 될 것이다. 이러한 측면에서 집단의 공감력 향상을 위해 상대에 대한 이해도를 높이고 동일체 의식을 가지게 하는 노력은 매우 중요하다.

골만이 5개의 감성지능 요소를 25개의 역량군으로 세분화 하여 분류한 데 의하면 공감 영역에 포함되는 것은 '타인에 대한 이해', '타인의 개발', '서비스 지향', '다양성의 균형 조절', '정치적인 인식'의 5가지이다.

e. 사회적 기술

사회적 기술(Social Skill)은 사회성(社會性; Sociality)과 유사한 것으로 다른 사람의 감정을 파악함으로써 대인관계를 원활하게 유지할 수 있는 능력을 말한다. 이것은 대인관계술, 또는 처세술과도 관련된다. 인간은 각자 다른 가치관과 환경을 가지고 있다. 그러나 다른 사람들과의 공통적 요소를 잘 파악하고, 공감대를 형성하여 네트워크를 형성하게 되면 인간관계, 나아가 사회생활을 원활하게 할 수 있다. 특히 각 개인이나 집단은 다른 사람이나 집단을 상대로 사회생활을 해야 하므로 대인관계를 관리하는 능력은 매우 중요하다.

그러나 컨트리 클럽형과 같은, 단순히 사교적인 친목 도모를 통해서만 사회적 기술이 향상되는 것은 아니다. 감성 리더십에서 보았던 바와 같이, 다른 사람의 감정을 잘 이해하고 융화하면서 소통하는 것이 사회적 기술이다. 사회적 기술의 함양을 위해서는 합의와 지지를 구축하기 위한 방안의 활용과 함께, 절제를 통한 대화, 감정의 조절, 경청 등 다양한 자질의 함양이 요구된다. 사회적 기술은 자신의 감정과 행동을 조절하고 통제하는 능력은 물론 다른 사람들의 감정과 정향을 자신이 원하는 방향으로 변화시킬 수 있는 이미지 메이킹의 능력을 포함한다.

골만이 5개의 감성지능 요소를 25개의 역량군으로 세분화 하여 분류한 데 의하면 사회적 기술 영역에 포함되는 것은 '영향력', '의사소통', '갈등관리', '리더십', '변화의 촉매역할', '연대감 구축', '협조와 협력', '팀능력'의 8개이다.

2. 감성지능의 4개 영역

골만은 자신이 수행한 1998년의 연구(감성지능의 5개 영역)를 보야치스(R. E. Boyatzis), 맥키(A. MacKee)와 함께 수정하여 2002년 연구결과를 발표 하였다.[46] 이 연구에서는 감성지능의 영역을 4개의 범주로 구분하여 피라미드 도형을 제시하여 설명하였다.[47] 4가지 구성요소는 ⓐ 자기인식 능력, ⓑ 자기관리 능력, ⓒ 사회적 인식 능력, ⓓ 관계관리 능력이다. 이 중 자기인식 능력과 자기관리 능력은 자기 자신을 다스리는 능력으로 개인적 능력에 해당되며, 사회적 인식 능력과 관계관리 능력은 관계를 다루는 능력으로 사회적 능력에 해당된다.

---

46 Daniel Goleman, Boyatzis, R. E. & MacKee A., *Primal Leaderhip*, Boston: Harvard Business School Press, 2002. 장석훈 역, *Op. cit* Chap. 3(pp. 67-97) 참조.

47 이 부분은 Goleman, D., *Working with Emotional Intelligence*, (New York: Bantam Double day Dell, 2000)의 도표를 풀어서 설명하였다.

a. 자기인식 능력

피라미드 구조의 가장 하부에 위치하는 것으로 자기인식(self-awareness) 능력은 자신의 감정만을 이해하는 것이 아니라 자신의 능력, 한계, 가치, 목적까지 깊이 이해하는 능력이다. 또한 여기에서 나아가 다른 사람에게 미치는 영향까지 이해하고자 하는 능력이다. 자기인식 능력은 감성지능의 구성하는 요소 중 가장 중요한 요소로 인식된다.

조직내에서 하급 구성원이 고위층에 대해 부정적인 피드백을 하는 것은 조직문화상 매우 어렵다. 수직적 조직구조에서 상호교류가 단절되는 현상이 고착화 되게 되면 리더들은 객관적 인식능력을 상실하고 자기 자신에 대한 평가에 관대해지는 경향이 있다. 이렇게 될 경우 조직의 성과는 낮아지게 된다. 따라서 효과적인 리더십을 발휘하기 위해 리더들은 강한 자기인식 능력을 가지고 있어야 한다.

b. 자기관리 능력

자기관리(self-management) 능력은 파라미드 중 아래에서 2단계 즉, 자기인식능력의 바로 위에 위치하는 것으로 자신이 무엇을 얻고자 하는지 분명이 인식하고 바르게 표현하는 능력이다

'사람은 40살이 되면 자기 얼굴에 책임을 져야 된다.'는 말이 있다. 현대사회에서 이 말의 유용성이 약화되기는 했으나 자기관리 능력은 누구에게나 요구되는 덕목의 하나라고 할 수 있다. 자기관리 능력은 자신의 감정과 자신이 원하는 바를 명확하게 인식하고 올바르게 표현할 수 있는 능력이다.

자기관리 능력에는 자신의 감정을 다스리고 부정적인 감정을 통제하여 긍정적인 감정으로 변화시킬 수 있는 능력과 아울러, 자신을 둘러싼 환경에서 자신의 정체성을 찾고, 자기에게 주어진 일들을 수행해 나가는 능력이 포함된다. 특히 리더는 감정에 대한 자제력을 지녀야 하고, 변화에 대한 개

방적인 자세와 적응력을 지녀야 하며, 이를 통해 조직을 주도적으로 이끌어 나가는 능력을 가지고 있어야 한다. 나아가 자신은 물론 구성원들의 잠재력을 파악하고, 성취 능력을 고양시킬 수 있는 능력도 아울러 가지고 있어야 한다.

c. 사회적 인식능력

사회적 인식(Social Awareness) 능력은 개인적 능력의 상위에 위치한다.[48] 즉, 사회적 인식능력은 최상위에 위치하는 사회적 기술능력 바로 아래, 피라미드 중 상위 2단계에 위치하는 것으로 다른 사람의 표정과 목소리, 행동 등을 통해 상대방의 감정을 파악해 내는 능력이다. 아울러 상대방을 이해하고, 상호소통의 과정 속에서 상대방의 감정에 반응하고 공감하는 능력이다. 따라서 올바른 사회적 인식 능력을 가지기 위해 리더는 구성원들의 잠재된 능력을 계발하여 집단에 투여할 수 있는 능력을 함양해야 한다.

d. 관계관리 능력(사회적 기술능력)

관계관리(relationship-management) 능력은 골먼이 제시한 피라미드의 최상위에 위치하는 것으로 다른 사람들을 팀, 조직의 가치, 목표에 공감할 수 있도록 계도(啓導)하여 올바른 방향으로 이끄는 능력이다. 이것은 사회적 기술 능력으로도 불린다. 이 능력은 일면 능동적 측면에서 인간관계를 형성하고 또 그 관계를 유지·관리하는 능력이라고 할 수 있다. 관계 관리 능력은 리더가 조직의 구성원들에게 설득력 있는 메시지를 전달하고, 조직의 과업 목적 달성 과정에서 원활한 상호 소통을 통해서 변화를 주도하는 것을 말한다. 이를 위해 리더는 구성원들에게 팀을 구성하고 팀워크를 이끌어 낼 수 있는

---

48 장석훈 역, *Op. cit*, 참조.

능력을 보여 주어야 한다. 리더의 관계 관리 능력은 조직의 갈등 관리를 원활히 해결할 뿐 아니라 구성원들의 영감을 촉진시킨다. 나아가 이를 바탕으로 연대를 형성하여 조직의 발전을 돕는다

이상에서 골만 등이 제시한 감성지능의 네 가지 영역에 대해 알아보았다. 피라미드를 구성하고 있는 네 가지의 구성요소(단계) 중 사회적 기술능력과 사회적 인식 능력은 인간간의 관계를 다루는 대인 능력 또는 사회적 능력에 해당하며, 자기관리능력과 자기인식능력은 자기 자신을 제어하고 콘트롤하는 개인 능력에 해당한다.

C. 감성 리더십 구축

아리스토텔레스는 그의 『정치학』에서 인간을 '정치적 동물'(Homo Politicus)'로 규정하고 있다. 동양의 경우에도 사람 '인(人)', 어질 '인(仁)', 인륜 '윤(倫)' 자의 어원에 그러한 의미가 내포되어 있다. 예컨대 윤(倫)자의 경우 윤리(倫理), 도리(道理), 무리(모여서 뭉친 한 동아리) 등의 의미가 내포되어 있는바 윤리는 문자 그대로 사람이 뭉쳐져서 살아가는데 필요한 도리를 의미한다. 이를 통해 인간이 로빈슨 크루소(Robinson Crusoe)처럼 혼자서 살아갈 수 없는 존재라는 의미를 파악할 수 있다. 즉, 인간은 사회적 존재인바 다른 사람들과 어울려 영향을 받고 공생한다.

'리더'는 집단, 즉 팔로워의 존재를 전제로 성립되는 용어이다. 리더십의 관점에서 볼 때, 리더의 말과 행동은 구성원들의 성장과 발전을 견인할 수 있고, 그들의 변화를 유도할 수 있는가 하면 그 반대일 수도 있다. 리더는 개인의 정서적 측면까지 영향을 미친다. 따라서 구성원들을 이끌어가는 '리더'는 구성원에게 긍정적 영향을 줄 수 있도록 모범적으로 행동하여야 한다. 리더

는 구성원들에게 감성의 전이를 가져오거나 변화시킬 수 있는바, 리더의 감성지능은 자신은 물론 구성원들에게도 영향을 미친다. 감성 리더십의 구축하기 위해서는 전술한 바의 감성지능 구성 요소들을 잘 조화시키는 것이 필요하다.

1. 자기 절제

감성 리더십의 발휘를 위해서는 리더 스스로 자신의 감성 상태를 정확하게 인식하고 감성을 잘 제어하는 것이 필요하다. 리더의 언행을 포함하는 행동거지가 구성원들과 조직의 분위기에 큰 영향을 미칠 수 있기 때문이다.

62명의 최고 경영진을 연구한 보고서에 따르면 최고 경영진에 속한 사람들의 전체 분위기가 긍정적일수록 일을 하는 데 있어 상호 간 협조가 잘 이루어지며 그 결과 회사의 경영 실적도 좋아지는 것으로 나타났다.[49] 즉 최고 경영진의 성과는 자신의 감정이 타인에게 미치는 영향력을 잘 인식하는 데서 비롯된다.

일상의 반복이 일어나는 조직 생활에서 리더는 부정적인 감정의 노출을 자제해야 한다. 이것은 리더 뿐만 아니라 구성원들 역시 마찬가지이다.

2. 신뢰감의 구축

조직이나 집단에서 리더가 자기 감성의 통제를 통해 자기인식의 과정을 거치게 되면 리더는 구성원들에게 관심을 가지게 된다. 리더는 조직의 구성원들에게 있는 그대로의 진솔한 모습, 인간적인 모습을 보여줌으로써 구성원들에게 보다 가까이 다가갈 수 있고 또 호감과 신뢰를 얻을 수 있다. 리더가 구성원들을 존중하는 모습을 보여주고 겸손하게 행동 하게 되면 리더에

---

49 장석훈 역, *Op. cit*, p. 39.

대한 구성원들의 신뢰감은 더욱 높아질 수 있다. 정치인들의 경우 이미지 메이킹 차원에서 이러한 모습을 보여 주는 경우도 있다. 그러나 진정성이 결여된 보여주기식의 이미지 메이킹은 역효과를 가져올 수도 있다. 조직의 성과는 집단의 결속도, 단합력 등과 관련되는바, 리더와 구성원 간의 신뢰도와 결속도는 조직의 성패에 결정적으로 작용한다.

우리나라의 경우 블랙 컨슈머나, 갑질을 하는 속칭 진상 고객과 관련한 기사들이 언론을 장식하는 경우가 있다. 이러한 현상은 상대적으로 시민의식 수준이 낮은 나라에서 자주 보인다. 신뢰와 인간 존중의 경영철학을 실행하는 것으로 잘 알려져 있는 사우스 웨스트 항공의 허브 켈러허(H. D. Kelleher) 전 회장은 정당한 이유 없이 직원을 모욕하는 고객에게 항공료를 환불해 주며 다른 항공사를 해 줄 것을 정중하게 권유하였다.[50] 이 일화는 켈러허 회장이 추구하는 인간존중의 경영철학을 엿볼 수 있는 사례로 조직 구성원에 대한 그의 신뢰감을 나타내 주는 대목이다. 구성원들이 리더에 대해 신뢰감을 가지지 못하면 리더의 영향력이 약화됨은 물론 과업에서의 성과도 기대하기 어렵다. 따라서 리더는 구성원으로부터 신뢰감을 형성하기 위해 이성적으로는 물론 감성적으로도 소통해야 한다. 신뢰관계를 바탕으로 조직과 직원이 함께 성장하는 선순환 구조를 구축하게 되면 개인의 희생과 번아웃(burnout)을 담보로 조직의 성공을 이끌어 내는 것이 아니라, 직원의 역량 강화와 성장을 통해 조직성과를 창출할 수 있다.[51]

3. 관심과 배려

감성 리더십에 의한 리더와 구성원들과의 신뢰감이 강화되면 리더와 개

---

50 D. Waitley, 『신뢰경영과 서번트 리더십』, (서울: 엘테크, 2002).

51 예지은, 「긍정에너지를 끌어내는 힘, 감성 리더십」, 『(SERI) 경영 노트 2』, 삼성경제연구소, 2011, p. 61

별 구성원간의 인간적 유대관계도 공고해진다. 따라서 리더는 구성원 각자에 대해 관심을 가지고 배려하는 자세를 보이는 것이 필요하다. 구성원들과의 개별적 관계를 구축하고, 개인적인 관심과 배려를 표현하게 되면 구성원들은 자신이 존중받고 있음을 느끼게 된다. 예컨대 구성원의 생일이나 결혼기념일 등을 직접 챙겨주거나, 구성원 가족의 학비이나 병원비, 아이 돌봄 문제 등에 리더가 적극적으로 나서게 되면 구성원들은 리더의 배려와 관심에 대해 특별한 감정을 느끼게 될 것이다.

리더의 칭찬과 격려 역시 조직의 분위기 활성화에 큰 도움이 된다. 업무성과가 높은 구성원들에게 특별한 보상을 하는 것도 큰 의미가 있겠으나, 업무시간에 일상적으로 주어지는 휴식 시간 확보 등의 다양한 혜택은 구성원의 과업에 대한 몰입도를 높이는 데 긍정적으로 작용할 것이다.

4. 우호 집단의 구축

감성 리더십이 가져다주는 가장 긍정적 효과의 하나는 구성원들간의 유대감 강화이다. 유대감이나 공감대가 형성되게 되면 구성원 간의 결속도가 높아지고 갈등이 감소하여 화해와 협력을 이끌어 내는 긍정적인 효과가 나타날 수 있다. 이러한 과정에서도 리더의 역할은 매우 중요하다. 물론 리더의 자기통제, 신뢰감 구축, 관심과 배려를 전제로 조직 전체의 긍정적인 집단 감성이 형성되는 것도 중요하다 .

감성리더십에서는 리더에 의한 감성전이는 물론 구성원 간의 감성 전이가 동반되어야 시너지 효과를 발할 수 있다. 의류회사 멘스 웨어하우스(Men's Wearhouse)의 최고 경영자였던 조지 짐머(George Zimmer)는 '직원 개개인의 성공은 동료의 성공에 달려 있다'라고 말하면서 상호협력과 다른 사람에 대한 책임감을 중시한다는 것을 보여주기도 했다.[52]

D. 결론

감성 리더십은 리더십이 기본적으로 (권력보다) 영향력과 불가분의 관계에 있음을 환기시켜 준다. 리더십에 있어서 감성의 전이는 리더가 지니고 있는 감성적 마인드가 구성원들과 조직에 직간접적으로 전달됨을 의미한다. 리더의 긍정적인 감성은 구성원들에게 긍정적인 영향을 준다. 그러나 부정적 감성들은 구성원들의 업무에 대한 의욕을 떨어뜨리거나 사기를 저하시키는 등 역기능적 요소로 작용할 수 있다. 즉, 리더의 감성지능은 조직의 분위기, 성과 등에 큰 영향을 미친다.

고전적 경영학이론에서 감성은 산출에 역기능적으로 작용하는 것으로 인식되었다. 왜냐하면 감성이 이성적인 사고를 방해하는 것으로 인식되었기 때문이다. 그러나 팀웍이나 동일체성, 인간적 경영 등의 중요성이 부각되면서 감성적인 경영의 중요성에 대한 인식이 확대되었다.

성공, 행복 등에 있어서 지능(IQ)이 차지하는 비중은 10-20% 정도인 반면, 감성지능(EQ)이 차지하는 비중은 80-90%인 것으로 알려져 있다.[53] 이것은 우리가 일반적으로 알고 있는 것과 달리 성과에 있어서 감성지능이 중요하게 작용한다는 사실을 나타내 주는 하나의 지표가 될 수 있다. 또한 이것은 조직이나 집단의 성공적인 운용을 위해 리더가 갖는 감성 지능이 중요하다는 점도 아울러 상기시켜 준다.

중요한 것은, 감성지능은 선천적인 것이기 보다 학습과 훈련을 통해 개발이 가능하다는 점이다. 감성은 조직 체계 외적인 요소 즉, 각종 광고나 제품 자체(색상, 모양, 편의성 등)에도 많이 활용되고 있다. 따라서 감성지능을 높이

---

52 김병두 역, 『숨겨진 힘: 사람』(O'Reilly, et al., *Hidden Value: How Great Companies Achieve Extraordinary Results with Ordinary People*), (서울: 김영사, 2002) 참조.

53 J. D. Mayer & Salovey, P. *Op. cit*, pp. 197-212.

기 위한 리더와 구성원간의 공감대 형성이 요구된다. 이를 위해 리더는 물론 구성원들의 감성지수 함양이 필요하다.

리더가 시대적 요구, 특히 변화의 중요성에 대한 마인드를 가지고 조직을 운영하게 되면 리더에 대한 신뢰도가 높아짐과 아울러 구성원들 역시 높은 동일체성과 공감성을 가지게 될 것이다. 또한 과업의 수행에 있어서 리더가 가지는 과업에 대한 확신감과 구성원들에 대한 신뢰는 리더에 대한 신뢰도와 직무에 대한 공감도를 높여 성공적인 결과로 이어지게 될 것이다.

그러나 감성지능에 대한 정의는 추상적이고 포괄적이며 체계적이지 못한 측면이 있다. 또한 감성지능이 과업의 결과에 긍정적으로 작용한다는 점에 대해서는 이견이 거의 없으나, 환경 등 그 외의 요인에 대해 등한시 하고 있다는 점에서 감성 리더십은 한계를 가진다. 따라서 감성지능과 역량 등 다른 요소들과의 조화와 상호성 등에 대한 후속적인 연구가 요구된다.

IV. 글로벌 리더십

A. 글로벌 리더십의 의미

글로벌 리더십은 '세계화'의 추세와 함께 등장한 개념으로 현재 가장 유용하며 실용적인 리더십 유형의 하나라고 할 수 있다. 그러나 범주 면에서 볼 때 글로벌 리더십은 일면 서번트 리더십, 감성 리더십, 윤리적 리더십, 창조적 리더십 등을 포괄하는 복합적 개념이다.

광의(廣義)에 있어서 글로벌 리더십은 초국가화(transnationalize) 또는 글로벌화(globalize)의 세계적 추세에서 국가, 인종, 문화(종교) 등을 초월하여 정부, 비정부(non-governmental), 국제기구(international organization), 영리법인(profit-making corporation) 등을 이끌어 나가는 데 요구되는 덕성, 자질, 능력 그리고 정신 등을 의미한다. 이러한 요구들에 부응하기 위해서는 국가와 지역, 이념 등을 초월하는 새로운 차원의 리더십이 요구된다. 그러한 리더십을 구성하는 요소로 미래지향적 사고, 다원화와 다문화에 대한 이해, 글로벌 의식의 함양, 세계적 비전(world vision), 능동적 사고, 창조적 마인드, 그리고 전 지구촌의 평화와 번영을 위해 헌신할 수 있는 희생정신 등을 들 수 있다.[54]

---

54 단테(Alighieri Dante, 1265-1321)는 '세계제국론'에서, 아베 드 생 피에르(Abbé de Saint-Pierre, 1658-1743), 루소(Jean Jacques Rousseau, 1712-1778년), 칸트(Immanuel Kant, 1724-1804)는 '영구평화론'에서 (논조의 차이는 있으나), 국제적 통합의 필요성을 주장한 바 있다. 근대 초기 '국제법의 아버지'로 불리는 네덜란드의 그로티우스(Grotius, Hugo, 1583-1645)는 국가 간의 관계가 활성화됨에 따라 제기될 제반 문제들을 예상하고 국제법의 기초가 된 『전쟁과 평화의 법』(*De Jure Belli ac Pacis*, 1625)에서 자연법적 국제법을 체계화하기도 했다.

그러나 글로벌 이라는 말과 다르게, 협의(狹義)으로서의 글로벌 리더십도 있다. 그 대표적인 것이 인적개발의 영역이다. 개념상 인적자원개발(HRD: Human Resource Development)[55]은 조직의 구성원이 미래에 요구되는 능력을 개발할 수 있도록 체계적·계획적으로 지원하는 제반 활동을 가리킨다. 인적자원개발은 조직의 성과, 역량 및 역동성을 강화하기 위해 수행되는 공식적, 비공식적인 학습 활동은 물론 조직의 학습, 성과, 변화를 촉진하는 과정들을 수렴하는 개념이다. 대학의 경우 교육공학이나 계약학과 등을 중심으로 교육이 이루어지고 있는데 인문학적 영역과 교육공학, 경영학 등의 사회과학적 영역, 그리고 IT 등 이공계 영역이 융합된 형식으로 교육이 이루어진다. 특히 HRD는 산학연의 융합방식으로 운용됨으로써 매우 실용적인 영역으로 각광을 받고 있다. 이러한 인적자원개발 역시 글로벌 리더십 영역의 일환이라고 할 수 있다.

인적자원개발 영역에서의 글로벌 리더십은 비즈니스 핵심전략과 도전과제 및 조직 내부의 요구를 이해하고 그 요구와 스타일에 맞는 미션 및 비전, 학습을 제공하는 것을 포함한다.

인적자원개발의 영역은, '개인 개발'에 주안을 두는 활동과 '조직 개발'에 주안을 두는 활동으로 대별된다. 전자의 경우 개인의 성장을 목표로 하는 바, 구체적으로는 훈련(training) 및 개발(development), 커리어(career) 개발 등을 포함한다. 후자의 경우는 조직의 지속 가능성을 목표로 하는데, 구체적으로 성과향상, 조직 변화 등을 지향한다.

글로벌화, 다문화화 되어 있는 현금에 있어서 글로벌 리더는 개인의 역량, 욕구, 문화를 통합하여 창조적이고 지속가능한 공동체를 발전시킬 수 있어야 한다.

---

55 HRD라는 용어는 1960년대 후반 조지워싱턴대(GWU)의 나들러(Nadler, L.) 교수가 처음 사용한 이후 학계와 경영계 등을 중심으로 다양한 연구가 행하여지고 있다.

이러한 측면에서 글로벌 리더십은 글로벌 환경에서 효과적으로 조직을 운영할 능력으로 국내외의 글로벌 기업에 종사하는 경영자나 관리자가 갖춰야 할 필수적 요건이라 할 수 있다.

B. 글로벌 리더의 지향점

글로벌 리더십의 수행을 위해 리더에게는 다양한 능력이 요구된다. 그러나 그러한 능력들은 독립적으로 존재하는 것이 아니라 상호유기체적으로 결합되어 있다. 아울러 각 요소들은 조직의 특수성, 팔로워의 성격, 기타 환경적 요소 등에 따라 달리 적용되어져야 하는 바 모든 상황에 통용될 수 있는 요소는 존재하지 않는다.

1. 인적(자원)관리 능력

인적(자원)관리는 특정의 조직이나 집단이 성과의 실현을 위해 필요한 인적 자원을 확보하고 구성원의 잠재적 능력을 개발하기 위하여 행하는 일련의 활동으로 정의할 수 있다. 기업적 측면에서 인적관리는 인원의 배치, 평가시스템, 인사 관리 등의 업무를 체계적, 조직적으로 다루며 평가체계 등을 구축하여 영향력을 행사하는 것을 일컫는다. 이것은 크게 ⓐ 인적 자원 계획 활동, ⓑ 인적 자원 육성 활동, ⓒ 인적 자원 활용 활동 등으로 구성된다.

이 중 인적 관리는 모든 리더십에서 가장 중요한 요소이다. 왜냐하면 모든 경우 리더십은 팔로워의 존재를 전제로 하여 성립되기 때문이다. 정치적 충원(political recruitment)을 비롯해 모든 조직에서 인재를 선발하고 관리하는 것은 매우 중요하다. 특히 인적관리는 인간간의 관계를 기본으로 하는 바 가장 어려운 영역이기도 하다. 인적관리를 위해서는 인적 충원이 전제로 되어야 한다. 그러나 리더가 자신의 조직 운용 스타일에 맞는 사람만으로 구성을 하는 것은 불가능하다. 예를 들어 국가 지도자의 경우 야당 등 견제세력이 존재하기 때문이다. 또한 인적 구성에는 항상 유동성이 존재한다.

인적관리 능력에는 이 외에 직무에 맞도록 구성원들의 역량을 최적화 할 수 있는 능력과 아울러, 리더와 팔로워 간, 그리고 팔로워 상호 간의 대인관계도 포함된다. 후자의 경우 집단 내 좋은 분위기를 조성하여 과업목표에 역량을 집중시키는 능력이다.

2. 실행관리 능력

실행 관리 능력은 과업의 수행과정에서 리더가 자신의 조직 운용 역량을 발휘하는 능력이다. 이를 위해서는 조직의 환경이나 인적 구성 역시 중요하다. 관리의 효율성을 높이기 위해서는 조직에 요구되는 전문성 등 다양한 능력을 가지는 것이 필요하다. 실행관리능력은 글로벌 리더에게 요구되는 모든 능력을 포함하는 능력으로 전문성과 함께 위에 든 인적관리 능력도 중요하다.

3. 정보관리 능력

'정보는 힘'이라는 말이 있다. 현대 사회에서 정보를 활용하는 능력은 매우 중요하다. 현대사회에서 정보의 필요성은 리더에게만 요구되는 것은 아니다. 국가 간은 물론 개인 역시 특정 집단의 구성원이 되기 위해 매우 중요하다. 따라서 글로벌 리더가 되기 위해서는 경쟁적 위치에 있는 리더들과 구별되는 정보 영역에서의 우위를 통해 경쟁 대상과의 경쟁에서 앞설 수 있는 능력을 겸비해야 한다. '지피지기 백전백승(知彼知己百戰百勝)'이라는 말처럼 경쟁체제에서 정보는 그 조직의 승패를 좌우할 수도 있다. 우리는 이러한 것을 입시나 스포츠 등을 통해 실감할 수 있다.

4. 위기관리 능력

리더가 조직을 운용함에 있어서 위기에 직면하는 것은 불가피하다. 그러나 리더들의 역량은 이러한 위기에 대처하는 방식에서 차이가 난다. '위기가 기회'라는 말처럼 위기를 잘 극복하게 되면 그 위기가 오히려 기회가 될 수 있다. 위기에 직면해 리더가 무능하고 약한 모습을 보이거나 좌절하는 모습을 보일 경우 팔로워들의 신뢰도가 감소하게 되고, 이것은 성과에 부정적으로 작용할 수 있다. 따라서 리더십의 어원에 내포되어 있는 것처럼 리더는 위기상황에서 조직을 추스림으로써 위기를 타개하는 리더십을 발휘할 필요가 있다.

5. 비즈니스 지식

비즈니스 지식은 비즈니스를 위한 전문성과 관련된다. 현대사회는 과거와는 달리 리더에게도 비즈니스 역량이 요구된다. 이러한 전문성은 기업에만 국한되는 것이 아니다. 이러한 요구는 비단 기업에만 요구되는 것이 아니다. 예컨대 대학의 경우도 유학생을 유치하거나 발전기금을 확보하기 위해서는 총장에게 비즈니스 능력이 요구된다. 전문성은 타고나기보다 자신의 노력에 의해 체득되는 경우가 많은바 이를 위해 리더에게는 끊임없는 노력이 요구된다.

6. 국제적 감각

국제적 감각은 국제적 트렌드의 변화와 관련되는 것으로 다양한 요소들이 포함된다. 국제적 감각은 급변하는 흐름 속에서 조직을 이끌어 나가는 글로벌 리더에 필수적으로 요구되는 덕목이다. 국제적 감각은 국가를 대표하는 정치지도자들은 물론 경제, 사회, 문화 등 다양한 영역에서 외국과 교류하는 모든 사람에게 요구된다. 특히 외국의 글로벌 기업과 경쟁하는 관계에 있는 CEO 등에게 국제적 감각은 경쟁에서 삶아나기 위해 함양해야 할 꼭 필요한 요소이다.

7. 포용력

과거의 수직적인 구조 하에서는 리더들이 갖추어야 할 요소로 포용력은 크게 중시되지 않았다. 아울러 포용력은 소규모의 범주에서 요구되는 덕목 정도로만 여겨졌다. 그러나 대부분의 국가들이 다문화화 됨에 따라, 국제간의 관계에서도 문화, 종교 등에서 이질적인 요소들이 노정되게 되었다. 이에 따라 편협한 사고방식을 가지고 상대를 대하게 될 경우 과업 있어서 원하는 성과를 거두지 못함은 물론 갈등 상황으로까지 비화할 수도 있다. 따라서 타자에 대해 포용적인 마인드를 가지는 것은 매우 중요한 요소이다.

8. 혁신적 사고

혁신적 사고는 상대 집단과의 경쟁에서 살아남을 수 있는 무기이자 앞서 갈 수 있는 하나의 기제라 할 수 있다. 최근에 이르러 국가는 물론 기업 등 하위 집단의 차원에서 기존과는 다른 혁신적 사고가 요구되고 있다. 특히 국가간 기술적 수준의 차이가 평준화 되고 있는 상황에 있어서 혁신적 사고의 함양은 매우 중요하다. 국가적 차원은 물론, 특히 기업의 경우 특정의 제품(예컨대 전자제품, 약품 등)을 개발하는 데 있어서 혁신적인 사고는 상대방과의 경쟁에서 앞서 갈 수 있는 원동력으로 작용한다.

| 참고문헌 |

강주연, 「서번트 리더십이 조직시민행동에 미치는 영향에 관한 연구: 신뢰와 임파워먼트의 매개역할을 중심으로」, 단국대학교 대학원, 2010.

강주헌 역, 『서번트 리더십: 리더는 머슴이다』(Greenleaf, Robert K., *Servant Leadership*), 서울: 참솔, 2006.

권 준, 「서번트 리더십」, 『산림항공안전지』, 제21호, 서울: 산림항공본부, 2015.

김광수 역, 『서번트 리더십: 내 안의 위대한 혁명』(Hunter, James: *The Servant Leadership*), 서울: 시대의창, 2013.

김남현 역, 『슈퍼리더십』(Manz, Charles C. and Henry P. Sims, *Superleadership*, New York: Prentice Hall, 1989, 서울: 경문사, 2002.

김병두 역, 『숨겨진 힘: 사람』(O'Reilly, Charles A & Jeffrey Pfeffer, *Hidden Value: How Great Companies Achieve Extraordinary Result with Ordinary People*), 서울: 김영사, 2005.

김유현, 「서번트 리더십이 조직구성원의 직무만족과 조직몰입에 미치는 영향: 지원 분위기와 심리적 자본의 매개효과를 중심으로」. 성균관대학교 석사학위논문, 2019.

김윤창 역, 『(21세기 33인의 리더가 말하는 오늘을 이끄는 힘) 리더십』(Stephen Covey·Ken Blanchard etc, *Focus on Leadership*), 서울: 베이스캠프, 2008

김효원 역, 『마음챙김』(Goleman, Daniel., *How to Live & Work #1*), 파주: 21세기북스, 2018.

문근찬, 『리더십 산책』. 서울; 한티미디어, 2007.

백기복, 『조직행동연구』, 서울: 창민사, 2011.

백기복, 『리더십 리뷰』, 서울: 창민사, 2016.

백형찬, 『글로벌 리더: 세계무대를 꿈꾸는 젊은이들이 알아야 할 아홉 가지 원칙』, 파주: 살림, 2015.

변상우, 『리더십 개발과 훈련』, 서울: 청람, 2011.

______, 『글로벌리더십』, 서울: 청람, 2014.

신구범, 『리더십의 이론과 실제』. 서울: 형설출판사, 2007.

신숙희·장영철, 「서번트 리더십이 부하직원의 리더신뢰에 미치는 영향에 관한 연구」, 『경영사학』 26권 2호, 한국경영사학회, 2011.

예지은, 「긍정에너지를 끌어내는 힘, 감성리더십」, 『(SERI) 경영 노트 2』, 삼성경제연구소, 2011.
유진이·박철웅·최순종 공저, 『세계화와 글로벌 리더십』, 파주: 양서원, 2008.
윤방섭, 『리더십의 이해』, 파주: 학현사, 2019.
이관응, 『신뢰경영과 서번트 리더십』(Waitley, D., *Trust and Servant Leadership*) 서울: 엘테크, 2002.
이영석, 「서번트 리더십의 특성 및 적용방안에 대한 연구」, 동의대학교 석사학위논문, 2010.
이인웅, 『동방순례』(Herman Hesse, *Die Morgenlandfahrt-Eine Erzählung*), 서울: 이숲에올빼미, 2013.
장석훈 역, 『감성의 리더십』(Goleman, Daniel, McKee, Annie, Boyatzis, Richard E.: *Primal Leadership: Realizing the Power of Emotional Intelligence*), 서울: 청림출판, 2003.
정성현, 「서번트 리더십 특성이 종업원의 서비스성과에 미치는 영향: 충북지역 N금융기관을 중심으로」, 청주대학교 박사학위논문, 2007 참조.
정윤재, 『정치리더십과 한국 민주주의』, 서울: 나남출판사, 2003.
정학범, 「서번트 리더십이 창의적 행동, 조직시민행동 및 조직몰입에 미치는 영향-상사 신뢰의 매개효과와 일반적 자기효능감의 조절효과를 중심으로」, 명지대학교 박사학위논문, 2010 참조.
최 욱, 『HRD 용어사전』, 한국기업교육학회, 서울: 중앙경제, 2010.
하정희 역, 『하버드 감성수업: 탁월한 감성지수가 인생의 성공을 부른다』(徐宪江, 哈佛情商课), 고양: 리드리드 출판, 2020.
한광현, 「서번트 리더십이 팀 효과성에 미치는 영향: 팀 효능감의 조절효과를 중심으로」, 『경영교육연구』, 제31권 제2호, 한국경영교육학회, 2016.
한승로, 『리더십 이론과 한국정치』, 서울: 민족지성사, 1988.
한창호 역, 『EQ 감성지능』(Goleman, Daniel, *Emotional Intelligence*), 서울: 웅진하우스, 2008.
황태호 역, 『감성지능』상·하(Goleman, Daniel, *Emotional Intelligence*), 서울: 비전코리아, 1997.
허행량, 「밝고 긍정적인 얼굴 표정, 평생 연봉과 행복 좌우하다」, 『동아비즈니스 리뷰』, 157, 2014.
네이버 지식백과
네이버 지식백과: 칸트의 도덕원리(칸트, 2005.1.30, 최인숙)
두산백과
Beauchamp, T. L., & Bowie, N. E., *Ethical Theory and Business*, Englewood Cliffs, N.J: Prentice Hall, 1988.
Boyer G. B., "Turning Points in the Development of Male Servant-leader", Un Published Doctoral Dissertation, The Fielding Institute, 1999.
Brown, M. E., Trevino, L. K., & Harrison, D. A., "Ethical leadership: A Social Learning Perspective for Construct Development and Testing", *Organizational Performance and Human Decision*

Processes, 97(2), 2005.

Burns, J. M., *Leadership*, New York: Haper & Row, 1978.

Cassady, Jerrell C., Mourad Ali Eissa ed, *Emotional Intelligence: Perspectives on Educational and Positive Psychology*, New York: Peter Lang, 2008.

Costa, J. Dalla, *Ethical Imperative: Why Moral Leadership is Good Business*. New York: Perseus Books Group, 1998.

Craig, E. J., *Meeting the Ethical Challenges of Leadership: Casting Light or Shadow*, Thousand Oaks :SAGE Publications, 2012.

Dalla Costa, J. *The Ethical Imperative*: Why Moral Leadership is Good Business, Reading, M.A: Addison-Wesley, 1998.

Drucker, Peter F., *Management : Tasks, Responsibilities, Practices*, Harper & Row, 1985.

Engert, V. et al., Cortiso. "Increase in Empathetic Stress is Modulated by Emotional Closeness and Observation Modality", *Psychoneuroendocrinology*, 45, 2014.

Fiedler, F. E., "Validation and Extension of Contingency Model of Leadership Effectiveness: A Review of Empirical Finding", *Psychological Bulletin* Vol. 76, 1971.

______ Chemers, M. M., *Improving Leadership Effectiveness: The Leader Match Concept*, Revised Edition, New York, John Wiley & Sons, 1977.

______ and Garcia, J. E., *New Approaches to Effective Leadership: Cognitive Resources and Organizational Performance*, New York: John Wiley, 1987.

______, D., "What makes a leader?", *Harvard Business Review* 76(6), 1998,

______, *Working with Emotional Intelligence*, N.Y: Bantam Double day Dell, 2000.

______, Boyatzis, R. E. & MacKee A., *Primal Leadership*, Boston: Harvard Business School Press, 2002.

______, Emotional Intelligence: Why it Can Matter More than EQ, New York: Random House, 2006.

Graen, G. B. and M. Uhi-Bien, "Relationship-bases Approach to Leadership: Developmnet Leader-Member Exchange(LMX) Theory of Leadership over 25 Years: Applying a Multi-level, Multi-domain Approach", *Leadership Quarterly*, 6, 1995

Greenleaf, R. K., *The Servant as Leader*, Indianapolis: The Robert K. Greenleaf Center, 1970.

Hackman. J. R. and G.R. Oldham, "Motivation Through the Design of the Work: A Test of Theory", *Organizational Behavior and Human Performance*, Vol. 16, 1976.

Kaplan, R. S. & D. O. Norton, "The Balanced Scorecard", *Harvard Business Review*, Jan.-Feb., 1992.

Lasswell, *Power and Personality*, New York: Norton, 1962.

_______ and Kaplan, *Power and Society*, New Haven: Yale University Press , 1950.

Lewin, K., Lippitt, R. & White, R. K., Patterns of Aggressive Behavior in Experimentally Created Social Climates, *Journal of Social Psychology*, 10., 1939.

MacIver, Robert , *The Web of Government*, New York: Free Fress, 1965.

Manz, C. & Sims, H. P., *Superleadership*: Leading Other to Lead Themselves, Englewood Cliffs, N.J: Prentice Hall, 1989.

Mayer, J. D., & Salovey, P., Emotional Intelligence. *Imagination, Cognition and Personality*, 9(3), 1990.

______, "What is Emotional Intelligence?" in P. Salovey, and D. Sluyter(eds), *Emotional Development and Emotional Intelligence: Implications for Educations*, 17(3), 1997,

McCleskey, J. Emotional Intelligence and Leadership: A Review of the Progress, Controversy, and Criticism, *International Journal of Organizational Analysis*, 22(1), 2014.

Northouse, P. G., *Leadership: Theory and Practice*, London: Sage, 1997.

Rawls, J., A *Theory of Justice*, Boston: Harvard University Press, 1971.

Rost, J. C., *Leadership for the Twenty-first Century*, New York: Praeger, 1991.

Senge, Peter M., *The Fifth Discipline: The Art and Practice of the Learning Organization*, New York: Doubleday, 1990.

______, Robert Greenleaf's Legacy: A New Foundation for Twenty-first Century Institutions, Reflection on Leadership. How Robert. K Greenleaf's Theory of Servant-leadership Influenced Today' Stop, *Management Thinkers*, New York: John Wiley & Sons, Inc., 1995.

Sims B. J., Servant Hood: *Leadership for the Group Effectiveness*, The Wharton School, University of Pennsylvania, 1997.

Spears L. C., *Insights on Leadership: Service, Stewardship, Spirit, and Servant-Leadership*, John Wiley and Sons. Inc, 1995.

Verasques, M. G., *Business Ethics: Concepts and Cases*, Englewood Cliffs, N.J: Prentice Hall, 1992.

Weber M., *The Theory of Social and Economic Organization*, ed. by T. Parson: tr. by A. M. Henderson & T. Parsons. New York: The Free Press, 1947.

Wong, C. S., & Law, S. L., "The Effect of Leader and Follower Emotional Intelligence on Performance and Attitude: An Exploratory Study", *The Leadership Quarterly*, 13(3), 2002.

Zysberg, Leehu, Sivan Raz ed, Emotional Intelligence, New York: Nova Publishers, 2015.

https://ko.wikipedia.org/wiki/%EC%84%9C%EB%B2%88%ED%8A%B8_%EB%A6%AC%EB%8

D%94%EC%8B%AD(검색일: 2019.3.14.).

https://search.naver.com/search.naver?where=image&sm=tab_jum&query=%EC%84%9C%EB%B2%88%ED%8A%B8+%EB%A6%AC%EB%8D%94%EC%8B%AD#imgId=blog47544222%7C50%7C220373523014_171181812&vType=rollout(검색일: 2019.3.15.)

5장

전통적 리더십 이론

I. 개 설

리더십은 오늘날 흔히 사용하는 일반화된 용어이다. 그러나 연구가 행하여지기 시작한 것은 20세기 이후로 그 역사가 비교적 짧다. 리더십 연구는 짧은 역사만큼이나 이를 정의하는 학자들이 초점을 달리하고 있어 명확하게 규정하는 것이 어렵고, 때로는 상호 혼란과 모순을 일으키기도 한다. 리더십이 인간관계를 다루는 학문이기 때문에 인간관계를 설명하는 기준 역시 복합적이고 다양할 수밖에 없기 때문이다. 그럼에도 불구하고 리더십 연구는 시기를 중심으로 그 정의와 기준을 달리하고 있다. 리더십 연구는 1940년대 전후부터 체계적으로 연구가 시작되어 특성론적 접근 방법, 행동론적 접근 방법 그리고 상황론적 접근 방법의 세 가지 범주로 하여 시대순으로 발전하였다. 리더십 연구의 초기 이론들은 대부분 리더십의 유효성을 발생시키는 여러 요인 즉, 효과적인 리더를 나타내는 리더의 특성, 행동, 상황들을 인식하는 데 초점을 맞추어 왔다. 이러한 관점은 사회의 발전과 함께 보완되고 수정되면서 발전되었다. 전통적 리더십 이론에 대한 가장 일반적인 접근법은 조직이나 집단이 지도자를 필요로 한다는 점이다. 그렇다면 어떤 사람이 지도자가 되어야 하는가? 이러한 물음에 관한 연구로 리더십 연구 초기에는 선천적으로 타고난 지도자들의 공통된 자질과 특성을 찾는 데 주력하였다. 그러나 지도자들에게 나타나는 보편적 자질이나 특성은 존재하지 않았으며, 따라서 초기에 출현했던 리더십 특성론(traits theories)은 그 설득력을 잃게 되었다. 이를 보완하여 리더십 행동론(behavioral theories)이 등장하였다. 이것은 지도자의 행동이나 행태에 초점을 둔 연구이다. 그러나 행동론 역시 상황의 상이함에 따른 보편적인 리더의 행동유형이 구현되지 않는다는 한계점을 지니게 되었다. 이를 보완하고 수정하여 등장한 리더십 이론이 상황론(contingency theories)이다. 상황론의 핵심은 시대적, 환경적 상황에 따라 요구되는 지도자의 유형이 다르다는 것을 보여준다는 점이다. 여기서는 전통적 리더십 이론을 시대순으로 분류하여 설명한다.

II. 특성론

A. 등장 배경

1900년대 초반부터 시작된 리더십 연구 중 가장 먼저 진행된 리더십 특성론 연구는 '훌륭한 리더는 천부적으로 타고나는 것이며, 따라서 훌륭한 리더의 특성은 남다르다'는 관점에서 시작되었다. 리더십 특성론은 리더들이 타고난 어떤 자질들을 지니고 있다는 점에 주목한다. 이것은 리더에게 타고난 특성이 존재하며, 다른 사람과 특성이 다르다는 데에 초점을 두고 있다. 타고난 특성은 리더에 대한 전기 또는 일화와 같이 전설적인 이야기로 꾸며져 전해지기도 하고, 영화나 드라마의 소재가 되기도 한다. 이러한 측면에서 특성론적 접근법은 위인론(great man theory)을 근간으로 하여 인류 역사상 가장 큰 영향력을 미친 예수 이래 사회적으로 위대하고 유명한 위인이나, 영웅, 지도자 등의 삶에서 리더십의 원리를 탐구하는 이론이다. 이것은 역사학뿐 아니라, 조직 내의 경영관리자를 대상으로 연구하는 경영학, 사회현상을 연구하는 사회학이나 정치학, 인간의 기본적인 심리 현상을 연구하는 심리학 등 여러 방면에서 체계적이고 과학적인 연구가 이루어졌다. 즉 리더십 특성론은 어느 사람에게나 적용할 수 있는 보편타당한 리더십의 핵심 요인을 역사적 과정이나 문화적 배경에서 벗어나 찾고자 하였다.

이처럼 리더십 특성론은 위인론을 보다 체계적이고 과학적 논리로 발전시켜 정립된 이론이다. 혹자에 의해서 자질론으로 설명되기도 하는 리더십 특성론은 대체로 1940년대에 와서 본격적으로 등장하였다. 특성론은 비록 유전적으로 타고 나지는 않았다 하더라도 오랜 기간에 걸쳐 습득된 남다른 리더의 특성이 있을 것이라는 가정 아래, 모든 상황에서도 효과적인 리더십을 발휘할 수 있을 것이라는 믿음에서 발생하였다. 이러한 유효성이 검증된다면 리더십 특성론은 어떤 상황에서도 유용할 수 있다. 한 집단에서 리더의 역할을 하는 사람은 다른 집단에서도 충분히 사람들을 이끌 수 있다는 의미이다. 따라서 특성론에 의하면 어떤 특성 또는 일련의 특성들을 가진 리더를 찾는다면 그들이 직면한 모든 상황에서라도 영향력을 발휘할 수 있다는 것을 예측할 수 있다.

궁극적으로 리더십 특성론은 유능한 리더들이 그들만이 갖는 공통적 특성이 있으며, 이러한 특성을 소유한 사람들이 리더가 되면 하위에 있는 구성원들이 리더의 영향을 쉽게 수용할 수 있다는 논리이다. 리더십 특성론은 리더와 리더가 아닌 사람을 구별 짓는 그 특성을 찾는 데 초점을 둔다. 특성론에 의하면 성공적인 리더의 특성과 능력은 다음과 같은 점들이다.

B. 리더의 일반적 특성

일반적으로 '특성'은 한 개인이 지니는 가치관, 성격, 기질, 욕구, 동기 등의 성격적인 특성과 여러 심리적 능력 및 기술과 같은 속성을 통칭하는 심리학적 용어이다. 리더의 특성이나 자질에 관한 가장 광범위한 연구는 스톡딜(R. M. Stogdill)에 의해서 행하여졌다.[1] 스톡딜의 연구는 리더십 특성론의 연

---

1 R. M. Stogdill, Personal Factors Associated with Leadership: A Survey of the Literature, *Journal of Psycology*, 25, 1948, pp. 35-71; R. M. Stogdill, *Handbook of Leadership: A Survey of Theory and Research*, (New York: Free Press, 1974). pp. 35-91.

구가 이후에도 지속할 수 있도록 그 가능성을 열어주는 토대가 되었다.

1948년에 발표된 스토딜의 연구는 1904년부터 1947년까지 행하여진 124건의 리더십 연구에 관련한 문헌들을 검토하여 리더십의 특성적 요인을 검증하고자 한 것이었다. 스토딜에 의하면 리더가 갖는 주요한 특성은 지능(intelligence), 조심성(alertness), 통찰성(insight), 책임감(responsibility), 창의성(initiation), 지속성(persistence), 자신감(self-confidence), 사회성(sociability) 등이다. 특성론자들은 이러한 특성들이 어떤 상황에서도 그 효과성이 입증될 것으로 보았으나 보편타당하게 적용되지 못한다는 결론을 내렸다. 1974년 스토딜은 리더십 특성론의 요인들을 재분석하였다. 즉 그는 1948년부터 1970년까지 진행된 163건의 리더십 관련 문헌을 통해서 리더십의 특성을 분석하였다. 그 연구에는 앞선 1948년 연구와 중복된 것도 있고 추가된 사항도 있는데, 그가 제시한 유능한 리더의 특성은 성취욕, 지속성, 통찰성, 진취성, 자신감, 책임감, 협동성, 인내력, 영향력, 사회성 등으로 요약할 수 있다. 스토딜의 1974년 연구에서도 리더의 특성이 어떠한 상황에서도 유효하지 않다는 결론이 내려졌다. 스토딜은 후속 연구에서 그의 초창기 연구와 그 이후 연구를 종합하여 리더십 특성의 구성 요소를 6가지 범주로 분류하였다. 즉, 신체적 특성, 지능과 능력, 성격, 과업 관련 특성, 사회적 배경, 사회적 특성 등이 그것이다.

1. 신체적 특성

스토딜은 초창기 연구에서 신체적 특성으로 리더의 연령, 신장, 체중, 외모, 활동성 등을 제시하였다. 1974년의 연구에서 신체적 특성에 관한 내용은 거의 분석하지 않고, 1948년 이후 발표된 연구 중 긍정적 결과를 도출한 3편 이상의 연구만을 분석하여 활동성, 연령, 외모 등 성공한 리더의 신체적 특성으로 3개의 특성만을 제시하였다.

스톡딜의 연구에 의하면 신체적 특성은 리더가 기량을 발휘할 수 있는 역량과 밀접한 관계를 갖고 있을 뿐 아니라 집단 구성원에게 주는 외향적 모습에도 중요하게 작용을 한다고 전제되고 있다. 예를 들어 스톡딜에 의하면 보통 사람보다 체중이나 신장에서 우위에 있는 사람들은 소방관, 군인, 경찰관 등의 직업군에서 효과적인 리더십을 발휘할 수 있다. 그러나 성공적인 리더의 특성은 상황과 환경에 따라 다르게 나타날 수 있기 때문에 일률적인 결론을 도출하기에는 한계가 있다. 실제로 리더의 신체적 특성과 효과적 리더십 관계에 관한 많은 연구에서 신체적으로 우위에 있는 사람들이 보통 사람들보다 리더의 지위를 얻는데 별다른 이익을 보지 못한다고 나타났다.

2. 성격

스톡딜의 초창기 연구에 의하면 유능한 리더는 수용력, 자신감, 지배력, 통제력, 창의력, 민첩성, 독립성, 성실성, 강한 신념 등의 성격을 나타내었다. 그러나 1974년의 연구에서는 신념의 강도에 관한 연구가 거의 이루어지지 않았고, 적응력, 독단성, 열의, 독립성, 현실성, 기교성, 스트레스 내구력의 7가지 요인이 추가되었다. 3편 이상의 긍정적 결과를 나타낸 주요 리더십 특성 요인 중 유능한 리더가 갖는 성격적 특성은 적응력, 독단성, 민첩성, 지배력, 통제력, 열의, 독립성, 현실성, 창의력, 성실성, 기교성, 자신감, 스트레스 내구력의 총 13가지이다. 이 중 수용력, 민첩성, 창의력, 성실성, 자신감, 강한 신념의 6가지 요인만이 리더의 중요한 특성으로 검증되었다.

스톡딜의 특성연구에 관한 후속 연구자들은 성격적 특성이 다른 특성 요인들과 중복되는 경향이 있어서 이를 제외하였다.[2] 그런데 최근의 연구 중에는 이러한 성격적 특성이 조직체의 상위계층으로 올라갈수록 중요하게 다루

---

2 A. Bryman., *Leadership and Organization*, (London: Routledge & Kegan Paul, 1986), p. 21.

어야 한다는 연구 결과들이 있다. 그뿐만 아니라 개인의 정서적 감도가 리더십에 중요하다는 견해와 함께 리더의 감성지수(EQ)에 대한 관심도 증대되고 있다.

3. 지능과 능력

스톡딜은 초창기 연구와 1974년에 행하여진 연구에서, 유능한 리더는 지능, 결단력, 지식수준, 표현능력 등 4가지의 특성 요인이 높다는 것을 발견하였다. 스톡딜에 의하면, 일반적으로 리더들은 지능과 능력 또한 구성원들에 비하여 높다는 것이 발견되었는데, 다른 연구 결과에서도 이와 유사한 결론이 도출되었다.

1948년부터 1970년 사이에 발간된 25가지의 연구 보고에 의하면 리더십은 지능 및 능력과 상관관계가 있다. 그러나 리더와 구성원 사이의 지능과 능력의 차이가 지나치게 크게 나타나게 되면 상호 간의 사고방식과 지각의 정도, 그리고 원활한 의사소통 등에서 많은 문제점을 발생할 수 있기 때문에 리더의 지능과 능력 외의 다른 특성들을 고려하지 않으면 안 된다.

4. 과업 관련 특성

리더의 과업에 대한 스톡딜의 초창기 연구에서는 성취욕구, 책임욕구, 지속력, 목표에 대한 책임감, 과업 지향성 등이 중요한 리더십 특성 요인으로 분류되었다. 1974년의 연구에서는 끈기 및 지속력은 포함되지 않고, 진취력 및 주도력이 새롭게 추가되었다. 3편 이상의 긍정적인 연구 결과에 의하면 과업과 관련된 특성은 성취욕구, 책임욕구, 주도력, 목표에 대한 책임감, 과업 지향성의 5가지이다.

이러한 특성을 가지고 있는 리더는 일반적으로 업무 추진력과 함께 강한 동기를 지니고 있기 때문에 과업에 강한 집중력을 보여줌으로써 리더십의 유효성이 증가하게 된다. 아울러 유능한 리더는 리더가 아닌 사람들에 비해서 높은 성취 욕구와 책임감을 가지고 있고, 과업 지향적 성향을 지니며, 위기 상황에도 좌절하지 않고 지속해서 목표를 추구하고자 하는 끈기를 가지고 있다. 그러나 이러한 결과는 환경, 구성원들의 성격 등에 따라 리더십의 유효성이 달리 나타날 수 있다. 결과적으로 위에 열거된 리더의 과업과 관련된 특성을 모두 지닌 리더는 없으며 이러한 과업 관련 성격을 측정하는 것 자체도 매우 어렵다.

5. 사회적 배경

1948년에 행하여진 스톡딜의 연구에 의하면 사회적 배경은 교육 수준, 사회적 지위, 이동성이 리더의 특성 요인이다. 하지만 앞서 언급한 124편의 연구 중 이동성을 제시한 연구 수가 5편에 불과해 이를 일반화하기는 어렵다.[3] 또한 이동성을 제외한 나머지 특성들은 긍정적 결과를 나타낸 연구와 부정적 또는 관련 없는 결과들과 혼재되어 그 유효성이 검증되지 못하였다. 긍정적 결과의 유효성이 검증된 이동성의 경우 우수한 리더는 그렇지 못한 리더에 비해 사회 활동을 더 많이 참여하고, 사회적 이동도 더욱 많이 하는 경향을 보인다는 점이 확인되었다. 1974년 연구에서도 이 3가지의 특성은 긍정적인 결과를 도출하였다.

그러나 사회가 발전함에 따라 사회적 배경이 낮다고 생각하는 여러 계층 예컨대, 여성, 유색인종, 소수민족 등이 시간이 지남에 따라 과거와 비교해 사회적 진출이 두드러지게 늘어난 점에 주목할 필요가 있다. 이것은 사회적 배경과 리더의 지위 확보 간의 상관성이 약하다는 것을 말해준다.

---

3 R. M. Stogdill, *Op. cit*, 1974, p. 74.

6. 사회적 특성

사회적 특성과 관련한 스톡딜의 초창기 연구에서는 협력을 구하는 능력, 협력성, 인기와 명성, 사교성 및 대인관계 능력, 사회적 참여, 그 외에도 사회성이 포함하는 6가지 리더의 특성이 사회적 특성으로 분류되었다. 1974년의 연구에서는 관리 능력, 호감, 양육 등이 추가되었다. 그리고 3편 이상의 긍정적 효과를 보인 리더십 특성은 협력을 구하는 능력, 관리능력, 호감, 협동성, 양육, 사회적 참여, 사회성의 7개이다. 이러한 특성들은 구성원들에게 협동심과 참여 의식을 증대시키고 조직의 목표 달성을 쉽게 해준다.

일반적으로 사람들은 성공하기 위해서 다양한 성격의 사람들과 잘 어울려야 하고, 다양한 사회 환경에도 적극적으로 적응해야 한다. 이를 위해서 유능한 리더는 다른 사람과 쉽게 친해질 수 있는 능력으로 호감을 표현할 수 있는 사교성 및 대인관계의 능력이 필요하다. 무엇보다도 리더는 빠르게 변화하는 시대의 특성과 흐름을 잘 파악하여 이에 적절하게 대응하는 위기관리 능력이 필요하다. 따라서 리더는 구성원들의 충직성을 통해 조직의 견고한 유대를 형성하고 긍정적인 조직문화를 창조해야 한다.

C. 기타 연구

리더십 연구가 진행된 이래, 리더십 특성론은 현재까지 지속해서 연구되고 있다. 스톡딜의 연구를 이어 만(R. D. Mann) 역시 성격 특성이 리더와 비리더를 구분하는 기준으로 사용될 수 있다고 제시하고 있다.[4] 만(Mann)은

---

4 R. D. Mann, A Review of the Relationship Between Personality and Performance in small Groups. *Pyschological Bulletin*, 56, 1959, pp. 241-270.

리더의 특성으로 지능, 남성성향, 적응력, 지배성향, 외향성, 보수성향 등을 제시하였다. 또한 배스(B. M. Bass)는 리더십을 하나의 공통적 자질로 보고, 모든 상황에서 있어 그와 같은 특성과 자질을 지닌 사람이 리더가 되며, 또한 리더들은 그러한 특성과 자질을 지닌다고 보았다.[5] 이후 그는 리더십 특성을 능력, 성취, 책임감, 참여, 지위, 상황에 따라 분류하였고, 분류마다 구체적인 리더의 특성을 제시하였다.

로드 등(R. D. Lord et. al.)은 정교하게 만(Mann)의 연구를 재탐구하여 성격 특성들이 모든 상황에 걸쳐 일관되게 리더와 리더가 아닌 사람을 구분하는 데 사용될 수 있다고 주장하였다.[6] 그는 리더의 특성으로 지능, 남성성향, 지배성향 등을 들었다. 또한 1991년 커크패트릭(S. A. Kirkpatrick)과 로크(E. A. Locke)는 리더들이 리더가 아닌 다른 사람들과 다른 점을 가지고 있는 것을 분명하게 제시할 수 있다고 설명한다.[7] 이 연구에서는 추진력, 동기유발, 정직성과 성실성, 자신감, 인지적 능력, 일의 지식을 리더의 특성으로 보았다. 최근의 연구 중 자카로(S. J. Zaccaro), 켐프(C. Kemp), 바더(P. Bader) 등은 다른 사람과의 상호인식 작용을 통해 얻는 사회적 능력들을 리더십의 중요한 속성으로 보고 리더의 특성에 포함 시켰다.[8] 이에 따라 이들은 리더의 특성으로 인지 능력, 외향성, 양심성 혹은 성실성, 정서적 안정, 개방성, 동조성, 동기유발, 사회적 지능, 자기 관찰 및 조정, 정서적 지능, 문제해결 능력 등을 제시하였다.

---

5 B. M. Bass, *Bass and Stogdill's Handbook of Leadership: A Survey of Theory and Research*, (New York: Free Press), 1960, pp. 59-88.

6 R. D. Lord, Devade, C. L., & Alliger, G. M., A Meta-analysis of the Relation between Personality Traits and Leadership Perceptions: An Application of Validity Generlization Procedures, *Journal of Applied Psychology*, 71, 1986, pp. 402-410.

7 S. A. Kirkpatrick & Locke E. A., Leadership: Do traits matter? *The Execuitive*, 5. 1991. p. 59.

8 S. J. Zaccaro, Kemp, C. & Bader, P. Leader Traits and Atrriguters. In J. Anotonakis, A. T. Cianciolo, & Sternberg, R. J., *The Nature of Leadership*, (Thousand Oaks, CA: Sage), 2004, pp. 101-124.

D. 특성론 결론

리더십 특성론은 선천적으로 리더와 리더가 아닌 사람을 구분하는 것을 전제로 한다. 이러한 관점에서 특성론은 아무나 리더가 될 수 없다는 논리를 제시한다. 이미 타고난 특성을 통해 리더가 되면 절대다수의 보통 사람들은 허탈할 수밖에 없다. 물론 타고 난 특성을 모두 지닌 리더가 존재할 수 있으나, 이들만으로 사회가 영위되고 지탱되는 것은 아니다. 현대 사회를 이루는 수많은 조직들의 성공적인 리더들을 관찰하면 그들은 타고난 카리스마를 지니고 있기도 하지만, 대체로 후천적인 학습으로 체득된 특성이 우수한 성과를 낸다는 것이다. 이에 따라 특성은 선천적인 측면도 있지만, 후천적인 측면에서도 나타난다.

1. 긍정적 측면

리더십 특성론이 긍정적으로 평가받는 것은, 첫째, 특성론은 1900년 초반부터 연구가 시작되어 오늘날까지 이어져 오는 장기간의 연구라는 점이다. 즉 리더십 연구 중 가장 오래되고 포괄적인 이론이다. 한때 리더십 행동론과 상황론이 등장하면서 리더십 특성론이 그 설득력을 잃기도 하였다. 그러나 1980년대 리더십의 새로운 패러다임으로 변혁적 리더십과 카리스마적 리더십이 등장하였다. 이것은 리더십 특성론에 대한 새로운 접근성을 시사하는 것이었다. 이 이론들은 카리스마가 리더십을 형성하는 주요 요인으로 거론되었기 때문인데, 카리스마는 리더의 비범한 자질을 말하는 것이다. 최근의 감성 리더십에서도 리더의 감성지능을 통해서 리더십의 유효성을 설명한다. 감성은 한 개인의 고유한 특성으로 설명할 수 있는 부분이다. 이처럼 리더십 특성론은 과거에만 머무르는 이론이 아니다.

둘째, 리더십 특성론은 리더가 되기 위해서 갖추어야 하는 리더십 특성의 표준을 제시한다. 이점은 리더십 특성론이 지니는 가장 큰 장점이 된다. 유능한 리더가 되기 위해 요구되는 리더의 특성은 선별적으로 훈련이나 학습을 통해서 길러낼 수도 있다. 또한 리더십 특성론은 오로지 리더에게 주목하는 이론이므로 리더에 관한 연구를 집중적이고 광범위하게 수행할 수 있다. 결과적으로 특성론에 의하면 리더의 특성 요인을 갖춘 리더를 특정할 수 있어서 예측할 수 있고, 모든 상황일지라도 이러한 특성을 갖춘 리더가 있다면 보편적이고 안정적인 리더십의 효과를 창출할 수 있게 된다.

2. 부정적 측면

리더십의 특성론의 긍정적 측면에도 불구하고 다음과 같은 부정적 측면을 지닌다.

첫째, 특성론에서 제시하는 특성과 우수한 능력을 리더가 모두 구비하기란 불가능하다. 과연 특성론에서 제시하는 우수한 특성 및 자질을 모두 가지고 태어난 사람이 존재할까? 개개인의 특성은 너무 다양하고 다르므로 열거하는 것조차 힘들다. 이를 리더의 특성 요인으로 집약하고 분류하는 작업 또한 어렵다. 리더십 특성론에서 제시하는 리더의 자질 및 특성 간의 공통분모는 적고 서로 반대되는 요소도 있다. 이 점은 리더의 특성 요인의 분류가 모호하여 명확성을 지니지 못한다는 점을 말해준다. 특성론 중 어떤 특성들은 상호 관련되어 통일된 관점으로 정리되지 않고 나열되었다. 따라서 유능한 리더의 특성에 대한 표준기준은 장기간 연구에도 불구하고 명쾌하게 제시되지 않았다. 조직의 차원에서도 유능한 리더의 특성을 고루 갖춘 리더가 조직에서 높은 성과를 창출할 수 있는지를 설명하지 못한다.

둘째, 개인의 특성은 쉽게 훈련되거나 학습을 통해서 변화되기 어렵다. 한 개인이 선험적 학습을 통해 내면화되고 여러 상황에서도 일관성을 유지하여 오랜 기간 체계화되는 것이 특성이라고 할 때, 이것 또한 쉽게 변하지 않는다. 무엇보다도 내면화된 특성은 직접적으로 관찰하지 못하기 때문에 엄밀한 과학적 검토나 측정은 거의 불가능하다.

셋째, 리더십 특성론은 유능하고 성공한 리더가 갖추고 있는 특성들이 있으면 안정적이고 예언적인 리더십을 발휘할 수 있다고 설명한다. 그러나 모든 유능한 리더들이 모든 상황에서 적합한 것은 아니다. 즉 특성론은 리더가 직면하는 상황의 변수를 고려하지 못하고, 모든 상황에서 유효할 것이라는 일반화의 오류를 범하고 있다. 예컨대 1980년대에는 급변하는 조직을 주도하기 위해 카리스마의 리더가 등장하여 조직의 유효성을 입증하였다. 이처럼 특성론은 모든 상황에서 유효한 리더의 특성이 있는 것이 아니라, 특정한 상황에 맞는 리더의 특성이 무엇인지 설명하지 못한다. 즉 리더에게만 초점을 맞추어 리더십의 유효성을 밝히고 있어서 다른 요인들과의 관련성에 관해서는 설명하지 못한다. 리더와 구성원의 상관관계, 조직의 상황, 외부 환경으로부터의 영향 등이 그것이다.

결과적으로 리더십 특성론은 모든 리더에게 보편적으로 갖춘 중요한 특성을 찾으려 했으나 실패하였다. 그리고 분야와 집단을 달리함에 따라 필요한 리더의 특성이 다르다는 것도 발견되지 않았다. 즉 어떤 상황에서 필요한 리더의 특성이 다른 상황에서도 유효한 것인지 알 수 없다. 따라서 리더십 특성론은 리더십이 개인과의 관계를 떠나서 이해될 수 없고, 집단과의 관계를 떠나서 이해될 수 없는 상황적 요인에 대한 설명이 부족하다.

III. 행동론

리더십 특성론은 개인의 성격, 지능, 가치 등 관찰하기 어려운 추상적 개념을 측정하는 데 중점을 두었다. 그러나 1940년대 행동주의 심리학이 유행하면서 리더십 연구는 조직 환경 내 관찰 가능한 리더의 행동유형에 주목하였다. 즉 행동주의는 관찰 가능한 대상만을 연구하는 것이다. 이 점은 리더의 특성이 직접 관찰이 불가능하다는 점을 보완하는 것으로 리더십 행동론의 토대가 되었다.

행동주의 심리학의 대표적 학자인 맥그리거(D. McGregor)는 조직에서 구성원들을 잘 관리하기 위해서 관리자가 구성원을 대하는 태도를 관찰하였다. 여기서 그는 일과 인간의 관계에 관한 기본적인 가정으로 X이론의 인간형, Y이론의 인간형을 제시하였다.[9] X이론은 사람이란 원래 게으르고 일을 하기 싫어하며, 과업 대한 책임질 능력이 없다고 가정한다. 이 이론에 의하면 사람을 관리하려면 당근과 채찍을 적절히 활용해야 한다. 대체로 조직에서는 X이론의 인간형이 구성원의 동기부여를 막고 감퇴시키는 요인을 발생시킨다. 따라서 X이론 인간형은 작업 활동에 부정적 경향을 보이며, 지시에 대한 개인적 책임이 결여되는 유형이다. 이에 반해 Y이론의 인간형은 사람이 일하려는 심리적 동기가 있으며, 성취와 책임을 원한다고 가정한다. 즉 사람은 스스로 자아 성장을 위해 동기부여와 자기 통제를 통해 발전하는 인간형이라

---

9 D. McGregor. *The Human Side Enterprise*, (New York: Mcgraw-Hill), 1960, p. 281.

고 설명한다.[10] 따라서 맥그리거는 리더들이 X이론의 지향적 인간형에서 향후에는 Y이론 지향적 인간형으로 전환되어 조직의 관리형식을 바꾸어야 한다고 주장한다. 맥그리거의 이론을 토대로 리더십 행동유형 연구에 참여한 연구자들은 리더십의 유형이 기본적으로 두 가지 종류의 행동유형으로 나누어진다고 설명한다. 즉 과업행동과 관계행동이 그것이다. 이러한 연구 동향은 이후 리더의 행동을 측정하는 연구들에 많은 영향을 미쳤다.

리더십 행동론은 1940년대 후반부터 본격적인 연구가 진행되었다. 이것은 리더십이 효과적으로 입증된 현장에서 리더들이 어떠한 행동유형을 보이는가를 규명하는 것이다. 리더십 특성론은 리더가 어떤 속성을 지닌 사람인가에 관한 것으로 리더에 대한 특성과 성격에 주된 관심을 두었다. 그러나 리더십의 행동론적 접근법은 리더가 어떻게 행동하는가에 초점을 맞추고 있다. 즉 리더십 행동론은 과정이 중요한 초점이 된다. 리더십의 유효성은 리더 개인의 특성이 아니라 구성원에 대한 리더의 행동유형이다. 이에 따라 리더십 행동론의 전제는 리더에게는 특정한 행동이 있다는 가정에 근거하여 후천적 교육이 가능하다 것이다.[11] 리더십 행동론은 리더의 행동뿐 아니라 그 행동에 대한 구성원들의 반응을 관찰하여 상호작용에도 주목하였다.

궁극적으로 리더십 행동론은 관찰 가능한 리더십 행동을 유형화하여 리더십의 효과성을 검증하는 것이다. 즉 어느 조직에나 유효하고 보편적 리더십 행동유형을 찾고자 한다. 행동론은 리더가 조직이라는 공동체 속에서 어

---

10 A. H. Maslow, *Motivation and Personality*, (New York: Mcgraw-Hill), 1970, p. 396 참조. 동기 부여에 관한 맥그리거의 분석은 매슬로우에 의해 제시된 욕구 5단계 설에 잘 표현돼 있다. 매슬로우는 기본적 생리적 욕구가 충족되면 다음 단계인 안정의 욕구 단계로, 3단계인 인정의 욕구, 4단계인 존중의 욕구, 가장 마지막 단계인 자아실현의 욕구로 발전하게 된다. 맥그리거는 이러한 매슬로우의 연구를 기반으로 하여 본인의 이론을 발전시켰다.

11 S. P. Robins , *The Administrative Process*, (Englewood Cliffs: Pretice Hall, 1980), p. 288.

떤 행동을 하는 것이 좋은가? 이러한 행동을 관찰하여 모든 상황에서 가장 잘 적용할 수 있는 최선의 리더십 행동유형을 찾는 것이다. 대표적인 행동론으로 아이오와 대학의 행동론, 오하이오 주립대학의 행동론, 미시간 대학의 행동론, 블레이크-무톤의 행동론 등을 들 수 있다.

A. 아이오와 대학의 행동론

1. 등장 배경

아이오와(Iowa)대학의 쿠르트 레빈(Kurt Lewinn)은 리더십 행동론의 선행 연구자로 알려져 있다. 그는 리피트(R. Lippitt), 화이트(R. K. White) 등과 함께 1939년 리더십 행동유형 변화에 따른 구성원들의 반응을 측정하고자 하였다.[12] 이들의 연구에서 리더십 효과성에서 리더의 행동이 중요하다고 보았다. 아이오와 대학의 리더십 연구는 구성원 대부분이 상급의 리더들에게 내면적 특성보다 외면적 행동에 더 많은 영향을 받는다는 가정 아래 연구가 진행되었다.

2. 연구 내용

아이오와 대학의 연구팀은 열 살의 동일한 조건에 있는 20명의 소년들, 즉 지능과 사회적 배경이 같은 소년들에게 장난감을 가지고 놀도록 하였다. 여기서 연구자들은 권위주의 유형, 민주주의 유형, 자유 방임주의 유형 3가

---

12 K. Lewin & White, R. K., Pattern of Aggressive Behavior in Experimentally Created Social Climates, *Journal of Social Psychology*, 10, 1939, pp. 271-299; R. Lippitt & White, R. K., An Experimental Study of Leadership and Group Life, in Elenor E. Macoby, T. M. Newcomb and E. L. Hartley(eds.) *Reading in Social Psychology*, (New York: Holt, 1958), pp. 495-511.

지 다른 리더십 행동유형을 적용하여 그 반응을 연구하였다. 이들은 구성원들에게 과업에 대한 흥미도와 만족도, 리더에 대해 느끼는 감정, 생산성 등이와 관련한 변수에 어떻게 영향을 미치는가를 5개월 동안 관찰하였다. 그리고 한 집단에서 다른 집단으로 6주마다 옮겨가면서 매번 각기 다른 리더십 행동유형을 선택하여 실험하였다. 이 3가지 리더십 행동유형의 차별성을 두기 위해서 각각의 리더는 의사결정 방법, 권력 분산 정도 등을 다르게 행동하도록 하였다. 이 연구는 권위주의 행동유형, 민주주의 행동유형, 자유 방임주의 행동유형의 특징을 가진 리더가 등장했을 때 구성원들의 행동 반응을 알아보는 것이었다.

3. 연구 결과

권위주의 유형, 민주주의 유형, 자유 방임주의 유형에 따른 소년들의 행동 반응에서 20명의 소년들 중 19명의 소년들에게서 가장 긍정적인 결과를 보여준 리더의 행동유형은 민주주의 유형이었다. 권위주의 유형의 리더는 소년들이 원하는 작업을 못 하도록 막았고, 소년들이 신속하게 작업을 처리하도록 재촉하였다. 반면 민주주의 유형의 리더는 상급자처럼 행동하지 않았다. 한편 자유 방임주의 유형의 리더는 소년들이 리더에 대한 도전적 행동을 유발하였다. 이후 아이오와 대학은 이와 관련한 후속 연구를 진행하였고, 그 결과는 다음과 같은 리더의 행동 특성을 보여주고 있다.

권위주의 행동유형의 리더는 구성원들에게 명령과 지시를 내린다. 이러한 리더는 참여를 허용하지 않았고 중립적인 태도를 보였다. 권위주의 행동유형은 업무에 단기적인 효과는 보이지만, 장기적으로는 높은 효과성을 발휘하지 못하였다. 이 유형의 지도를 받는 소년들은 과업을 실행하는 과정에서 리더가 부재했을 때 좌절감을 느끼는 비율이 높았다. 권위주의 행동유형의 리더는 구성원의 인간적 관계가 매우 적었다. 이 유형을 겪은 소년들은 자발적인 공격성과 적대적인 행동의 특성을 보이기도 하였다. 권위주의 유형의 리더 행동은 조직에서 규율과 규칙에 대한 일사불란한 구성원의 동조성을 강조한다. 이 유형은 독단적 의사결정과 개인의 욕구충족보다는 조직의 이익과 안정에 초점을 맞추는 행동유형이다.

민주주의 행동유형의 리더는 구성원과 토론 및 토의 과정을 통해서 의사결정을 한다. 민주주의 행동유형의 리더는 구성원을 조직공동체의 일원이라는 점을 강조하는 타입이다. 이 유형의 리더십은 구성원이 조직의 만족도에서 일관성 있게 높은 결과를 보인다. 그러나 민주주의 행동유형은 의사결정의 결과를 도출하는 과정에서 오랜 시간이 걸렸다. 예컨대 조직 내 갈등이나 문제가 발생하였을 때 리더는 신속하게 문제를 해결하여 조직의 안정화를 도모해야 한다. 그러나 민주주의 행동유형의 리더십에서는 토론과 토의의 과정이 있기 때문에 대응처리가 지연되는 경우가 많다. 이 유형을 겪은 소년들은 리더가 부재했을 때에도 과업을 자발적으로 수행하였다. 소년들은 강한 조직적 응집력도 보였다. 또한 민주주의 행동유형의 리더에 대해 소년들은 창의성과 도전정신을 가지는 등의 열정을 보여주었다. 민주주의 행동유형의 리더십은 유기적이고 분권화된 조직에서 그 효율성을 높일 수 있다. 또한 이 유형의 리더는 구성원들의 잠재력에 관심을 가지게 되기 때문에 인간적인 유대관계에도 집중한다. 과업을 수행하는 과정에서 민주주의 행동유형의 리더는 구성원들의 주체적인 행동에 대해 존중하는 태도를 보인다.

마지막으로, 자유 방임주의 행동유형의 리더십은 소년들에게 완전한 권한을 위임한다. 따라서 소년들 간의 협동심이 모자랄 수 있다. 구성원들이 일에 대해 전문성이 높거나 의욕이 넘칠 때 자유 방임주의 행동유형의 리더십이 유효성을 높일 수 있다. 그러나 작업에 대한 일관성이나 조직의 단결력에는 높은 효과성을 보여주지 못하는 취약점이 있다. 또한 자유 방임주의 행동유형의 리더십은 통제와 감시가 없는 자율성을 강조하는 것이기 때문에 작업에 관한 생산성은 가장 낮게 나타난다. 이 유형의 리더는 조직의 구조를 유지하기 위한 필수적인 최소한의 행동만을 한다. 예컨대, 정책 결정, 조직붕괴의 조짐, 구성원들의 일탈방지 등과 같은 사안에 대해서만 행동한다. 자유 방임주의 행동유형의 리더십은 조직 구성원들에 대한 신뢰를 바탕으로 개인의 자율성을 최대한 보장하는 리더십이다. 이 점은 리더십의 본질을 잘 나타내어 준다. 리더가 개입하지 않고 구성원들을 그대로 내버려 두어도 조직이 유지될 수 있기 때문이다. 그러나 과연 리더의 간섭과 개입 없이도 조직의 성과를 이루어낼지에 의문이 제기될 수 있다. 자유 방임주의 유형은 창조적인 직업을 해야 하는 문화계열이나, 연구직과 같은 조직에서 흔히 볼 수 있는 행동유형이다.

4. 결론

아이오와 대학의 리더십 행동유형의 연구는 당시 정치 지도자의 행동유형 연구로부터 착안하였다. 그리하여 권위주의 행동유형, 민주주의 행동유형, 자유방임주의 행동유형의 3가지 리더십 행동유형으로 분류하였다. 정치적 관점에서와 마찬가지로 높은 효과성을 보여주는 리더십은 민주주의 행동유형이다. 구성원들은 조직참여에 대해서 민주주의 행동유형의 리더를 선호하기 때문에 가장 바람직한 리더십 행동유형으로 꼽는다. 그러나 생산성 산출 문제에서는 민주주의의 행동유형과 권위주의의 행동유형 중 어느 것이 더 높은지 알 수 없다. 평상시에는 민주주의 행동유형의 리더십이 권위주의 행동유형의 리더십보다 효과적이다. 하지만, 신속한 의사결정 단계이거나 긴급상황의 대응이 필요할 때는 권위주의 행동유형의 리더십이 더 효과적일 수 있다. 권위주의 행동유형의 리더십은 대체로 관념상, 가치적 차원에서 부정적으로 인식된다. 권위주의 행동유형의 리더십이 이상적인 리더십 유형과 거리가 멀다고 할지라도 현실에서 관찰할 수 있고 존재 가능한 리더십 유형이다. 스톡딜은 리더십 개념을 설명하는 과정에서 선거를 통한, 즉 제도와 절차, 법, 계약 등을 바탕으로 이러한 리더들도 충분히 등장한다고 주장한다.[13] 분단 후 한국에서는 1980년대까지 권위주의적 행동유형을 지닌 대통령들이 계속해서 등장하였다. 당시 한국은 전쟁의 여파로 사회가 황폐해져 무기력한 시민들에게 사회재건의 문제를 주도적으로 해결해 줄 수 있는 지도자가 필요하였다. 당시 한국 상황과 비슷하게 미성숙한 시민들이나 개발 도상국에서는 오히려 강성한 권위주의 행동유형의 리더가 등장하여 구성원들에게 일일이 지시와 명령을 함으로써 사회 안정화를 도모할 수 있다. 즉 리더가 주도적으로 사회나 구성원을 이끄는 것이 조직의 발전에 훨씬 더 유리할 수 있다. 소방서, 군 조직, 경찰서 등의 위급 대응이 필요한 상황, 특수한 일, 획일적이고 일사불란하게 움직여야 하는 조직에서는 권위주의 행동유형의 리더십이 효과적이다.

그러나 아이오와 리더십 행동유형 연구는 20명의 소년을 표본으로 하였기 때문에 그 연구 결과를 일반화하는 데 한계가 있다. 아이오와 대학의 리더십 행동론은 리더십의 특성 연구에서 행동유형의 연구 시대로 진입하게 되는 최초의 연구로서 의의가 있다.

B. 오하이오 주립대학의 행동론

1. 등장 배경

오하이오 주립대학교(Ohio State University)에서의 리더십 연구는 1945년부터 시작되었다. 오하이오 주립대학교 연구자들은 리더가 집단이나 조직을 지도할 때, 그들이 어떻게 행동하는가를 분석하였다. 이를 위해 오하이오

---

13 한승로, 『리더십 이론과 한국정치』, (서울: 민족지성사, 1988), p. 25.

주립대학의 연구자들은 52조의 폭격기 탑승원을 조사대상으로 리더십 행동 유형을 관찰하였다. 이들은 '리더 행동에 관한 기술 설문지(Leader Behavior Description Questionnaire: LBDQ)'[14]를 독자적으로 개발하였다. 사령관을 대상으로 그들의 리더십 행동을 300명의 탑승원들에게 설문지에 기술하도록 하였다. 연구자들은 설문 결과를 토대로 1800여 개의 리더 행동의 예를 여러 측면에서 모았다. 오하이오 주립대학의 연구자들은 내용이 중복되는 행동들은 한데 묶어서 자신들이 중요하다고 생각되는 행동들을 선정하여 150개의 설문 문항을 만들었다. 이후에도 오하이오 주립대학의 연구자들은 이 설문지를 이용해 일반인, 군인, 교육, 및 산업 분야의 조직 대상자로 그 범위를 확대하여 연구하였다. 연구 대상자들은 각 문항이 자신의 상급자에 관한 행동을 얼마나 잘 나타내는지에 대해 답변하였다. 그 결과 오하이오 주립대학의 연구팀들은 효과적인 리더십을 결정하기 위해 발생하는 행동유형이 배려(consideration)와 구조주도(initiating structure)의 두 가지로 분류된다는 것을 발견하였다.

2. 리더십 구성요인

오하이오 주립대학의 행동 연구에서는 LBDQ의 결과에 따라 리더십을 이루는 구성요인을 발견하였다. 여기서 연구팀은 리더십을 '목표의 달성을 위해 집단을 지도할 때의 어떤 개인의 행동'으로 규정하였다.[15] 여기에서 배려심이 깊은 유형의 리더는 구성원들에게 친근하고 온정이 넘치는 행동을 한다. 이러한 리더는 구성원들에게 많은 관심을 두기 때문에 구성원들의 안

---

14 J. K. Hemphil & Coons, A. E., Development of the Leader Behavior Description Questionanaire. in Stogdill, R. M. & Coons, A. E.(eds.), *Leader Behavior: Its Description and Measurement*, (Columbus, Ohio: Bureau of Business Research, Ohio State University, 1957), pp. 6-38.

15 배정훈, 『조직관리와 리더십』, (서울: 형설출판사, 2009), p. 208.

녕과 복지에 많은 관심을 기울인다. 리더와 구성원의 관계는 상호신뢰, 존중, 우정, 지원을 드러내기 위해 상호 소통하는 관계이다. 배려 유형의 리더 행동은 조직의 분위기를 좋은 방향으로 만들기 때문에 구성원의 결근율을 낮출 수 있고, 일에 대한 고충도 줄어든다. 그러나 성과와 관련해 배려 행동유형은 구성원과의 관계에만 관심을 두기 때문에 구성원의 과업 몰두와는 관련이 있거나 없을 수 있다.

다음으로 구조주도 유형의 리더 행동은 리더가 집단의 목표를 달성하기 위해서 자신의 역할과 구성원들의 역할을 명확히 구조화한다. 즉 리더는 조직의 각 구성원에게 역할분담을 한다. 구조주도의 행동유형은 과업수행의 절차, 지시와 보고 등을 포함하여 조직 내의 의사소통의 경로를 정립하는 리더의 행동을 말한다.[16] 이 행동유형에서는 과업에 초점을 맞추고 있으므로 구성원의 과업 달성에 적극적으로 관여한다. 그런데 리더가 지나치게 과업에 몰두하도록 구성원을 통제하게 되면 구성원들의 일에 대한 고충도 늘어나게 된다. 궁극적으로 구조주도 행동유형은 구성원들의 조직화, 과업에 대해서 리더가 적극적으로 관여하는 것을 말한다.

3. 특이사항

오하이오 주립대학의 리더십 연구는 리더의 배려 행동유형과 구조주도 행동유형이 개별적으로 다른 두 차원이라는 것을 발견하여 두 행동의 조합을 강조한다. 이것은 다른 리더십 행동론과는 차별되는 점이다. 대체로 리더십 행동 연구들은 리더십 유형을 단일 차원의 양극단으로 나누어 설명한다. 그러나 오하이오 주립대학의 연구는 처음으로 배려 행동유형과 구조주도 행

---

16 A. W. Halpin, *The Leadership Behavior of School Superintendents*, Midwest Administration Center, (Chicago: The University of Chicago, 1959), p. 4.

동유형 리더의 행위가 독립적 관계에 있다고 보았다. 독립적 관계에 있다는 것은 조합이 가능하다는 것을 의미한다. 오하이오 주립대학의 연구에 의하면 이 두 행동유형의 조합에 따라 리더십의 유효성이 달리 나타난다. 예를 들어 리더가 구조주도 행동이 높은 성향을 지니고 있지만, 배려 행동이 낮은 경우가 발생할 수 있다. 구조주도 행동에서는 낮은 성향을 보이지만 배려 행동에서는 높은 성향을 보일 수 있다는 주장이다. 두 행동이 독립적이라는 것은 평소에 배려 행동을 주로 하는 리더라고 해서 반드시 구조주도의 행동이 없는 것은 아니라는 것이다. 리더가 배려 행동을 하지 않더라도 반드시 구조주도 행동을 자주 보이는 것도 아니다. 즉 리더는 구성원에게 많은 관심을 두기도 하고 동시에 구성원들에게 과업에 몰입할 수 있도록 돕는 행동을 할 수 있다. 리더는 양쪽 다 관심 없이 자신의 과업에만 몰입할 수도 있다. 리더는 구성원들에게 깊은 관심을 보이지만 구성원들에게 할 과업을 지시하거나 통제하지 못 할 수도 있다. 리더는 구성원들의 문제를 별로 배려하지 않고 과업 목표 달성에만 초점을 두는 구조주도의 행동유형만을 보일 수도 있다. 따라서 오하이오 주립대학의 연구에 의하면 한 가지 행동유형만이 지배적으로 많이 나타났다고 해서 다른 행동유형이 나타나지 않는다는 것을 의미하지 않는다. 한 가지 행동을 보이는 것은 다른 행동을 보이는 것과는 관련성이 없다는 주장이다. 오하이오 주립대학의 연구에 의하면 리더가 구조주도 행동과 배려 행동이 동시에 많이 나타날 수도 있고, 또 두 가지 행동유형이 모두 적게 나타날 수도 있다. 결국 배려 행동과 구조주도 행동의 조합이 가능하다는 점은 다른 행동론 연구와 다른 오하이오 주립대학 연구의 독특한 특징이 된다.

4. 결론

오하이오 주립대학의 연구에 의하면 가장 효과적이고 이상적인 리더십 행동유형은 구조주도가 높고, 배려가 높은 유형이다. 배려 행동유형과 구조주도의 행동유형이 높을 때 조직의 생산성과 만족도는 높을 수 있다. 그러나 높은 생산성을 달성하더라도 구성원들의 결근율이나 고충의 문제도 수반할 수도 있다. 오하이오 주립대학의 연구는 효과적인 리더십 기준이 리더의 특성이나 속성에 따른 보편성에 따르지 않고, 리더의 행동에 따른 리더십의 유효성을 나타낸다. 여러 리더십 연구에서 배려 행동과 구조주도 행동의 두 유형이 자주 거론된다. 그런데 21세기에 들어서는 이 두 행동유형 이외에도 다른 중요한 행동유형이 있을 수 있다는 것을 재고하여 이와 관련한 연구도 진행될 필요성이 있다.

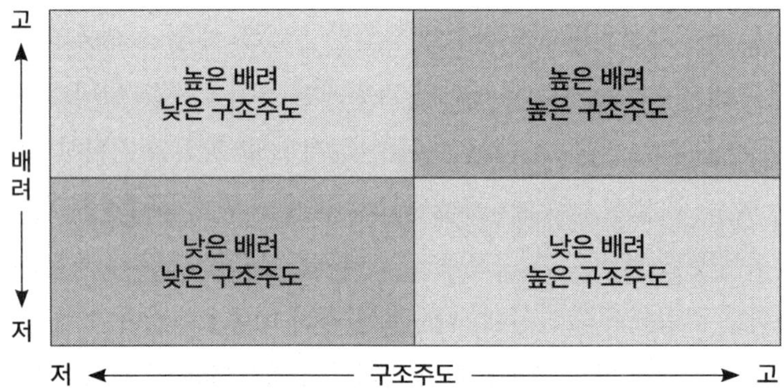

<오하이오 주립대학의 리더십 행동론 모형>[17]

a. 긍정적 측면

오하이오 주립대학의 리더십 연구에서는 리더의 행동유형에 관한 정의를 구체적이고 체계적으로 설명한다. 특히 배려 행동유형과 구조주도 행동유형의 두 유형이 독립변수로 작용하여 상호조합의 형식을 강조한다. 이것은 당

---

17 A. D. Szilagyi and M. J. Walllace, *Organizational Behavior and Performance*, (New York: HapperCollins Publisher, 1990), p. 393.

시 리더십 연구의 새로운 접근법이라 할 수 있다. 오하이오 주립대학의 리더십 행동유형 연구는 설문지를 통한 경험적 연구이기 때문에 신뢰도와 타당성은 어느 정도 검증되었다고 할 수 있다. 흔히 조직에서의 배려 행동유형의 리더와 구조주도 행동유형의 리더가 주로 발견된다. 이것은 오하이오 주립대학의 연구가 조직 현장에 활용되어 리더십 훈련에 중요한 역할을 할 수 있다는 점을 말해준다.

궁극적으로 오하이오 주립대학의 행동론은 오늘날 다른 리더십 연구의 토대가 되었다는 평가를 받고 있다. 이 연구에서 제기된 구조주도의 행동유형과 배려 행동유형은 조직에서 대표하는 리더의 행동유형으로 인식되어 그 후 많은 연구에서 활용되었다. 이 연구는 특히 관계 지향적 행동유형과 과업 지향적 행동유형과 관련된 리더십 연구에 많은 영향을 미쳤다. 이점은 오하이오 주립대학의 행동론이 리더십 연구의 중추적 역할을 하고 있음을 말해준다.

b. 부정적 측면

오하이오 주립대학의 행동론의 부정적 측면은 다음과 같다.

첫째, 이 연구는 지나치게 LBDQ에만 집중적으로 의존하기 때문에 그 측정에 대한 의문이 제기된다. 왜냐하면 LBDQ의 결과가 주관적으로 평가될 확률이 높기 때문이다.

둘째, 무엇보다도 LBDQ를 행하는 과정에서 상황적 요소가 배제되었기 때문에 성공적인 리더십 유효성을 확보하지 못한다. 즉 오하이오 주립대학의 연구에서는 리더의 행동과 그 효과성 사이에 영향을 주는 상황적인 요소를 고려하지 않는다. 조직의 일반적인 상황들, 즉 기술적용, 규모 및 환경과의 관계 등은 오하이오 주립대학의 리더십 행동연구에서 배제되었다.[18]

---

18 정우일, 『리더와 리더십』, (서울: 박영사, 2006), p. 203.

마지막으로, 오하이오 주립대학 연구의 리더십 행동유형이 배려와 구조 주도로만 구분되어 단순하다는 점이다. 이 행동론은 1950년대에 나온 이론이기 때문에 최근의 리더십 훈련에 필요한 행동의 요소들, 즉 실효성과 관련된 행동, 권한 이양, 조직의 비전 제시 등은 포함되지 않았다.

C. 미시간 대학의 행동론

1. 등장 배경

오하이오 주립대학교의 연구자들이 리더 행위 기술 질문지(LBDQ)를 개발하고 있는 동안 미시간 대학교(University of Michigan)에서도 1940년대 말부터 1950년대 초까지 리더의 행동유형을 연구하고 있었다.[19] 미시간 대학교의 초기 연구에서는 리더 행동과 집단의 업적, 조직 구조, 리더십 활동 등과 관련한 연구가 활발하게 진행되었다. 특히 미시간 대학교의 사회연구소(Social Research Institute)는 리더의 행동과 집단성과와의 관계를 집중적으로 연구하였다. 이 연구에서는 생산성이 높은 집단에서의 리더 행동과 생산성이 낮은 집단에서의 리더 행동을 비교하였다. 즉 집단의 생산작업 성과를 높이는 리더의 행동을 연구하였다. 이 연구에서는 리더들과 집단의 종업원들을 대상으로 직접 면접을 실행하였다. 이를 통해 미시간 대학의 연구자들은 리더의 행동유형을 직무 중심적(job-centered) 리더와 종업원 중심적(employee-centered) 리더로 분류하였다.

---

19 D. Gartwright & Zander, A., *Group Dynamics Research and Theory*, (Evanston, IL: Row, Peterson, 1960; R. Kartz & Kahn, R, L. The Human Orgnization and Worker Motivation. In L. R Tripp, *Industrial Productivity*, (Madison, WI: Industral Relation Research Association, 1951), pp, 146-172.

2. 리더십 행동유형

미시간 대학교의 연구에서는 리더의 행동유형을 하나의 연속 상의 양극에 두고, 이 양극에 있는 행동유형을 설명한다. 먼저 종업원 중심적 리더십 행동유형은 리더들이 종업원들에게 인간적인 관심을 기울인다. 이는 복지와 개인의 성장 및 발전에 애쓰는 모습이다. 종업원 중심의 리더 행동은 종업원 개개인의 욕구에도 관심을 보인다. 이 유형은 종업원들의 개성을 소중하고 가치 있게 다룬다. 또한 종업원 중심적 리더십 행동유형은 종업원들의 건전한 인간관계의 발전을 강조한다. 이것은 종업원의 개인적 성장에 자연스럽게 관심을 두는 것이다. 종업원 중심의 리더는 책임과 권한을 종업원에게 위임하여 종업원의 자유 재량권을 인정한다. 이런 점에서 종업원 중심의 리더 행동유형은 오하이오 주립대학교 행동론의 배려 행동유형과 유사하다.

다음으로 직무 중심적 리더십 행동유형은 직무의 기술적·과업적·생산적 측면을 강조하는 경향이 있다. 이 유형에서 주된 관심은 집단의 과업 성과에 집중하기 때문에 종업원들이 과업 완성을 위한 수단에 불과하다. 직무 중심의 행동유형은 리더가 공식기관이나 권한을 비교적 많이 활용하기 때문에 종업원들을 치밀하게 감독 관리하고 관찰과 지시를 하는 유형이다. 직무 중심의 행동을 자주 보이는 리더는 종업원들이 하는 일과 동일한 일에는 집중하지 않는다. 대신 과업에 대한 일정을 계획하여 종업원들의 과업 계획을 조정해주며, 필요한 장비나 물품 등을 구성원에게 제공한다. 직무 중심의 리더십 행동유형은 현실적으로 진행 가능한 목표를 세워서 다른 종업원들을 이끈다고 할 수 있다. 직무 중심적 리더의 행동유형은 오하이오 주립대학교 행동론에서 구조주도의 행동유형과 비슷한 유형이다.

3. 결론

미시간 대학교의 행동 연구에서는 리더가 세부적으로 조직을 관리 감독하는 것보다 전반적으로 조직을 관리 감독하는 리더가 생산성이 높게 나타난다고 주장한다. 이런 측면에서 미시간 대학의 연구에서 가장 이상적인 리더십 유형은 종업원 중심적 리더십 행동유형이다.[20] 미시간 대학의 행동 연구에서는 생산성이 높은 집단일수록 관리자들의 종업원 중심적인 리더십 행동유형이 자주 관찰되었다. 이것은 리더가 종업원들에게 관심을 두고, 과업 목표의 설정 과정에서 종업원들에게 자유재량을 주었기 때문이다. 또한 이 연구에서는 생산성이 낮은 집단일수록 조직을 관리하는 행동유형이 직무 중심적 행동이라는 것이 발견되었다. 여기에서는 생산성을 높이기 위해서 종업원들을 지속적으로 과업에 몰두하도록 압력을 행사하기 때문에 생산성은 저하된다. 또한 미시간 대학의 행동 연구에서는 종업원 중심의 리더십 행동유형이 집단 종업원의 만족감에서 높게 나타났다. 그러나 미시간 대학의 행동 연구에서 집단의 생산성과 종업원의 만족감 사이에 높은 수준의 일관성 있는 관련성은 찾지 못하였다. 즉 생산성이 높다고 하여 종업원의 만족감은 높다는 것은 아니다. 미시간 대학의 행동 연구는 종업원의 만족도가 성과에 미치는 영향력과의 관련성을 찾고자 한 측면에서 의의가 있다.

a. 긍정적 측면

미시간 대학의 행동 연구에 의하면 직무 중심적 리더십 행동유형은 단기적인 성과를 도출해 내야 하는 작업 환경에서 그 효과성을 발휘 할 수 있다. 이에 반해 종업원 중심적 리더십 행동유형은 장기적으로 성과를 내는 작업

---

20 R. Likert, A technique for the measurement of attitudes. *Archives of Psychology* 140, 1932, pp. 1-55; R. Likert, *The Human Oragnization: Its Management and Value*, (New York: MaGraw-Hill), 1967, pp. 71-88.

과 관련한 조직 환경에서 그 활용도가 높다. 미시간 대학의 행동 연구에 의하면 종업원 중심적 행동유형은 리더가 인간에 대해 관심이 있어서 자연스럽게 종업원들의 복지에 많은 관심을 보인다. 따라서 리더가 과업과 관련된 행동을 하더라도 배려있는 행동을 하게 되면 구성원들의 응집력을 강하게 하여 그 효과성을 높일 수 있다. 미시간 대학의 행동 연구에 의하면 조직이 구조화되지 못한 작업 환경이나, 불명확한 과업에서 직무 중심적 행동유형이 높은 성과를 나타내는 경향이 있다. 과업의 양이 많고, 위험한 작업 현장에서는 생산성 향상을 위한 직무 중심적 리더십의 행동유형이 필요하다. 이에 반해 종업원의 세부적인 과업에 관한 절차나 지침을 일일이 받을 필요가 없는 광고회사와 같은 사무직 업종의 경우는 종업원 중심적 리더십 행동유형이 더 활용성이 높다.

b. 부정적 측면

미시간 대학의 리더십의 행동 연구팀은 리더십의 행동유형 유효성을 찾기 위해서 다양한 산업 현장을 대상으로 연구하였다. 그러나 미시간 대학의 행동 연구에서는 일관된 높은 유효성의 리더 행동유형을 찾는 데에는 실패하였다. 비록 미시간 대학의 행동 연구에서 종업원 중심적인 리더십 행동유형이 가장 바람직하고 효과적임인 입증되었으나, 종업원 중심의 리더 행동이 높은 성과를 낼 것이라는 결과는 일반화하지 못하였다. 미시간 대학의 리더십 행동론은 오하이오 주립대학교의 연구를 보완하고 있다. 그러나 여전히 모든 상황에서의 리더십의 효과성을 설명해 주는 보편적인 리더십 행동유형을 찾지 못하였다. 즉 미시간 대학의 행동론은 상황에 따른 차이점을 체계적으로 고려하지 않았기 때문에 일반화된 행동유형이 존재한다는 것을 찾지 못하였다. 또한 미시간 대학의 행동론에 의하면 오하이오 주립대학교의 행동 연구와 마찬가지로 리더의 행동에 대한 실천적인 관찰보다는 설문지를 통한 구성원들의 평가에 의존하였다. 이점은 결과의 신뢰도와 유효성이 객관적으로 타당한 것임을 검증하지 못한다.

D. 블레이크-무톤의 행동론

1. 등장 배경

블레이크-무톤의 행동론(Robert Blake & Jane Mouton)은 1960년도에 처음 등장하였다. 이후 여러 차례에 걸쳐 이론이 보완되어 1964년에 완성되었다. 이 이론은 리더십 행동론에서 가장 널리 알려진 리더십 이론이다. 블레이크-무톤의 행동론은 오하이오 주립대학의 연구를 토대로 행동유형을 구체화함으로써 조직 차원의 효과적인 리더십 행동유형을 양성하기 위해 개발되었다.

블레이크-무톤의 행동론은 처음에는 관리격자 모형(the Managerial Grid)으로 불렸다. 이후에는 그 모양이 마치 관리망 혹은 관리 격자의 형태와 같다고 하여 리더십 그리드(Leadership Grid)로 명칭을 바꾸었다. 블레이크-무톤의 행동론은 기존의 리더십 행동유형이 두 개의 양극을 중심으로 하는 극단적인 유형화에서 벗어나 행동유형을 혼합하는 독자적인 모델이다. 9등급으로 계량화한 수평축(생산에 관한 관심, X축)과 수직축(인간에 관한 관심, Y축)을 격자로 혼합하여 리더십 행동유형을 구분한다. 다시 말해서 블레이크-무톤 이론은 리더십의 유형을 소위 생산중심의 리더십 행동유형과 인간중심의 리더십 행동유형으로 나누어 두 개의 축이 지향하는 정도에 따라 혼합구성의 가능성을 보여주는 이론이다.

블레이크-무톤의 행동론은 생산성 향상을 위한 관심과 인간을 위한 관심의 두 요인을 통해 리더가 어떻게 하면 조직의 목표를 달성할 수 있도록 행동할 것인가를 설명하는 이론이다. 블레이크-무톤의 행동론에서 생산성 향상을 위한 관심은 구성원들이 과업을 성공적으로 달성하기 위하여 리더가 개입하는 것을 말한다. 생산성 향상에 초점을 두는 구체적 행동은 조직의 업적을 우선시 하여 이와 관련된 업무분담, 목표 설정, 과업의 체계화 등을 포함하는 행동을 말한다.

블레이크-무톤의 행동론에서 인간에 관한 관심은 구성원들에 대한 존중과 자기 발전을 위해 친밀한 유대관계를 형성하는 것이다. 이는 구성원들이 과업을 달성하기 위해서 노력하는 모습을 독려하기 위해 리더가 배려 차원의 행동을 하는 것을 말한다. 인간에 관한 관심을 두는 구체적 행동은 구성원들에 대한 동기부여, 작업 현장의 개선, 성과를 위한 헌신과 봉사, 신뢰감 형성, 공정성을 강조하는 업무환경 조성 등이다.

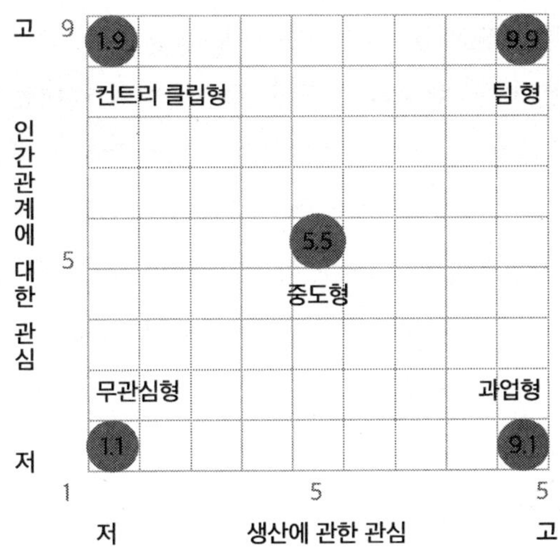

<블레이크-무톤의 행동론 모형>[21]

---

21 Robert, R. Blake and Anne Adas MaCanse(Formerly The Managerial Grid by Robert R. Blake and Jane S. Mouton), (Houston: Gulf Publishing Company, 1991), p. 30.

2. 리더십 행동유형

블레이크-무톤의 행동론에서는 인간관계에 관심을 두는 수평축과 생산성 향상에 관심을 두는 수직축이 교차하여 발생하는 리더십 행동유형을 제시하였다. 앞의 <표>와 같이 이들 두 축선을 각각 9등급으로 나누었는데, 각 등급의 1은 최소한도의 관심을, 9는 최대한도의 관심을 나타내고 있다. 두 축을 결합한 선상에 점을 표시하게 되면 리더십 행동유형들이 여러 가지로 형성된다. 이에 따라 블레이크-무톤 이론에 의하면 81개의 행동유형이 나타난다. 여기에서는 그 중 대표적인 5가지 기본적인 리더의 행동유형을 설명하기로 한다.

a. 무관심형(1.1)

무관심(impoverished)형은 인간과 생산성 향상에 대한 관심이 모두 매우 적다. 이 유형은 주어진 과업을 달성하는 데에만 자신의 본분을 유지하는 최소한의 노력을 기울이는 행동을 말한다. 무관심형의 리더는 리더 역할은 하나 과업에 소극적이며 한 걸음 물러나 있다. 1.1의 무관심형 리더는 종종 구성원들과 소통도 하지 않으려 한다. 그리고 이들은 무관심하고, 확실한 의견을 주지 않는 답답함이 있기도 하다. 무관심형의 리더는 문제가 발생하게 되면 변명의 여지도 늘 갖춘다. 또한 이들은 모호한 태도와 체념적 행동, 무감동적 느낌을 주는 행동을 한다.

b. 과업형(9.1)

과업(task)형은 과업을 수행하는 과정에 인적 요소가 최소한으로 개입되도록 하여 조직 운영의 효율성을 높이는 리더의 행동유형이다. 이는 생산성 향상에 관한 관심은 매우 높으나 인간적 관계에 관한 관심은 매우 낮다. 과업형의 리더는 작업 조건을 정리하고, 과업 수행능력을 가장 중요하게 생각한다. 9.1의 과업형의 리더는 구성원들에게 과업완수와 직무를 수행하기 위해 끊임없는 노력을 요구한다. 그러나 이 유형의 리더는 과업과 관련한 지시 이외에 구성원들과의 의사소통은 잘 이뤄지지 않는다. 블레이크-무톤의 행동론에서 과업형은 성과 지향적이고 사람을 목표 달성의 수단으로 여긴다. 그래서 9.1의 과업형 리더는 자신의 권한을 적극적으로 활용하여 구성원을 통제하고 이에 순응하기를 요구하기도 한다.

c. 컨트리 클럽형(1.9)

컨트리 클럽(country club)형의 행동유형은 구성원과의 만족스러운 관계를 유지하는 것을 목적으로 하기 때문에 구성원들의 욕구를 수용하는 경향이 강하여 인간적 관심이 큰 유형이다. 따라서 이 유형은 아주 친화적이고 편안한 조직 분위기를 조성한다. 그러나 컨트리 클럽형의 리더는 생산성에 관한 관심이 매우 적다. 1.9의 컨트리 클럽형의 리더 행동은 구성원들의 만족감을 높이기 위해서 구성원들을 열심히 돕는다. 나아가 이들은 갈등 없는 조직 분위기를 조성하기 위한 문화나 풍토를 형성하기 위해 노력한다.

d. 중도형(5.5)

중도(middle of the road)형은 구성원의 의욕과 과업수행 간의 균형을 지속하기 위해 노력하는 유형이다. 그러나 양쪽 모두에 최선을 다하는 수준은 아니다. 이들은 적당한 수준에서 과업을 추구하므로 생산과 인간에 관한 적당한 거리와 관심을 유지한다. 5.5의 중도형 리더의 행동은 절충적인 행동을 자주 보이는데, 과업을 수행하는 구성원들에게도 중간 정도의 관심을 보인다. 평형을 맞추기 위해 5.5의 중도형 리더는 구성원과의 갈등도 피하게 된다. 이에 따라 이들 중도형의 리더는 적당주의 리더 혹은 편의주의 리더라고 묘사되기도 한다.

e. 팀형(9.9)

블레이크-무톤 행동론의 팀(team)형은 조직목표를 구성원들과 공유하며 신뢰와 존경 속에서 상호의존적으로 과업을 성취하는 유형이다. 이 유형은 인간과 과업 모두에 관심이 매우 높다. 팀형은 구성원의 자아실현 욕구를 만족시켜 준다. 팀형의 리더는 신뢰를 지원하는 분위기를 형성하면서도 한편으로는 과업의 달성을 강조한다. 블레이크-무톤의 행동론 연구자들은 리더 행동유형 중에서 가장 바람직하고 이상적인 리더 유형이 팀형 관리자라고 주장한다. 9.9의 팀형 리더의 행동은 과업수행과 대인관계 양쪽 모두를 강조하기 때문에 구성원들에게 적극적인 참여를 유도하고, 그들과 상호 연대를 구축한다. 그리고 참여와 헌신을 조성하기 위해 팀형의 리더들은 구성원들의 기본적 욕구를 충족시킨다.

3. 결론

블레이크-무톤의 행동론에 의하면 가장 이상적인 리더의 행동유형은 팀형이다. 이 이론에서는 조직의 관리자를 관리격자(관리망) 개념으로 측정한 후 이상적 리더 유형인 팀형을 목표로 단계적인 리더십 행동유형을 개발해 나갈 수 있다고 주장한다. 블레이크-무톤의 행동론에 의하면 관리 격자를 통해 이론상 자신의 리더십 행동유형의 위치를 파악할 수 있게 된다. 이에 따라 조직의 관리자는 바람직한 행동유형인 팀형의 리더가 되기 위해 어떤 행동유형을 보완해야 하는지 알 수 있다. 실제로 이 이론은 조직에서 팀형의 리더를 양성하기 위해서 리더십 개발 훈련에 많이 적용되었다. 블레이크-무톤의 행동론에서 팀형의 리더는 조직에서 협력적 관계를 위해 구성원의 행동 변화를 유도하고 생산성 향상에 도움을 주기 위해 노력해야 한다. 그러나 팀형이 모든 상황에서 항상 유효한가? 이것은 블레이크-무톤의 행동론에 대해 의문점을 제기하게 하는 부분이다. 예를 들어 조직이 심각한 위기에 당면할 경우 리더는 민주적이기보다 권위주의적으로 행동하여 위기를 극복하는 것이 더욱 효과적일 수 있다. 이러한 의문점을 해결하기 위해서 블레이크와 무톤은 그들의 이론을 수정하여 온정주의적(paternalism/maternalism) 리더와 임기응변적(opportunism) 리더를 제시하여 기존 본인들의 이론을 보완하고자 하였다.[22]

궁극적으로 다른 행동론과 마찬가지로 블레이크-무톤의 행동론도 리더의 능력이나 집단의 환경에 따른 상황적 변수들을 고려하지 못하는 한계가 있다. 9.9의 팀형 리더의 행동이 모든 상황에서 최선의 것임을 지지해 주는 확고한 증거는 부족하다. 블레이크-무톤의 행동론도 다른 행동론과 마찬가지로 모든 상황에서 유용하고, 보편타당한 리더의 행동을 모색하고자 하였으나 실패하였다.

E. 행동론 결론

리더십 행동론은 기존의 리더십 특성론과 상반되는 연구 결과를 보여줌으로써 리더십 이론의 발전에 중요한 역할을 하였다. 행동론은 리더의 행동유형을 과업 지향적인 행동유형과 인간 지향적인 행동유형의 두 차원을 중심으로 체계화한 연구이다. 리더십 행동론은 리더의 행동에 대한 구성원의 반응을 탐색하여 효과적인 리더의 행동을 제시하고자 하였다. 그러나 리더십 행동론은 리더십 특성론과 마찬가지로 유일·최선의 행동유형은 존재하지 않는다는 점에서 비판을 받는다.

---

22 P. G. Northouse, *Leaderhsip: Theory and Practice*, (Los Angeles: SAGE , 2019), pp. 79-80, 참조. 온정주의적 리더는 1.9과업형과 9.1컨트리클럽형 양쪽 모두 결합한 리더를 말하며, 9+9로 표시한다. 이 같은 리더는 자비로운 독재자인 것이다. 임기응변적 리더(기회주의적 리더)는 기본적인 5가지 유형들을 조합하여 리더십을 발휘하는 리더를 말한다.

1. 긍정적 측면

리더십 행동론은 리더의 추상적인 특성에 얽매이지 않고 관찰 가능한 리더의 행동유형을 파악한다. 이것은 리더십 연구의 범위가 확대되었음을 의미한다. 행동론은 리더의 행동에 따른 구성원들의 반응에 초점을 다루어 그 유효성을 검토하는 이론이다. 리더십 행동론은 실제 현장을 대상으로 연구를 행함으로써 이론의 신뢰성을 높였다. 아이오와 대학의 행동론, 오하이오 주립대학의 행동론, 미시간 대학의 행동론, 그리고 블레이크-무톤의 행동론에 이르기까지 이들 연구는 공통으로 다양한 현장 조직을 선정하여 리더의 행동유형을 관찰하였다. 즉 설문지를 통한 실증적인 자료를 토대로 리더의 행동을 분석한 실천적 연구이다. 이러한 연구들은 이후 등장하는 다른 리더십 연구의 토대가 되어 실증적인 리더십 연구를 구현하게 하는데 기여하였다.

결과적으로 리더십 행동론의 가장 큰 공헌은 리더십 훈련에 대한 실무적 지침을 제공한 점이다. 조직 사회에서 리더는 자신의 행동유형을 관찰하여 이를 개선하기 위한 노력을 할 수 있다. 예컨대, 블레이크-무톤의 행동론에 의하면 관리격자 모형에서 리더 자신의 위치를 파악할 수 있다. 이에 따라 리더는 자신에게 부족한 부분을 보완하여 팀형의 리더가 될 수 있다.

2. 부정적 측면

리더십 행동론은 서로 다른 견해와 관점을 다양하게 보여주었다. 이는 이 이론이 여전히 모든 상황에서 통용될 수 있는 일관성 있는 행동유형을 찾지 못했다는 것을 말해준다. 즉 많은 행동론의 연구에서 그 타당성을 입증하지 못한 것이다. 행동론 연구에서는 리더십의 행동유형을 인간 지향적인 행동유형과 과업 지향적인 행동유형으로 보고 있다. 그리고 이 두 행동유형이 모두 높을 경우 가장 이상적이고 효과적인 리더십 행동유형이 됨을 밝히고 있다. 그러나 모든 상황에서 만족스러운 유효성을 발견하지 못함으로써 그 타당성을 검증하지는 못하였다. 또한 인간의 행동유형에 이 두 가지 행동유형만이 존재하는 것이 아니라 좀 더 복잡하고 다양한 행동유형이 존재한다는 것을 설명하지 않고 있다.

리더십 이론이 조직 사회에서 유효하게 적용되기 위해서는 업무달성과 리더십 행동유형 간의 어떤 관련성이 있는가에 대한 해답을 제시해야 하나 행동론은 그렇지 못하다. 예컨대 구성원들의 욕구나 직무 만족 및 업적 등의 상황적 요소들이 리더십 행동유형과 어떤 관련성이 있는지 입증되지 않았다. 행동론의 이러한 한계성은 1960년대 후반 리더십 상황론이 등장하는 원인을 제공하였다.

Ⅳ. 상황론

유일하고 최선의 보편타당한 리더십의 특성과 행동유형을 찾으려고 한 특성론과 행동론은 그 이론들이 가진 장점들에도 불구하고 많은 한계점들을 드러내었다. 리더의 특성이나 행동 연구에서 핵심은 효율적인 리더가 가지는 특성과 특정한 행동을 통해 보여주는 리더십의 효과성이다. 하지만 연구자들이 언급한 특정한 특성이나 행동을 보이는 리더라고 하더라도 모든 상황에서 유효한 리더십을 가지는 것은 아니다. 이 점을 보완하기 위해서 1960년대 중반부터 리더십 상황론이 대두되었다. 리더십의 상황론에 의하면 리더십의 효율성은 어떤 특성이나 행동에 따른 결과가 아니라 당면한 상황에 따라 달리 나타난다.

리더십은 주어진 상황의 산물이며 시대와 상황의 산물로 일컬어진다. 상황론에 의하면 리더십의 본질은 상황에 따라 달리 적용된다. 리더십 행동론의 부정적 결과는 리더가 직면한 상황을 파악하지 못하고 유일하고 최선의 리더십 행동만을 찾는 데 있었다. 이를 가장 먼저 해결하기 위해서는 상황의 변수를 파악하여야 한다. 즉 직면한 상황을 분석하여 이에 적용할 수 있는 바람직한 리더의 행동을 찾는 것이 상황론이다. 리더십 상황론에 의하면 리더 뿐 아니라 구성원, 과업의 종류, 작업 환경 등 모두가 상황의 변수가 될 수 있다.

리더십 상황론의 등장은 유일하고 이상적이며, 일관되지 않았던 리더십 연구에 관한 해답을 제공하기 위한 것이었다. 학교에서 요구되는 리더십이나 기업을 운영하는 데 필요한 리더십은 다르다. 상황에 맞는 적합한 리더십을 찾고자 하는 연구가 리더십 상황론이다. 따라서 각 조직은 자신이 처한 상황을 잘 살펴보고 이에 맞는 올바른 최선의 리더십을 찾아야 한다. 리더십 상황론의 대표적인 것으로 피들러의 상황 적합성 이론, 허시-브랜차드 이론 그리고 경로-목표 이론 등을 들 수 있다.

A. 피들러의 상황 적합성 이론

1. 등장 배경

피들러(F. E. Fiedler)의 상황 적합성 이론(contingency theory)은 리더십 상황론 중 최초로 등장하고 가장 널리 알려진 이론이다. 피들러는 1953년 미국 일리노이 대학교에서 다양한 집단의 리더를 대상으로 어떠한 사람이 효율적 리더인지를 밝히려고 하였다. 이에 따라 피들러는 가장 싫어하는 동료 작업자를 평가하는 척도의 질문지를 개발하여 리더의 성격 특성을 파악하고 리더십의 유효성을 검토하였다. 피들러는 각 리더가 각기 다른 리더십의 유효성을 보여준다는 점을 발견하였다. 피들러는 이러한 결과가 발생하는 것은 리더가 직면한 상황이 다르기 때문이라고 보고 상황의 조건 혹은 상황의 특성을 파악하고자 하였다. 10여 년간 피들러와 그의 동료 연구자들은 다양한 집단을 대상으로 많은 실증적 연구를 거듭하여 상황 적합성 이론의 개념적 틀을 확립하였다. 즉 피들러의 상황 적합성 이론은 각각의 상황에 맞는 적합한 리더십 행동유형을 찾는 것이다. 여기서는 피들러의 상황 적합성 이론을 설명하기 위하여 상황의 특성과 리더의 행동 특성을 살펴보고, 이 두 특성의 관계에 대해서도 알아본다.

2. 상황의 특성

상황 적합성 이론에서 가장 중요한 변수는 어떤 상황을 선택하는가이다. 피들러는 이러한 상황 변수의 선택을 '상황의 호의'(situation favorability) 또는 '상황의 통제'(situation control)라고 부르며, 이를 분석하였다. 피들러는 상황 변수를 리더가 구성원들에 미치는 영향력과 관련하여 측정되는 상황이라고 설명하였다. 예컨대 리더의 구성원들에 대한 통제력이 높을수록 구성원들을 리더 자신이 원하는 방향으로 끌고 가는 것이 유리하다고 판단하였다. 이에 따라 피들러는 상황의 선호 또는 상황 통제를 결정하는 변수를 리더와 구성원의 관계 질, 과업의 구조화 정도, 리더의 직위 권력의 강약으로 설정하였다.

피들러의 연구에 의하면 이 3가지 상황 변수의 중요도는 리더와 구성원의 관계, 과업구조, 리더의 직위 권력 순이고, 4:2:1의 비중으로 구성된다. 피들러의 연구에서 리더십 상황은 이 3가지 상황 변수의 결합 방법에 따라 상황의 분류가 가장 유리한 상황에서 가장 불리한 상황까지 8가지 조합으로 분류되었다. 즉 리더와 구성원의 관계가 좋은 관계인가 아니면 나쁜 관계인가로 선택되는 2가지, 과업구조가 반복적인가 반복적이지 않은가로 선택되는 2가지, 직위 권력이 강한 것인가 약한 것인가로 선택되는 2가지의 상황들을 결합하게 되면 2×2×2=8가지의 상황으로 나타내게 된다. 이 8가지의 상황에서 리더는 조직 활동에 대한 영향력과 통제력을 행사할 수 있는 상황의 호의성을 나타나게 된다. 그 결과 나타난 상황의 변수에 관한 각각의 특성은 다음과 같다.

a. 리더와 구성원 관계

리더와 구성원의 관계는 구성원이 리더를 신뢰하고, 리더가 지시하는 바를 기꺼이 따르는 정도이다. 이는 조직의 분위기를 가지고 측정하였다. 리더와 구성원 간의 관계는 서로 친근하고 협조적인지 혹은 서로 적대적인지에 대한 정도를 의미한다. 여기에서는 리더와 구성원과의 관계에서 나타내는 질이 상황의 호의성을 결정하는 변수이다. 구성원과의 관계가 좋다고 평가되는 리더는 구성원의 지지를 얻기 때문에 구성원들로부터 존경심을 받는다. 이러한 상황에서는 리더가 집단 구성원들에게 상당한 통제력을 행사할 수 있게 되므로 리더의 권한도 강하게 나타난다. 리더가 구성원들로부터 충성심과 인정의 정도가 높아지면 과업의 구조화나 직위 권력이 약할 경우라도 리더는 구성원들에게 커다란 영향력을 미칠 수 있다.

b. 과업 구조화

과업의 구조화는 과업의 명확성, 목표 달성 수단의 다양성, 의사결정 과정의 구체성, 의사결정의 검증 가능성 등으로 측정한다. 예를 들어 과업의 목적 혹은 결과가 명확히 기술되어 있는가, 과업의 내용은 얼마나 명확하게 기술되어 있는가, 과업 달성 방법은 분명한가, 문제해결에 필요한 절차가 명확하고 가능한 해결방안이 있는가 등이다. 과업의 구조화가 잘 정비 되어있을 때는 언제, 누가, 무슨 일을 어떻게 수행해야 할지가 정확하므로 리더가 구성원의 과업 행동을 감독하고 영향력을 행사하기에 유리하다. 예컨대, 과업 구조화가 높은 업무는 단순히 물품을 조립하는 생산직에서 많이 볼 수 있다. 즉 생산직에서 일하는 사람들의 일상적 업무는 명확하고, 규정된 절차를 통해 물품이 완성되기 때문에 과업의 과정이 분명하다. 뿐만 아니라 과업의 구조화가 높은 경우에는 구성원들에게 명확한 업무가 정해져 있으므로 이를 관리 감독하기도 쉬워진다. 반면에 불명확한 과업이 있는 연구직이나 광고회사에서는 과업의 구조화가 높지 않다.

c. 리더의 직위 권력

리더의 직위 권력은 리더에게 부여된 정당한 권력이다. 이는 리더가 구성원들의 과업을 평가해서 그 정도에 따라 보상이나 처벌 할 수 있는 권한을 말한다. 리더의 직위 권력이 높을수록 구성원들은 리더로부터 많은 영향력을 받는다. 따라서 리더의 직위 권력은 구성원들에게 지시와 명령을 따르게 할 수 있는 능력이라고 할 수 있다. 이것은 공식적인 권력에 입각하여 구성원들을 임명, 해고 할 수 있는 권한을 말한다. 리더의 직위 권력은 다른 상황의 조건이 동일할 경우, 보상과 관련된 권력이 강할수록 리더에게는 유리한 상황을 만들 수 있다.

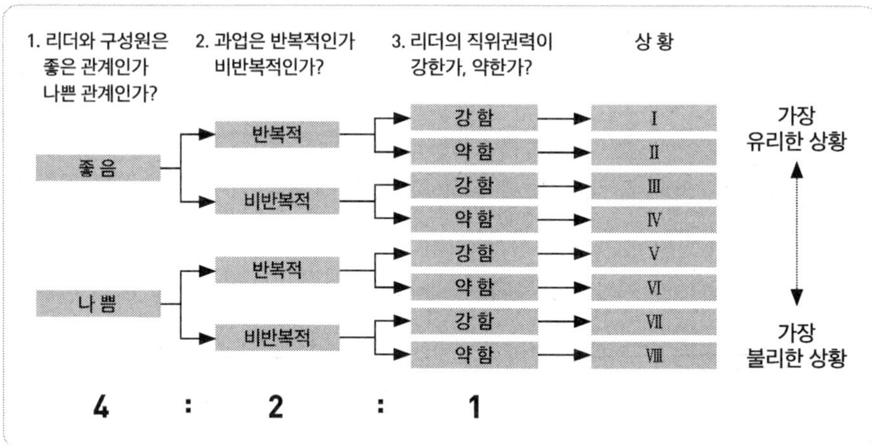

<상황 적합성 이론의 상황 특성>[23]

d. 상황의 조합

3가지 상황의 특성은 서로 조합하게 되면 위의 <표>에서 볼 수 있듯이 전체 8가지의 상황이 발생한다. 이 가운데 상황Ⅰ은 리더와 구성원 간의 관계가 좋고, 과업이 구조화되어 있으며, 리더의 직위 권력이 높은 상황이다. 이 상황은 3가지 상황의 특성이 모두 리더에게 유리하므로 리더가 영향력을 발휘하기 가장 좋은 상황이다. 즉 리더와 구성원 간의 관계가 좋으므로 조직의 응집력도 좋고, 구성원들이 리더의 명령도 잘 수용한다. 상황Ⅰ은 과업의 구조화가 잘 되어있으므로 리더가 부재할 경우라도 구성원이 자발적으로 과업을 수행한다. 즉 구성원 각자에게 업무에 대한 명확한 인지가 되어있다. 그리고 리더의 직위 권력도 강하므로 리더의 권한도 높다. 반면 리더에게 가장 불리한 것은 상황Ⅷ이다. 리더와 구성원 간의 관계가 나쁘고, 과업이 구조화되어 있지 않으며, 리더의 직위 권력도 낮은 상황이다. 중간 정도 상황은 특성이 좋고 나쁜 3가지의 상황들이 혼재해서 나타난다. 따라서 피들러의 상황 적합성 이론에 의하면, 상황 특성의 조합에 따라 3가지 상황 특성이 모두 좋을 때는 리더에게 가장 유리한 상황이 되며, 3가지 특성이 모두 나쁠 때는 리더에게 가장 불리한 상황이 된다.

3. 리더의 행동 특성

피들러는 리더의 행동 특성을 측정하기 위한 척도를 개발하였다. 이를 LPC(Last Preferred Co-Worker)척도라고 한다. LPC 척도는 피들러의 초기 연구에서 리더의 성격 특성을 측정하는 도구로 활용되었고, 이후에 여러 차례 수정되었다. 최근에는 LPC 척도가 리더의 사회적 욕구충족과 관련된 동기 구조를 해석하기 위한 측정 도구로도 활용된다. 이 척도에서 리더는 지금까지 함께 일한 경험이 있는 사람 중 가장 일하기 힘들었던 사람을 떠올리며 답하도록 하였다. 피들러는 리더에게 가장 일하고 싶지 않은 사람을 생각하여, 그 사람을 형용사로 이루어진 문항을 토대로 평가하도록 하였다. 형용사

---

23 F. E. Fiedler & Garcia J. E., *New Approaches to Effective Leadership: Cognitive Resources and Organizational Performance*, (New York: John Wiley, 1987), p. 23.

로 이루어진 문항의 예는 냉담함/다정한, 적대적인/지원적인, 우울한/즐거운, 폐쇄적인/개방적인 등이다. 피들러의 상황 적합성 이론의 연구에서 리더의 행동유형은 서술적인 문항의 결과를 활용하여 파악하였다.

각 문항에서의 점수를 더한 총점은 그 리더의 LPC척도의 점수가 된다. 가장 일하기 힘들었던 사람들을 관대하게 또는 긍정적으로 평가하는 리더는 LPC척도에서 높은 점수를 얻게 된다. 이에 반해 가장 일하기 힘들었던 사람들을 비판적으로 또는 부정적으로 평가하는 리더는 LPC척도에서 가장 낮은 점수를 얻게 된다. 총 18개의 항목으로 구성된 LPC척도는 항목별로 1에서 8까지의 범위 내에서 평가하게 되어 있다. 항목별 점수의 합계가 LPC척도의 점수가 된다. 점수의 합계는 18점에서부터 144점까지의 범위 내에서 결정된다.

피들러에 의하면 64점 이상을 얻은 리더는 LPC척도가 높은 사람으로 일하기가 어려운 사람과도 일할 수 있는 리더이다. 이런 유형의 리더를 관계 지향적 리더라고 한다. 상황 적합성 이론의 해석에 따르면 LPC척도 점수가 높은 리더는 가장 먼저 과업 달성보다 구성원과의 친밀한 유대관계를 형성하기 위해 힘쓴다. 이 리더는 과업을 수행하는 동안에도 구성원과의 관계가 순조롭지 않다면 이들과의 관계를 먼저 개선하고 과업을 실행하도록 한다. 한편 피들러의 상황 적합성 이론에서 LPC척도의 점수가 57점 이하인 리더는 LPC척도가 낮은 사람으로서 과업 지향적 리더이다. 이는 과업 목표 달성을 우선시하는 리더로, 주로 과업을 달성하는 것에서만 만족감을 얻는다. 과업 지향적 리더의 존경과 지위에 대한 욕구 등은 구성원과의 관계를 통해서 획득되는 것이 아니라 과업 달성을 통해 얻어진다.[24] LPC척도의 점수가 낮은 과업 지향적 리더는 구성원들을 다룰 때도 과업 목표 달성을 위한 행동만을 강조한다. 구성원들과 친밀한 관계를 형성하는 것에서도 과업 달성이 이루

---

24 배정훈, *Op. cit*, p. 224.

어진 다음의 차선으로 중요한 관점이라고 리더는 생각한다. 즉 목표한 과업이 달성되고 난 후 이 리더는 구성원들과의 원만한 관계를 유지하기 위한 노력을 한다. 그러나 조금이라도 과업 성취에 차질이 생긴다면, 과업 지향적 리더는 구성원과의 원만한 관계 형성과 상관없이 다시 과업을 달성하는데 초점을 맞춘다. LPC 점수가 58~63점의 중간 점수의 리더는 혼합형으로 최악의 조건을 갖춘 사람이라도 긍정적으로 사람들을 이끈다.

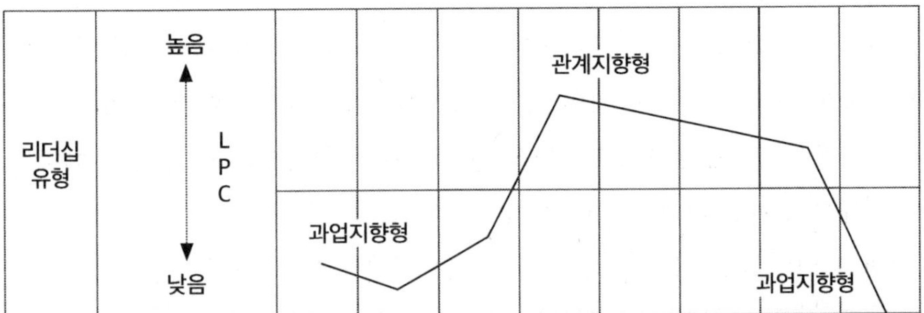

상황의 조합		I	II	III	IV	V	VI	VII	VIII
리더십 상황		유리한 상황 ←							→ 불리한 상황
상황 요인	리더-구성원 관계	좋은 관계				나쁜 관계			
	과업 구조화	구조화		비구조화		구조화		비구조화	
	리더의 직위권력	강	약	강	약	강	약	강	약

<상황의 특성과 LPC와 조합>[25]

4. 상황의 특성과 리더 행동의 관계

피들러는 다양한 상황 변수에서 어떤 리더가 가장 효율적인지를 알아보기 위해서 많은 연구를 하였다. 그 연구 결과는 위의 <표>와 같다. 이 <표>에 의하면 상황이 아주 유리하거나 아주 불리할 때는 과업 지향적인 리더가 효과적이다. 상황이 유리하거나 불리할 경우의 중간적 상황에는 관계 지향적인 리더가 효과적임을 보여준다. LPC척도 점수가 낮은 과업 지향적인 리더는 리더의 영향력이 크게 작용하거나 작은 극단적인 상황에서 적합하다. 즉 집단의 상황이 리더에게 아주 유리한 상황인 Ⅰ, Ⅱ, Ⅲ에서 효과적이다. 예컨대, 집단의 구성원이 리더의 명령과 지시에 수용할 준비가 된 상태일 때 리더와 구성원의 관계는 좋다. 명확하지 않은 과업의 경우 과업의 구조화는 낮다. 독단적으로 결정하고 행동하는 리더는 직위 권력이 강하다. 이러한 상황을 피들러의 상황 적합성 이론에서 찾게 되면 상황Ⅲ이 된다. 피들러에 의하면 상황Ⅲ에서는 과업 지향적 리더가 더 좋은 효과성을 지닌다. 또한 아주 불리한 상황인 Ⅶ, Ⅷ에서도 과업 지향적 리더는 가장 효과적이다. 따라서 극단적인 상황들 즉, 가장 유리하거나 가장 불리한 상황은 비교적 단순한 상황들이기 때문에 과업 지향적 리더가 더 적합하다.

반면 LPC척도 점수가 높은 관계 지향적인 리더는 중간적인 상황인 Ⅳ, Ⅴ, Ⅵ에서 성과가 높게 나타난다. 중간인 상황은 상황의 특성들이 좋거나 나쁜 상황들이 혼재하거나 복잡한 상황들이다. 이 상황들은 몹시 나쁘거나 아주 좋지는 않기 때문에 상황들을 개선할 여지가 생긴다.[26] 관계 지향적 리더는 구성원들의 제안이나 토론을 통해 우호적인 분위기를 조성시켜 상황을 개선할 수 있기 때문이다. LPC척도 점수가 높은 관계 지향적 리더는 싫어하는 사람에게도 좋은 모습만을 보려는 노력을 기울이는 타입이다. 단순히 모든 것이 싫다고 생각하는 것이 아니기 때문에 사람을 판단할 때의 그 인지구조가 단순하지 않은 사람이다. 따라서 관계 지향적 리더는 상황이 유리하거나 불리하지 않은 혼재된 중간의 상황일 때, 즉 단순하지 않은 복잡한 상황에서 더 적합하다고 본다.

---

25 F. E. Fiedler, Validation and Extension of Contingency Model of Leadership Effectiveness: A Review of Empirical Finding, *Psychological Bulletin Vol*. 76, 1971, p. 131.

26 정우일, *Op. cit*, p. 267.

5. 결론

피들러의 상황 적합성 이론에서 리더십의 유효성은 리더의 행동유형과 상황 특성(리더와 구성원의 관계, 과업의 구조화, 리더의 직위 권력)의 3가지에 따라 달라진다. 피들러의 상황 적합성 이론에 의하면 리더십의 유효성을 높이기 위해서 리더를 상황에 적용하는 것보다 상황을 바꾸거나 상황 조건에 맞는 리더를 선발하거나 배치해야 한다. 먼저 상황 적합성 이론의 유효성을 높이기 위해서는 리더를 상황에 맞게 바뀌어야 한다. 예컨대 어떤 조직의 상황은 아주 불리하며, 관계 지향적인 리더에 의해 관리되어 성과가 낮은 상황일 때, 상황 적합성 이론에서는 과업 지향적인 리더로 교체하여 상황을 개선 시키도록 처방한다.

다음으로는 리더십의 유효성을 높이기 위해는 현재의 리더에 맞는 적합한 상황을 만드는 것이다. 과업 지향적인 리더가 처한 위기가 상황Ⅳ에 있다면, 리더는 자신의 직위 권력을 이용하여 상황Ⅲ을 만든다. 예컨대, 리더의 직위 권력의 활용은 임금 인상, 승진, 휴가, 인사구조 재배치 등을 통해서 이루어진다. 이에 따라 과업을 구조화하고 구성원과의 관계를 재조율하여 리더십의 효율성을 증대시킨다.

한편 피들러는 상황 적합성 이론을 제시하면서 개인의 행동 특성은 고정되어 잘 변화하지 않는다고 주장하였다. 개인의 행동 특성은 오랜 기간 경험을 통해서 내면화되고 고착되기 때문에 쉽게 변하지 않는다. 리더가 조직을 잘 이끌지 못하는 경우 단기간에 리더의 행동 특성을 변화시키려는 훈련은 별 실효성을 얻지 못한다. 오히려 리더로 하여금 상황을 정확히 진단하여 이를 처방하는 프로그램을 만들어 운용하는 것이 낫다. 만약 그것마저 힘들면 문제시되는 조직의 리더를 자신에게 적합한 다른 조직으로 재배치하여 상황을 개선한다. 그리고 그 조직에 적합한 다른 리더를 초빙하는 것도 올바른 대처 방법이다. 즉, 피들러에 의하면 상황 적합성 이론의 기본 틀은 리더를 변화시켜서 상황에 맞추는 것이 아니라 상황을 변화시켜서 리더에 적합한 상황을 만드는 것이 더 효율적인 방법이다.

a. 긍정적 측면

1953년 피들러의 연구가 시작되고, 1967년 상황 적합성 이론이 정립된 후 수백 편이 넘는 후속 연구가 진행되었다. 128명의 미 육사 생도를 대상으로 실행된 연구에서 상황 적합성 이론에서 제시한 8가지의 상황에 대한 실험 검증이 행하여졌다.[27] 이를 통하여 LPC척도의 점수와 집단성과와의 상관관계가 피들러의 상황 적합성 이론의 결과와 유사한 것으로 드러났다. 상황 적합성 이론이 제시된 이후부터 1987년까지 연구된 29편의 관련 연구 결과에 대해서도 분석이 행하여졌다. 여기에서 피들러 이론의 타당성을 검증한 결과 LPC척도의 점수와 집단성과 간에는 비교적 안정된 연구성과였음이 판명되었다. 이는 피들러의 상황 적합성 이론이 현실적으로 입증된 타당한 이론임을 말해준다. 대체로 후속 연구들에서는 상황 적합성 이론의 타당성 문제와 관련해 긍정적인 평가를 한다.

피들러의 상황 적합성 이론은 리더십 과정이 복잡하다는 것을 보여주는 이론이다. 그러나 리더십의 유효성에서 상황이 중요하다는 것을 일깨우는 최초의 이론인 바, 이것은 리더십 연구에 가장 큰 공헌이라고 할 것이다. 결국 피들러의 상황 적합성 이론은 리더십의 유효성을 높이기 위한 최선의 리더십은 존재하지 않고 상황에 적합한 리더십의 유형을 찾아야 한다는 점을 강조한다.

---

27 M. M. Chemers & Skrzypek, G. J., Experimental Test of the Contingency Model of Leadership Effectiveness. *Journal of Personality and Social Psychology*, 24(2), 1972. pp. 172-177.

b. 부정적 측면

피들러의 상황 적합성 이론은 실증적 자료를 기반으로 도출된 이론으로 어느 정도 그 타당성이 검증되었다. 그러나 피들러의 이론은 몇 가지 논쟁을 야기하였다.

먼저 피들러의 상황 적합성 이론에서 상황 변수를 측정하기 어렵다. 상황이 복잡하고 다양하기 때문이다. 실제로 리더와 구성원들 간의 관계, 과업을 구조화하는 방법, 리더가 가지고 있는 직위 권력의 크기는 추상적 현상들이기 때문에 이를 측정하기는 어렵다.

둘째, 피들러의 이론에서 LPC척도의 점수는 일관성을 지니지 못한다. 이 점수는 리더가 함께 일하기 싫어하는 사람에 대한 평가를 설문지를 토대로 이루어지기 때문이다. 설문지를 작성하는 기간, 사람들이 처해 있는 상황, 집단 구성원과의 관계 등은 시시각각 변화될 수 있다. 지나치게 주관적 결과가 개입될 소지가 있어서 이 점은 연구의 신뢰성을 잃는 것이다.

셋째, 상황 적합성 이론은 LPC척도가 무엇을 측정하는가에 대한 의문을 제시한다. 즉 리더의 성격이나 동기를 측정하는지 등 무엇을 측정하는지 정확하지 않다. 그리고 LPC척도의 점수가 리더의 행동유형과 어떤 연관성을 지니고 있는지에 대한 타당성도 검증하지 못하였다. 피들러의 상황 적합성 이론은 리더의 LPC척도 점수가 조직의 성과에 어떤 방식으로 영향을 미치는가를 설명한 이론에 불과하다. 실제로 피들러 이론의 결과에 의하면 LPC 척도 점수의 가장 많은 분포의 점수를 차지하는 리더는 중간 점수대의 리더들이다. 그러나 피들러 이론에서 중간 점수를 지닌 리더들의 연구 분석은 별로 이루어지지 않았다. 피들러의 이론은 LPC척도 점수가 중간인 리더가 더 성공적임을 보여주고 있다. 중간 점수대의 리더는 최악의 조건을 갖춘 상황이라도 긍정적인 리더십의 유효성을 보인다. 상황 적합성 이론은 LPC척도의 점수가 높거나 낮은 리더만을 중점적으로 다루고만 있어서 중간 점수를 얻은 리더에 대한 근거 자료는 많이 부족한 편이다.

넷째, 피들러의 상황 적합성 이론에서 3가지 상황 특성의 가중치 문제이다. 리더와 구성원 간의 관계가 왜 가장 중요한지에 대한 명확한 근거가 없다. 리더십 연구는 서구 사회에서 다루어졌기 때문에 한국의 상황에 적용될 때 이 문제는 재고되어야 한다. 한국의 리더십 연구자들이 피들러의 이론을 한국에 적용한 결과, 상황이 유리하거나 불리한 경우에는 과업 지향적 리더가 효과적인 것으로 확인되었다. 그러나 상황의 조합이 중간일 때 관계 지향적 리더가 효과적이라는 것을 검증하지 못하였다. 연구자들은 이 문제의 원인을 상황의 특성에 대한 가중치의 차이에서 찾는다. 이들의 연구 결과에 따르면 상황의 호의성 가중치는 피들러가 주장하는 4:2:1이 아닌 3:1:5로 나타나고 있다.[28] 이외에도 상황의 호의성에 대한 가중치 중 리더의 직위 권력은 리더와 구성원의 관계만큼이나 한국의 조직문화에서 중요한 요소이다. 이들은 상황 특성의 가중치가 4:1:4로 분석되어야 한다고 주장된다. 한국의 전통적 가치관은 온정주의적 관계관과 권위주의적 위계관, 가족주의적 집단주의 등으로 구성되어 있다. 이처럼 인간관계의 상호작용 의식에는 정(情)과 힘(力)이 깊이 관련되어 있기 때문에 서구문화와는 다르게 한국의 문화풍토가 '정(情)의 문화'와 '힘(力)의 문화'에 많은 영향을 받는 데에도 그 원인을 둔다고 보았다.[29] 따라서 피들러의 상황 적합성 이론을 연구하는 연구자들은 피들러의 이론을 한국에 적용함에 있어 상황의 특성 중 리더의 직위 권력의 가중치를 높여야 한다고 주장한다.

다섯째, 피들러 이론의 상황 특성 중 리더와 구성원 간의 관계를 상황의 특성이 아닌 결과 변수로 볼 수 있다는 점이다. 리더와 구성원 간의 관계는

---

28 조임현·장명순, 「피들러의 컨틴전시 모형의 재조명」, 『인사관리연구』 제22권 제1호, 1998, p. 250.

29 오세철, 『문화와 사회심리 이론』, (서울: 박영사, 1986), p. 263.

일정 기간 서로의 상호작용을 통해서 나타난 결과라고 볼 수 있기 때문이다. 예컨대 어떤 조직에 새로운 리더를 배치할 때 처음부터 그 리더는 그 조직의 적합한 인물이 아닐 수 있다. 리더와 구성원 간의 관계는 새롭게 진행되는 상황이기 때문에 그 관계를 가늠하기가 쉽지 않기 때문이다.

마지막으로, 최근에는 피들러의 상황 적합성 이론에 관한 후속 연구가 별로 이루어지지 않고 있다. LPC척도에 관련한 비판의 문제가 있기도 하지만, 무엇보다도 상황을 구분하는 기준이 모호하기 때문이다. 그뿐 아니라 상황이 8가지나 되기 때문에 피들러의 상황 적합성 이론을 이해하는 것이 복잡하고 현장에서 적용하기가 쉽지 않은 점도 있다.

B. 허시-브랜차드 이론

1. 등장 배경

리더가 구성원들의 특성과 상관없이 항상 동일한 방법으로 리더십을 발휘하는 것이 효과적일까? 아니면 구성원들의 특성에 따라 리더십을 다르게 발휘하는 것이 효과적일까? 허시(P. Hersey)와 브랜차드(K. H. Blanchard)는 이러한 의문을 해소하기 위해 상황적 리더십 이론을 제시하였다.[30] 이들은 구성원의 특성에 따라 리더가 다른 행동을 보이는 것이 효과적이라고 주장한다.

허시-브랜차드 이론은 1969년에 등장하였다. 처음에는 리더십 수명 주기 이론(life cycle theory of leadership)이라는 이름으로 전개되었다가 나중

---

30 P. Hersey & Blanchard, K. H., Life Cycle Theory of Leadership, *Training and Development Journal*, 23, 1969, pp. 26-34.

에 상황적 리더십(situational leadership theory)으로 이름이 바뀌었다. 허시-브랜차드 이론에서도 다른 상황론의 연구자들처럼 모든 상황에 유일 최선의 리더십 유형은 존재하지 않으며, 최선의 리더십 유형은 상황에 따라 다르다고 전제한다. 이 이론은 따르는 사람 없이는 리더십도 없다는 관점에서 무엇보다도 구성원을 강조한다. 한 집단의 리더가 보여주는 권력은 실제로 구성원들의 역량에 따라 좌우되기 때문에 어떤 상황에서도 구성원들이 결정적으로 중요한 리더십 요인이 된다.[31]

이와 같이 허시-브랜차드 이론의 상황 변수는 구성원이며, 특히 구성원의 성숙도가 리더십의 중요한 변인이 된다. 허시-브랜차드에 의하면 구성원의 성숙도는 특정한 과업을 달성함에 있어 구성원이 지닌 능력과 의욕을 말한다. 여기에서는 성숙도를 직무적 성숙도(job maturity)와 심리적 성숙도(psychological maturity)로 구분하여 설명한다. 직무적 성숙도는 구성원이 지니는 과업과 관련된 지식, 경험, 능력의 정도 등을 의미하며, 심리적 성숙도는 구성원이 과업과 관련해서 가지는 자신감, 몰입, 동기, 자기 존중감 등을 말한다.

허시-브랜차드 이론은 어떤 특정 상황에 어떤 리더십 유형이 요구되는가를 결정하기 위해, 리더가 구성원을 평가하여 리더십의 유효성을 밝히는 것이다. 즉, 리더가 특정한 과업의 수행을 위해 구성원들이 어느 정도로 성숙해 있는가를 판단하는 이론이다. 궁극적으로 허시-브랜차드 이론은 구성원의 심리적 성숙도와 직무적 성숙도의 수준을 측정하여 이에 적합한 리더의 행동유형을 찾는 것이다.

---

31 P. Hersey, & Blanchard, K. H., *Management of Organizational Behavior: Utilizing Human Resources*, (Englewood Cliffs, NJ: Prentice Hall, 1982), p. 151.

2. 구성원의 성숙도

허시-블랜차드 이론에 의하면 효과적인 리더 행동은 상황 변수인 구성원의 특성에 따라 다르다. 구성원의 특성은 구성원의 성숙 수준을 통해서 측정된다. 구성원의 성숙도는 구성원의 직무적 성숙의 능력 측면과 심리적 성숙의 의지 측면으로 구성된다. 직무적 성숙과 심리적 성숙은 연관성이 높아서 자신이 하는 일에 대한 지식과 경험이 많을 때 과업에 대한 자신감도 높아지는 것이 일반적이다. 반면 자신이 관리하는 과업에 대한 지식과 경험이 많이 없을 경우 당연히 과업에 관한 자신감이 낮아서 성숙 수준도 낮아진다.

구성원의 성숙 수준은 본인이 담당하는 과업과 관련이 있다. 예컨대, 컴퓨터 수리에 능한 작업자는 자신의 업무와 관련하여 그 성숙 수준이 높지만, 자신이 하는 일과 관련 없는 업무가 부과될 때는 당연히 성숙 수준이 낮아진다. 즉, 구성원의 성숙 수준이 낮거나 높은 것은 구성원 자신이 맡은 특정 과업에만 적용될 수 있다. 구성원이 자신의 과업에서 성숙 수준이 높다고 해서 모든 과업이나 일상생활 속에서도 성숙 수준이 높게 나타나는 것은 아니다. 이에 따라 구성원의 성숙도 단계는 다음과 같이 이루어진다.

첫 번째 성숙 단계는, 구성원이 능력이 없고 업무수행에 대한 자신감이 없거나 과업을 수행할 능력이 없는 불안정한 단계이다. 이 단계는 가장 낮은 단계로서 이 단계의 구성원들은 제일 미숙한 상태이기 때문에 과업수행에 대한 능력과 의지도 없는 상태이다. 그러므로 구성원은 과업수행에 관한 몰입감, 동기부여 역시 부족한 단계이다.

첫 번째 단계를 벗어나면 구성원이 능력은 모자라지만 그래도 한번 해 보겠다는 의지나 자신감이 생기는 단계로 넘어간다. 이 단계가 두번째 성숙단계이다. 이 단계에서 구성원은 리더가 지도하면 업무에 대한 자신감이 생기게 되고 동기부여가 생길 수 있도록 노력한다.

세 번째 성숙 단계는, 두 번째 단계에서 어느 정도 능력이 갖추어지기 시작한 구성원들에게 자기 일에 대한 자신감이 서서히 생기게 되는 단계이다. 이 단계에서는 구성원이 과업 수행능력이 있고, 의지는 조금 부족하더라도 자신의 능력을 활용할 수 있으나 여전히 과업을 수행하려는 자발성이 부족하다. 다시 말해서 이들은 유능하나 여전히 불안정한 성숙 수준이기 때문에 과업수행 능력은 있으나 혼자서 과업을 수행하는 것은 불가능하다.

네 번째 단계는 마지막 단계로서, 구성원의 성숙도 단계 중 가장 높은 단계이다. 이 단계는 구성원들의 의지와 능력이 다 갖춰진 단계로 과업을 수행할 능력 있고, 자발성이 커서 혼자서 과업을 수행할 만큼 성숙한 구성원이 된다. 따라서 이 단계의 구성원은 유능감과 자신감이 넘친다.

3. 리더의 행동유형

리더십 행동유형은 다른 사람들에게 영향을 미치는 개인의 행동 양식이다. 허시-브랜차드 이론에서 리더의 행동은 오하이오 주립대학교의 리더십 행동연구를 근간으로 하고 있다. 오하이오 주립대학교 연구에서 배려 행동유형과 구조주도의 행동유형을 허시-브랜차드 이론에서는 각각 관계 행동과 과업 행동으로 명명하였다. 관계 행동은 리더가 구성원과의 관계에서 쌍방향적 의사소통에 참여하는 정도로 정의된다. 즉 관계행동은 사회 정서적 지원과 자신에 대한 만족 및 직무 상황에 만족을 느끼도록 하는 행동이다. 그러나 과업 행동은 대부분 직무수행과 관련된 사항으로 과업의 목표설정, 지시, 일방적 의사소통, 개인이나 집단의 책임을 명확히 하는 것 등이다. 이를 바탕으로 허시-브랜차드 이론은 이 두 행동 차원을 각기 높고 낮은 두 수준으로 나눈 후 서로 조합하여 4가지 행동유형으로 분류하였다. 이것은 지시적(telling) 유형, 설득적(selling) 유형, 참여적(participating) 유형, 위임적(delegating) 유형의 4가지 행동유형이다. 이를 통해서 허시-브랜차드 이론은 리더십의 유효성을 높이고자 하였다.

a. 지시적 유형

지시적 유형은 리더가 어떤 과업을 어떻게 완수해야 하는지 구체적으로 구성원에게 설명하는 유형이다. 과업이 준수되는지를 감시·감독하는 행동을 말한다. 이 유형은 고(高)과업·저(低)관계적 리더십 유형으로, 구성원에게 과업의 기준을 제시해 주고 명확하게 지도한다. 또한 이 유형은 일방적인 의사소통과 리더 중심의 의사결정을 하는 리더십 유형이다. 지시형 유형은 의사소통의 중점을 목표 달성에 맞추어져 있으므로 참여적 행동유형보다 의사소통의 시간이 적다. 따라서 지시적 행동유형은 대부분 과업에 관해서 일일이 구성원에게 지시해 가면서 처리하는 유형이다.

b. 설득적 유형

설득적 유형은 리더가 지시는 하되 지시내용에 대해서 구성원에게 설명하고 설득하는 유형이다. 명확하지 않은 사항에 대해서는 구성원들의 질문에 적절하게 대응해 준다. 이 유형은 고(高)과업·고(高)관계적 리더십 유형으로 리더가 결정사항을 구성원에게 설명하고 구성원이 의견을 제시할 기회를 제공한다. 이는 쌍방향적 의사소통과 공동의사결정을 지향하는 리더십 유형이다. 설득적 행동유형은 과업 및 관계 행동이 모두 높은 리더로서 구성원의 참여를 독려하고 동시에 업무달성을 강조하는 유형이다. 그뿐만 아니라 구성원에게 아이디어를 제출하도록 권유함으로써 리더 자신과 구성원 모두를 참여시켜 연대적 조직체를 촉구한다. 설득적 유형은 지시적 유형을 확대한 것이라고 할 수 있다. 왜냐하면 설득적 유형은 여전히 목표설정에 대한 최종결정을 리더가 내려야 하는 것을 요구하기 때문이다.

c. 참여적 유형

참여적 유형은 리더가 의사결정 과정에서 구성원들을 참여시켜 정보와 아이디어를 공유한다. 이 유형은 고(高)관계적·저(低)과업적 리더십 유형으로 구성원들의 인간관계를 중시한다. 참여적 유형은 구성원들의 동기유발을 시도하며, 경청, 칭찬, 아이디어 제출의 권유 및 피드백 제공 등과 같은 것을 포함하는 리더십 유형이다. 참여적 유형의 리더는 일상적 의사결정의 책임을 구성원들에게 넘기지만 문제해결을 촉진하는 책임은 리더 자신이 가지고 있다. 그리고 참여적 유형은 리더의 구성원들의 우수한 업적에 대한 신속한 피드백과 우수한 업적에 대한 인정 및 사회적 지원을 제공한다.

d. 위임적 유형

위임적 유형은 지시나 지원을 해주는 것이 아니라 구성원들에게 의사결정을 전적으로 맡기는 유형이다. 이 유형은 저(低)관계·저(低)과업적 리더십 유형으로 의사결정과 과업수행에 대한 책임을 구성원에게 위임하는 것이다. 이것은 구성원들이 스스로 자율적 행동과 자기통제 하에서 과업을 수행하도록 하는 것이다. 이 유형은 사회적 지원의 제공이 적으며, 과업과 관련하여 자신감이나 자율성을 갖도록 고무하는 행동을 한다. 위임형 유형을 활용하는 리더는 과업계획, 세밀한 통제, 목표를 명확히 하는 등의 활동을 줄인다. 위임형 리더는 수행해야 할 과업에 대한 합의가 이루어지고 나면 그 과업의 수행 방법의 결정과 과업 완성의 책임을 하위자인 구성원들에게 위임한다. 즉 불필요한 사회적 지원을 줄이고 작업상황에도 관여하지 않는다.

4. 리더의 행동유형과 구성원의 성숙도

허시-브랜차드 이론의 리더십 유효성은 상황 변수인 구성원의 성숙도에 따른 리더의 행동유형이다. 다음의 <표>와 같이 허시-브랜차드 리더십 이론에 의하면 성공적으로 리더십을 활용하기 위해서는 구성원의 성숙도와 상황의 요구에 알맞은 리더십의 유형을 선택해야 한다. 이를 바탕으로 허시-브랜차드 이론에서는 이들 양자 간의 조합을 시도하였다. 이 이론의 연구 결과를 요약하면 구성원의 성숙도가 가장 낮을 때는 지시적인 리더십 유형이, 중간 수준일 경우에는 설득 또는 참여적 유형이, 그리고 구성원의 성숙도가 가장 높을 때는 위임적 리더십 유형이 효과적이고 바람직하다.

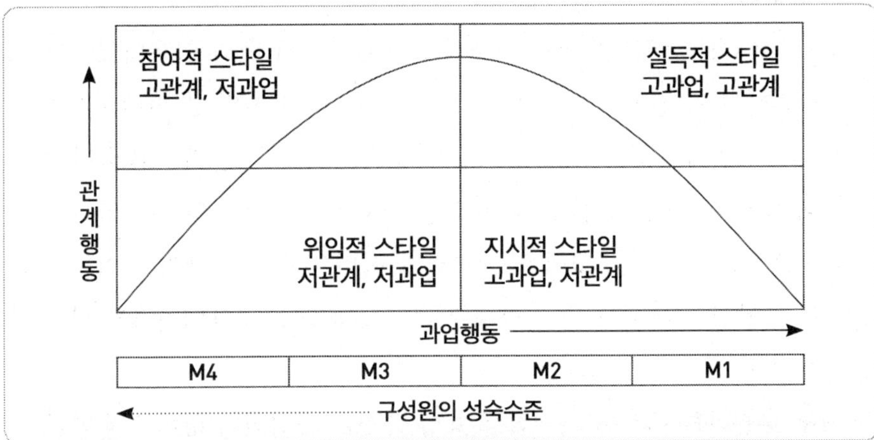

<구성원의 성숙도와 바람직한 리더십 행동 모형>[32]

5. 결론

허시-브랜차드 이론은 리더가 특정한 상황에서 어떤 리더십을 활용하는 것이 가장 효과적인가에 관한 이론이다. 기본적으로 이 이론은 리더가 어느 정도의 지시를 할 것인가에 대한 과업 활동과 리더가 어느 정도의 정서적 지원을 할 것인가에 대한 관계 활동으로 구분하여 리더의 행동유형을 설명한다. 요컨대 허시-브랜차드 이론은 리더의 행동과 특정 과업의 목표를 수행하

---

32 K. H Blandchard, Hersey, P. and Johson, D. E., *Management of Organizational Behavior*, (Upper Saddle River, N. J:Prentice-Hall, 1996), p. 200.

기 위한 구성원의 성숙도 정도가 상호작용한다는 것을 바탕으로 성립된 이론이다. 허시-브랜차드 이론의 긍정적 측면과 부정적 측면을 살펴보면 다음과 같다.

a. 긍정적 측면

허시-브랜차드 이론은 먼저 리더십 훈련과정에서 널리 이용되었다는 점에서 실용적인 측면이 강하다. 실제로 포춘 500대 대기업 중 400개 이상의 기업에서 이 리더십 훈련 프로그램을 통해 조직의 성공을 거두고 있다고 한다.[33] 이 이론이 많은 기업으로부터 활용된다는 것은 연구의 타당성과 신뢰성을 확보하였다는 것을 의미한다. 이러한 측면은 허시-브랜차드 이론이 유능한 리더 양성을 위해서 쉽게 설계된 리더십 훈련 프로그램이라는 점을 말해 준다.

허시-브랜차드 이론의 리더십 유효성 측정은 구성원의 성숙도에 따른 것이다. 어떤 집단이든 간에 구성원은 존재하기 때문에 다양한 상황과 조직에서 쉽게 적용할 수 있다. 즉 가정, 학교, 직장 등의 일상생활 속에도 충분히 활용 가능한 이론이다. 또한 허시-브랜차드 이론을 통해서 일상생활에서도 충분하게 구성원들의 성숙도가 진단된다. 구성원의 성숙도가 진단되면 이에 맞는 리더십 유형을 선택하여 리더십의 유효성을 높일 수 있다. 허시-브랜차드 이론은 유연성과 신축성을 내포하는 이론이라는 점에서 긍정적인 평가를 받는다.

b. 부정적 측면

허시-브랜차드 이론은 일상생활 속에서뿐만 아니라 리더십 훈련 과정 프로

---

33 P. G. Northouse, *Op. cit*, p. 101.

그램에서도 광범위하게 적용되고 있음에도 불구하고 몇 가지 한계성을 갖는다.

첫째, 구성원의 성숙도만 상황 변수의 가장 중요한 요인이 됨으로써 다른 상황 변수 요인들을 배제한다는 사실이다. 구성원의 성숙도 외에도 조직에서는 과업의 구조, 직무환경, 인구 통계적 변수 등의 다양한 상황 변수 요인들이 존재하지만 허시-브랜차드 이론에서는 오로지 구성원의 성숙도 측정만으로 효과적인 리더십 유형을 찾으려고 하였다. 허시-브랜차드 이론은 구성원의 성숙도에 초점을 맞추고 있음에도 불구하고 구성원이 느끼는 직무 만족도와 관련한 상황 변수의 경험적 연구 결과도 제시하지 못한다.

둘째, 구성원의 성숙도는 과학적 검증과 그 유추의 가능성이 매우 작은 추상적 개념이다. 이 점은 구성원 성숙도의 발달 수준의 단계를 정확하게 측정할 수 없음을 보여준다. 각 단계에 적절한 리더십 유형을 어떻게 최적화할 수 있는지에 관한 설명이 미흡하다. 즉 타당한 검증을 보여주는 연구성과가 부족하다.

셋째, 허시-브랜차드 이론에 의하면 개별적인 구성원의 성숙도를 상황 변수로만 고려되고 있는 바 조직의 관점에서 볼 때, 거시적으로는 리더십의 유효성을 높일 수 없다. 리더십은 집단의 상황을 판단하고 이를 성공적으로 이끌기 위한 과정인데, 개별적인 구성원의 성숙도만 측정하는 것은 리더십에 대한 미시적인 접근에 그치는 것이다.

C. 경로-목표 이론

1. 등장 배경

경로-목표 이론은 1970년대에 등장한 것으로 리더의 행동이 구성원의 동기부여에 미치는 영향력을 강조하기 위한 이론이다. 대표적인 경로-목표 이론의 연구자는 하우스(R. J. House)이다. 그는 무엇이 구성원들의 동기를 유발시키는가에 관한 전제를 바탕으로 구성원들이 목표를 달성하기 위해서는 어떤 경로를 찾아가야 한다고 주장한다. 이때 리더는 구성원들이 목표 달성을 위해 원하는 것이 무엇인지를 인식하여 그 경로를 열어준다. 리더가 이를 잘 따라갈 수 있도록 쉬운 경로로 인도하는 리더십 이론이 바로 경로-목표 이론이다. 경로-목표 이론에서 경로는 리더가 보상으로 제공하고 그 보상을 어떻게 하면 얻을 수 있을지를 명확히 제시하는 것을 주요 목표로 삼는다. 즉 조직의 목표를 달성하면 구성원 개인의 목표도 달성될 수 있다는 믿음을 증가시켜 준다. 경로-목표 이론은 조직의 목표를 달성하는 과정에서의 방해물을 제거를 하는 것까지 포함하는 리더십 이론이다. 이 이론은 초창기 에반스(M. G. Evans)에 의해 주장되었으나 이후 하우스와 데슬러(G, Desseler)가 상황 변수를 추가하여 보다 정교한 이론으로 발전시켰다.[34] 1974년에는 미첼(R. R. Mitchell)이 가세하여 경로-목표 이론의 연구를 이어갔다.[35]

경로-목표 이론은 리더가 구성원에게 부과된 과업을 달성하기 위해 구성원이 해야 할 과업을 지각시키고, 구성원이 해야 할 역할을 분명히 지적한다. 그 과업이 달성되었을 때 구성원이 원하는 것을 취득할 수 있다는 주관적 확률을 증가시켜서 구성원들의 동기를 유발 하도록 한다. 경로-목표 이론은 목표의 명확성, 장애의 제거, 아울러 개인이 만족하는 기회까지 증가시킨다. 이렇게 되면 목표 달성을 위하여 개인이 나아가야 할 방향설정도 쉬워지게 된다. 경로-목표 이론에서는 조직의 과업 목표와 구성원 자신의 목표 사이를 연결하는 통로에서 작용하는 리더의 영향력을 강조한다. 또한 경로-목표 이론은

---

34 M. G. Evans, The Effects of Supervisory Behavior on the Path-Goal Relationship, *Organizational Behavior and Human Performance*, 5, 1970, pp. 277-298; R. J. House & Dessler, G. A., Path-Goal Theory of Leadership: Some Post Hoc and a Priori Testes, In J, Hunt & L. Larson (eds.), *Contingency approaches to leadership*, (Carbondable, IL: Southerm Illimois Press, 1974), pp. 29-55.

35 R. J. House & Mitchell, R. R., Path-Goal Theory of Leadership, *Journal of Contemporary Business*, 3, 1974, pp. 81-97.

리더의 행위가 어떻게 구성원에게 동기를 부여하고 성과를 얻게 하는가 하는 기대이론에 근거한 이론이다. 요컨대, 개인은 자신의 노력을 통하여 원하는 것을 얻게 될 가능성이 크다고 생각하면 더 큰 노력을 기울인다는 것이다.[36] 일반적으로 직장인들은 부여된 과업을 열심히 이행하면 승진할 수 있다고 생각한다. 이에 따라 대부분의 구성원들은 열심히 과업을 수행하고자 한다. 만약 열심히 노력하는 것 외의 다른 요인으로 승진이 결정된다면 구성원들은 과업에 열중하기 보다 외적인 요인에 더 많은 열의를 가지게 될 것이다.

경로-목표 이론은 효율적인 리더가 되기 위해서 구체적으로 구성원들이 원하는 보상, 즉 목표를 제시하고 그것을 어떤 방법으로 얻을 수 있을지의 경로를 제시하는 이론이다. 경로를 제시한다는 것은 리더가 어떠한 방식으로 행동하는지를 의미하는데, 그 행동유형은 상황에 따라서 달라진다. 여기에서 상황변수는 구성원의 특성과 과업의 특성을 말한다. 결국 경로-목표 이론은 리더십 유형과 상황 변수 간의 관계를 강조한다. 경로-목표 이론에서 리더십의 유효성은 구성원들의 동기유발을 위해 그들에게 가장 적합한 리더십 유형을 활용하는 것이다. 이것은 과업과 구성원의 특성에서 부족한 것을 보완하거나 보충할 수 있는 리더의 행동을 선택함으로써 이루어진다.

2. 리더의 행동유형

경로-목표 이론에 의하면 리더의 책무 중 하나는 구성원들의 동기유발을 위해서 리더가 그들에게 적합한 행동유형을 찾는 것이다. 이러한 견지에서 하우스는 4가지 행동유형으로 분류하였다. 지시적(directive) 유형, 지원적(supportive) 유형, 참여적(participative) 유형, 성취 지향적(achievement oriented) 유형의 4가지가 그것이다.

---

36 탁진국·손주영, 『리더십 이론과 실제』 (서울: 학지사, 2017), p. 162.

a. 지시적 유형

지시적 리더의 행동은 오하이오 주립대학교의 연구에서 설명한 구조주도의 행동유형과 유사하고, 허시-브랜차드 이론에서 말하는 지시적 행동유형과도 유사하다. 지시적 행동유형은 구성원의 통제와 감독, 조직화 과정 등과 관련되는 리더의 행동을 말한다. 지시적 리더의 행동에는 구체적인 표준 지침, 규칙, 절차 등의 기준을 정하고 이를 따르도록 요구하는 행동이 포함된다. 또한 구성원들에게 부과된 과업 일정표를 제공하고 직무를 명확히 해주는 등과 관련한 리더의 행동도 포함된다. 궁극적으로 지시적 리더의 행동유형은 구성원들에게 기대하는 바가 무엇인지 알려주고 공식적 활동을 강조하는 유형이다.

b. 지원적 유형

지원적 리더의 행동은 오하이오 주립대학교 연구에서 확인된 배려 행동유형과 유사하며, 허시-브랜차드 이론에서 참여적 행동유형과도 유사하다. 지원적 행동유형의 리더는 친절하고 구성원들이 쉽게 접근할 수 있게 행동하는 리더 유형을 말한다. 이 유형의 리더는 구성원의 욕구충족, 복지와 안녕에 관한 관심을 중점적으로 다루는 행동을 한다. 또한 지원적 행동의 리더는 우호적인 조직의 분위기를 조성하여 작업집단의 만족을 위해 노력한다. 이는 구성원들 간에 상호 만족스러운 친밀한 유대관계를 형성하여 구성원들의 발전을 강조한다. 또 지원적 행동을 하는 리더는 의도적으로 구성원들의 작업이 즐거운 것이 되도록 하고 모든 구성원들을 평등하게 대우하며 인격적으로 존중한다.

c. 참여적 유형

참여적 리더의 행동은 리더가 의사결정을 할 때, 구성원들과 의견을 나누고, 그들의 아이디어를 진지하게 고려해 주는 리더십 유형이다. 참여적 유형의 리더는 그들의 제안을 받아들여 집단이나 조직이 과업을 어떻게 수행시켜 갈 것인가에 관한 결정을 한다. 참여적 리더는 구성원들과 상의하여 자문하고, 그 구성원들의 질문과 요구에 대해 진지하게 고민하며, 구성원들과의 정보도 공유하는 행동유형이다.

d. 성취 지향적 유형

성취 지향적 리더는 리더가 구성원들에게 목표를 설정하여 이에 대한 도전정신을 일깨워 주어 목표를 달성할 수 있도록 구성원들에게 동기부여 시킨다. 따라서 성취 지향적 리더의 행동은 구성원들이 과업 목표를 달성할 수 있는 최고의 성과로 이끌 수 있도록 하는 리더십 행동유형이다. 이 행동유형은 성과개선을 강조하여 구성원들의 자신감과 능력치를 최대한 발휘하는 것에 높은 기대를 설정한다. 성취 지향적 리더는 구성원들의 목표 달성 과정에서 주어지는 기대로 인해서 리더에 대한 신뢰감이 확보된다. 이 행동유형에서는 구성원들에게도 목표 달성의 책임감이 자연스럽게 형성되도록 작용한다.

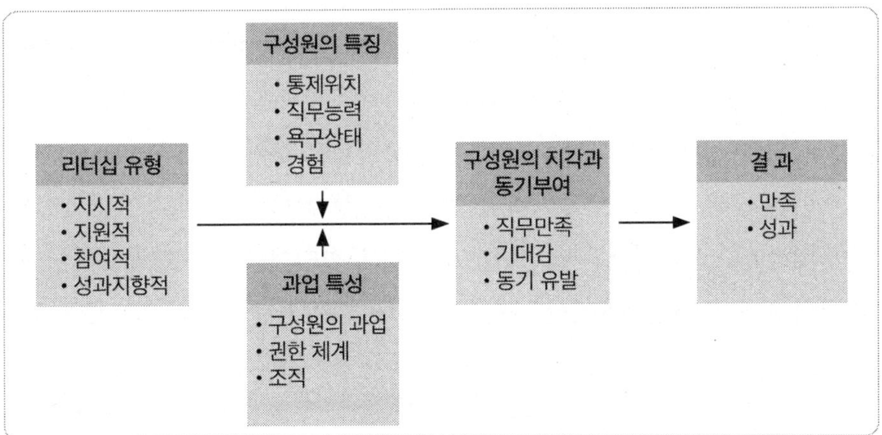

<경로-목표 이론의 개요>[37]

3. 상황 요인

피들러의 상황론에서는 리더십 행동유형을 고정적으로 파악하는 것에 비해 경로-목표 이론에서는 다양한 상황에 적합한 리더십의 4가지 유형 중 하나를 선택하여 변경할 수 있는 것을 전제로 한다. 리더의 행동유형은 리더 자신이 처한 상황이나 구성원들의 동기유발을 일으킬 수 있는 측면에 적용할 수 있다. 예를 들어 구성원의 특성이 자발적으로 직무를 처리하는 내재론자라면 지시적 행동유형보다는 지원적 행동유형 혹은 참여적 행동유형의 리더가 효과성이 높다. 반대로 리더가 시키는 일을 열심히 하고 외부로부터 통제받는 위치를 선호하는 외재론자의 구성원은 리더에게 지시를 받아 과업을 처리할 때 훨씬 나은 성과를 낼 수 있다. 따라서 4가지 리더십 행동유형 가운데 리더가 어떠한 행동유형을 적용하는 것이 좋은가 하는 것은 상황에 달려 있다. 경로-목표 이론에서는 두 개의 다른 상황 요인들이 있다고 보았다. 이 이론에서는 상황요인을 구성원의 특성과 과업의 특성으로 구분하여 설명하고 있다.

a. 구성원의 특성

경로-목표 이론의 리더 행동유형 선택에 영향을 미치는 구성원의 특성에는 능력, 통제의 위치, 욕구 등이 있다. 먼저 자신들이 과업을 수행할 만한 충분한 능력을 갖추고 있다고 지각하는 구성원들은 구체적인 과업에 관한 지시를 하는 리더의 행동을 좋아하지 않을 가능성이 크다. 반대로 자신의 능력이 부족하다고 생각하는 구성원들은 과업이 부과되었을 때 어떻게 수행을 할지 주저하기 때문에 구체적인 과업을 제시해 주는 지시적인 리더의 행동유형

---

37 K. H. Chung and I. C., Megginson, *Oganizatioanal Behavior: Developing Manaerial Skills*, (New York: Haper & Row, 1981), p. 295.

이 선호된다. 또한 독단적이고 권위주의적인 성향을 지닌 구성원들이 불확실한 상황에서 일하고 있는 경우, 경로-목표 이론은 지시적 리더의 행동유형을 권고하고 있다. 지시적 리더의 행동이 과업의 명확성을 제공해 주고 있기 때문이다. 사실 지시적 리더의 행동유형은 목표로 가는 경로를 분명히 해주고 거기에서 모호한 요소를 제거해 주기 때문에 구성원들이 목표를 성취하는 데 도움이 된다. 그리고 권위주의적 사람들은 작업상황에서 확실성을 감지할 때 더 평안함을 느끼게 되기 때문에 지시적 리더 유형이 안정적이다.

다음으로 구성원의 통제 위치에 관한 문제이다. 어떤 결과가 자신의 행동으로 일어났다고 믿거나 의사결정 과정에서 직접 참여를 선호하는 내재론적 입장의 구성원들은 참여적 리더의 행동유형에 만족하게 된다. 반면 외부의 통제로 인해 어떤 결과가 일어난다는 것을 믿는 외재론적 입장의 구성원들은 외적 통제의 영향을 받기 때문에 직접적으로 나서서 문제를 해결하기보다는 다른 사람의 지시를 받고 행동하려는 성향이 강하다. 이들은 지시적 리더의 행동유형에 만족감을 느낀다.

마지막 상황 요인은 구성원의 욕구이다. 예컨대 친밀한 유대관계를 선호하는 구성원의 경우 참여적 혹은 지원적 리더의 행동유형에 더 큰 만족감을 느끼게 될 것이다. 성취 욕구가 강한 구성원은 성취 지향적 행동유형의 리더와 일을 하게 되면 만족도가 증가한다. 그러나 이러한 성향의 구성원은 지시적 리더의 유형과는 맞지 않을 것이다. 성취 욕구가 큰 구성원은 필요 이상의 통제를 받는다는 생각으로 인해 자기 일에 대한 자신감이 약화된다는 느낌 때문에 높은 만족도를 보이지 않을 것이다.

b. 과업의 특성

과업의 특성은 조직의 환경적 요소라고도 할 수 있다. 여기에는 과업이 지니는 특성, 즉 조직의 공식권한 체계, 과업구조 등이 있다. 대체로 과업의 구조가 명확하고 단순한 과업일 경우에는 구성원 자신이 해야 할 일이 명확하므로 지시적 리더의 행동유형은 적합하지 않다. 과업의 구조화가 잘 되어 있다면 특별한 지시를 하지 않아도 과업의 수행에 문제가 없기 때문이다. 그러나 과업의 구조가 명확하지 않은 과업일 경우 지시적 리더의 행동유형이 구성원들에게 더 선호된다. 조직의 공식 권한체계가 약한 상황에서 리더의 행동은 규칙이나 과업 상의 요구를 명백히 지시하는 지시적 리더의 행동유형이 좋다. 이것은 구성원들의 과업수행을 돕는 수단이 되기 때문이다. 과업집단의 규범이 약하거나 비지원적인 작업상황에서도 지시적 리더의 행동유형은 구성원들에게 집단의 응집력을 높이고, 자신의 역할에 대한 책임 의식을 높이는 데 도움이 된다. 그런데 고도로 반복적인 과업을 할 때는 구성원들의 동기유발을 위해 지원적 리더의 행동유형이 적합할 수도 있다.

과업이 명확하게 구조화되거나 정형화된 과업이 있고, 강한 집단의 규범이 있으며, 공식적 권한체계가 확립되어 있다면 구성원들은 바람직한 목표로 가는 분명한 경로를 알게 될 것이다. 그렇게 되면 구성원들은 자발적으로 과업을 성공시킬 수 있다는 반응을 보이고, 자신이 가치 있는 것처럼 느끼게 될 것이다.

4. 결론

경로-목표 이론은 리더십의 효과성을 높이기 위해 구성원들의 특성과 그들이 수행하는 과업의 특성을 근거로 리더가 직면한 여러 상황에서 어떻게 행동해야 하는가를 제공한다. 다시 말해서 어떤 상황일 때는 지시적 리더의 행동유형이 적합할 것이고, 또 다른 상황일 때는 지원적 리더의 행동유형이 적합하다는 것을 보여준다. 다음의 <표>와 같이 과업이 복잡할 때, 불확실한 과업 혹은 모호한 과업이 부과되었을 경우 리더는 지시적 행동을 해야 한다. 과업이 지루하고 반복적인 과업이 부과되었을 때나 구성원들의 도전정신이 부족할 때는 성취 지향적 리더의 행동유형이 선호된다. 구성원들의 자신감이 부족할 경우 리더의 행동유형은 지원적이 되어야 한다. 그리고 구성원들이자발적인 자기 통제를 하거나 부정확한 보상이 있으면, 리더는 참여적 행동유형이 좋다. 구성원들이 남보다 탁월하고 싶은 욕구를 가지고 있을 때는 성취 지향적인 리더의 행동유형으로 리더십의 유효성을 높일 수 있다. 일반적으로 경로-목표 이론은 구성원들의 만족이나 업적을 개선하는 방법을 위한 방향을 제공하므로 이 이론은 모든 집단의 리더에 의해 응용될 수도 있다.

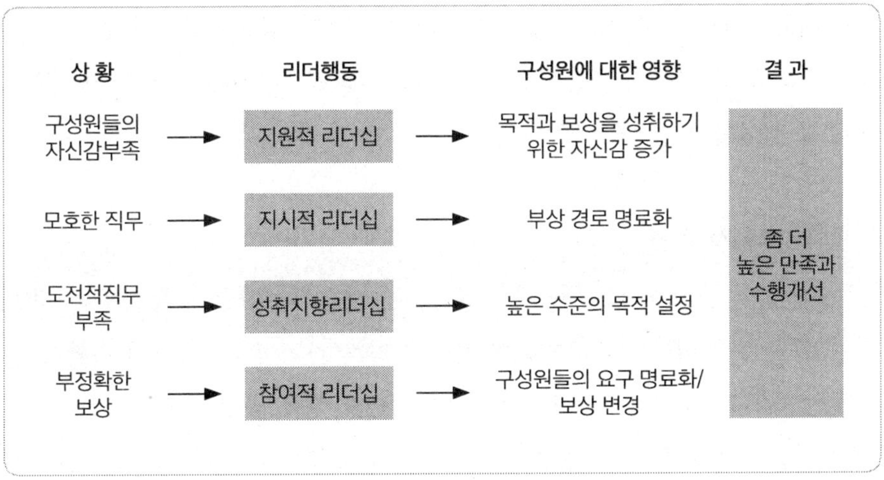

<경로-목표 이론의 목표>[38]

a. 긍정적 측면

경로-목표 이론은 리더의 행동유형을 통해서 구성원의 동기부여를 어떻게 유발할 것인가를 연구하는 이론이다. 이것은 리더십 이론을 실제 조직으

---

38 R. I. Daft, *The Leadership Experience*, (Mason OH: Thomson, 2002), p. 94.

로 활용하는 데 매우 유용하다. 경로-목표 이론은 다른 리더십 이론과 비교해 이해하기 쉬워 다양한 현장에서 활용된다. 아울러 이 이론은 조직의 상황을 잘 이해할 수 있는 이론이기 때문에 실무적 모형이 제공된다. 한 조직이 성공하기 위해서는 무엇보다도 구성원의 역할이 중요하게 작용한다. 따라서 리더가 구성원들을 도울 수 있는 중요한 방법을 강조하고 제시하고 있다는 점은 경로-목표 이론의 중요한 장점이다.

특히 경로-목표 이론은 구성원들의 동기부여를 유발하도록 자극하여 조직의 문제를 해결하기 위한 리더의 행동유형을 설계한 이론이다. 이에 따라 경로-목표 이론은 리더의 행동유형을 기존의 리더 행동유형처럼 관계 지향적 행동과 과업 지향적 행동으로만 설명하지 않고, 4가지의 구체적 행동유형으로 그 시야를 확장하였다.[39]

b. 부정적 측면

경로-목표 이론이 다양한 상황을 4가지 행동유형만으로 통합하여 설명한 것은 문제가 있다. 즉, 구조화의 정도가 다른 과업 상황, 과업의 명확성 수준 정도, 다양한 목표를 위해 일하고 있는 상황, 능력 수준이 다른 작업자들, 공식 권한의 정도가 다른 조직의 상황 등 모든 상황 요인을 동시에 통합하여 적합한 리더십 행동유형을 찾는 것은 매우 어려운 작업이다.[40] 다른 리더십 상황론과 마찬가지로 각 조직의 상황은 몇 가지로 단정할 수 없는 부분이기 때문이다.

경로-목표 이론이 갖는 가장 중요한 한계점은 구성원의 동기유발과 관련된 리더십 행동에 있다. 예를 들어 모호한 과업이 있을 경우 지시적 행동유형

---

39 J. M. Jermier, The Path-Goal Theory of Leadership: A Subtextual Analysis, *Leadership Quarterly*, 7(3), 1996, pp. 311-316.

40 P. G. Northouse, *Op. cit*, p. 125.

의 리더가 구성원들에게 동기부여를 어떻게 유발하는가에 관한 정확한 설명을 하지 못한다. 과업이 모호할 때 리더의 지시가 내려지면 구성원의 과업수행 능력이 높아진다 것은 경험상으로 이해한다. 경로-목표 이론은 리더가 구성원들의 목표설정과 달성에 도움을 주는 형태의 이론이기 때문에 구성원들이 과업을 수행하면서 지나치게 리더에 의존할 확률이 높다. 그러나 구성원의 책임감 결여, 기계적 과업 활동 등과 같은 현실의 문제를 유발할 수 있다.

D. 상황론 결론

리더십이 시대와 상황의 산물이라고 보는 리더십 상황론은 보편타당성을 강조하는 리더십의 특성론과 행동론이 갖는 한계와 비판 위에서 등장하였다. 이 이론은 비교적 최근에 등장한 리더십 이론으로 리더십 이론 중 가장 유망한 것으로 알려져 있다. 리더십 상황론은 리더의 어떤 특성이나 행동이 모든 상황에서 최선의 결과를 나타낼 수 없다는 한계를 극복하기 위해 나온 이론이다. 아울러 리더십 상황론은 조직과 집단의 성공을 이끌기 위해 구성원과 상황의 요구에 맞는 리더십 유형을 찾는 적합의 관계를 강조하는 리더십 이론이다.

1. 긍정적 측면

리더십 상황론에 의하면 최선의 리더십은 직면한 상황에 따라 다른 바, 상황에 맞는 적합한 리더십이 요구된다. 구체적으로 조직이나 집단이 처한 상황의 요구에 맞게 리더십의 행동유형이 제공된다. 다만 상황론은 상황의 변수가 무엇인가에 초점을 둔다. 즉, 있을 수 있는 여러 다양한 상황 변수나 요인들 가운데 어떤 상황 변수를 주요한 요인으로 할 것이냐에 따라 리더십의 유효성은 달라진다.

리더십 상황론에서는 리더십 효과=f(리더, 구성원, 상황)의 함수로 도식화할 수 있다. 즉, 상황론에서는 리더 자신과 구성원의 상황을 정확하게 파악한 후에 상황이 요구하는 적절한 리더십 행동유형을 선택하는 것이 최선이라고 본다. 대표적인 상황 변수의 요인은 리더와 구성원 그리고 상황 등이다.

먼저 리더에 관련된 상황 요인에는 리더의 상이한 지식, 능력, 경험 및 전문적·기술적 탁월성 등이 포함된다. 다음으로 구성원에 관련된 요인에는 구성원의 특성, 일에 대한 의욕 및 동기, 직업윤리, 권한에 반응하는 태도, 성숙도 등이 포함된다. 끝으로 상황에 관련된 요인은 조직 내에 있는 구성원의 수, 과업의 종류, 직무 스트레스, 단위조직의 목표의 특성, 상급자의 리더십 유형 및 리더와 구성원과의 관계 등이 포함된다.

리더십 상황론에 의하면 리더의 행동과 상황의 요구 간의 적합성에 따라 리더십의 성패가 좌우된다. 리더의 행동과 상황의 적합성이 높으면 긍정적 결과를 도출하고, 그 적합성이 낮으면 부정적 결과를 초래하게 된다. 따라서 상황의 요구에 맞는 적합한 리더십 유형을 찾게 되면 성공적인 결과를 가져올 수 있다. 예를 들어 돌발적으로 벌어진 상황, 긴급한 상황이나 단기간에 성과를 높여야 하는 과업, 다수의 사람을 통제해야 하는 과업, 보충적인 일이거나 갈등이 발생하는 상황에서는 권위주의 행동유형의 리더십이 효과성을 발휘할 수 있다. 구성원 간의 협력이 필요한 상황, 일상적이고 정형적인 과업, 일정한 능률을 유지하는 과업에는 민주주의 유형의 리더십이 가장 잘 맞다. 그리고 연구나 개발과 관련된 과업, 독창성과 높은 계획성을 가지는 과업이나 목표 달성이 명확한 상황일 경우에는 자유 방임주의 유형의 리더십이 효과적이다.

이와 같이 상황에 따라 각기 다른 리더십 유형이 요구된다. 리더십이 성공적이고 효과적으로 작용하려면 리더십의 유형과 상황이 적절하게 조화와 균형을 이루어야 한다. 이것은 리더십 상황론이 긍정적으로 평가되는 부분이다.

2. 부정적 측면

리더십 상황론은 이론의 개념에 관한 명확한 정의가 없고, 상황 변수의 측정 및 검증의 타당성을 검토하는 데도 난점이 있다. 상이하고 다양한 상황의 변수를 측정하는 데는 많은 기술적 어려움이 있기 때문이다. 대부분의 리더십 상황론에 있어서 상황 변수들이 모호하게 기술되어 있기 때문에 구체적 검증의 타당성을 찾기가 어렵다. 상황론에서 상황 변수 간의 복잡한 인과관계를 명확하게 검증하는 것 또한 힘든 작업이다. 모든 상황 변수들의 추상적 설명을 나열하는 것은 거대한 작업이기 때문에 이를 검증하는 것은 쉬운 작업이 아니다. 따라서 다양하고 수많은 상황 변수에 대한 분류작업 자체가 어려운 바 상황론의 실무적용이 어렵다. 이론적 검증이 타당하지 못하면 당연히 현장 실무에도 실패할 확률이 높다. 따라서 리더십 상황론은 현장에서 직면한 상황에 바로 적용하기 어렵다. 리더십의 유효성을 높이기 위해서는 먼저 직면한 상황을 분석한 후, 그 상황에 적합한 리더십 유형을 설정해야 하기 때문이다. 즉 조직이 직면한 위기 상황의 타개를 위해서는 신속한 대응처리가 필요한데, 대체로 조직에서는 상황에 맞는 리더십을 찾기 위한 충분한 시간을 확보하기 어렵다.

리더십 상황론의 대부분은 상황 변수의 대상을 미시적 수준으로 분석하고 있다. 리더십 상황론의 상황 변수가 리더, 구성원, 과업의 구조 등에만 국한되어 있기 때문에 조직의 외부적 영향에 대한 리더십 분석에 관한 연구가 그리 많지 않다. 궁극적으로 리더십 상황론은 국가 정책이나, 산업의 특성, 정치·사회문화와 같은 거시적인 것에서도 조직은 많은 영향을 받기 때문에 이러한 상황 변수에 관한 논의도 필요하다.

| 참고문헌 |

김남현 역, 『리더십 이론과 실제』(Northouse, P. G. *Leadership: Theory and Practice*), 서울: 경문사, 2018.

배정훈, 『조직관리와 리더십』, 서울: 형설출판사, 2009.

오세철, 『문화와 사회심리 이론』, 서울: 박영사, 1986.

정우일, 『리더와 리더십』, 서울: 박영사, 2006.

조임현·장명순, 「피들러의 컨틴전시 모형의 재조명」, 『인사관리연구』 제22권 제1호, 1998.

탁진국·손주영, 『리더십 이론과 실제』, 서울: 학지사, 2017.

한승로, 『리더십 이론과 한국정치』, 서울: 민족지성사, 1988.

Bass, B. M., *Bass and Stogdill's Handbook of Leadership: A Survey of Theory and Research*, New York: Free Press, 1960.

Blake, R. R. & Mouton, J. S., *The Managerial Grid*, Houston, TX: Gulf Publishing Company, 1964

_____, *The New Managerial Grid*, Houston, TX: Gulf Publishing Company, 1978

_____, *The Managerial Grid III*, Houston, TX: Gulf Publishing Company, 1985.

Blandchard, K. H., P., Zigami & Zigami D., *Leaderhsip and the One Minute Manager: Icreasing Effectiveness Through Situational Leadership*, New York: William. Morrow, 1985.

_____, Hersey, P. and Johson, D. E., *Management of Organizational Behavior*, Upper Saddle River, N. J: Prentice-Hall, 1996.

Bryman, A., *Leadership and Organization*, (London: Routledge & Kegan Paul, 1986)

Chemers, M. M., & Skrzypek, G. J., Experimental Test of the Contingency Model of Leadership Effectiveness. *Journal of Personality and Social Psychology*, 24(2), 1972.

Daft, R. l., *The Leadership Experience*, Mason OH: Thomson, 2002.

Evans, M. G., The Effects of Supervisory Behavior on the Path-Goal Relationship, *Organizational Behavior and Human Performance*, 5, 1970.

_____, R. J. House's "A Path-Goal Theory of Leader Effectiveness", *Leadership Quarterly*, 7(3), 1996.

Fernandez, C. F. & Vecchio, R. P, Situational Leadership Theory Revisited; A Test of an Across-Jobs Perspective, *Leadership Quarterly*, 8(1), 1997.

Fielder, F. E., A Contigency Model of Leadership Effectiveness. In L. Berkowitz (ed.), *Advances in Experimental Social Psychology*, New York: Academic Press, 1964.

______, *A Theory of Leadership Effectiveness*, New York: McGraw-Hill, 1967.

______, The Contigency Model and Dynamics of the Leadership Process, In. L Berkowitz (ed.) *Advances in Experimental Social Psychology*, New York: Academy Press, 1978.

______ & Chemers, M. M., *Improving Leadership Effectiveness: The Leader Match Concept*, New York: Wiley, 1982.

______ & Garcia, J. E., *New Approaches to Effective Leadership: Cognitive Resources and Organizational Performance*, New York: John Wiley, 1987

Gartwright, D. & Zander, A., Group Dynamics Research and Theory, Evanston, IL: Row, Peterson, 1960.

Graeff, C. L. The Situational Leadership Theory: A Critical View, *Leadership Quarterly*, 8(2), 1983.

Halpin, A. W., *The Leadership Behavior of School Superintendents*, Midwest Administration Center, Chicago: The University of Chicago, 1959.

______, Evolution of Situational Leadership Theory: A Critical View, *Leadership Quarterly*, 8(2), 1997.

Hersey, P. & Blanchard, K. H. Life Cycle Theory of Leadership, *Training and Development Journal*, 23, 1969.

______ & Blanchard, K. H. *Management of Organizational Behavior: Utilizing Human Resources*, Englewood Cliffs, NJ: Prentice Hall, 1982.

House, R. J. & Mitchell, R. R., Path-Goal Theory of Leadership, *Journal of Contemporary Business*, 3, 1974.

Hunt, J. & L. Larson (eds.), *Contingency Approaches to Leadership*, Carbondable, IL: Southern Illinois Press, 1974.

Indvik, J. Path-Goal Theory of Leadership: A meta Analysis. In *Proceedings of the Academy of Management Meeting*, Briaccliff Manor, New York: Academy of Management, 1986.

Jermier, J. M. The Path-Goal Theory of Leadership: A Subtextual Analysis, *Leadership Quarterly*, 7(3), 1996.

Kahn, R. L., The Prediction of Productivity, *Journal of Social Issues*, 12, 1956.

Kartz, R. & Kahn, R, L. The Human Organization and Worker Motivation. In L. R Tripp (Ed),

Industrial Productivity, Madison, WI: Industrial Relation Research Association, 1951.

Kirkpatrick S. A. & Locke E. A., Leadership: Do Traits Matter? The Executive, 5, 1991.

Lewin, K. Lippitt, R. & White, R. K., Patterns of Aggressive Behavior in Experimentally Created Social Climates, *Journal of Social Psychology*, 10, 1939.

_____, K. *Resolving Social Coflict*, New York; Haper and Row, 1948.

Likert, R., A technique for the measurement of attitudes. *Archives of Psychology* 140, 1932.

_____, *New Patterns of Management*, New York: McGraw-Hill, 1961.

_____, *The Human Oragnization: Its Management and Value*, New York: MaGraw-Hill, 1967.

Lord, R. D., Devade, C. L., & Alliger, G. M., A Meta-analysis of the Relation between Personality Traits and Leadership Perceptions: An Application of Validity Generlization Procedures, *Journal of Applied Psychology*, 71, 1986.

Macoby, Elenor E., T. M. Newcomb and E. L. Hartley(eds.) *Reading in Social Psychology*, New York: Holt, 1958.

Mann, R. D., A Review of the Relationship between Personality and Performance in Small Groups. *Psychological Bulletin*, 56, 1959.

Maslow, A. H., Motivation and Personality, New York: Mcgraw-Hill, 1970.

McGregor. D., *The Human Side Enterprise*, New York: Mcgraw-Hill, 1960.

Misumi, J., *The Behavioral Science of Leadership: An Interdisciplinary Japanese Research Program*, Ann Arbor: University of Michigan Press, 1985.

Northouse, P. G. *Leadership: Theory and Practice*, Los Angeles: SAGE, 2019.

Peters, L. H. Harke, D. D. & Pohlmann, J. T., Fielder's Contingency Theory of Leadership: An Application of the Meta-analytic Procedures of Schmidt and Huter, *Psychological Bulletin*, 97, 1985.

Robins, S. P., *The Administrative Process*, Englewood Cliffs: Prentice Hall, 1980.

______, L. L., Path-Goal Leadership Theory: The Long and Winding Road, *Leadership Quarterly*, 7(3), 1996.

Schriesheim, J. R., & Schriesheim C. A., A Test of the Path-Goal Theory of Leadership and Some Suggested Directions for Future Research, *Personnel Psychology*, 33, 1980.

Stogdill, R. M., Personal Factors Associated with Leadership: A Survey of the Literature, *Journal of Psychology*, 25, 1948.

______, & Coons, A. E.(eds.), *Leader Behavior: Its Description and Measurement*, Columbus, Ohio: Bureau of Business Research, Ohio State University, 1957.

______, *Handbook of Leadership: A Survey of Theory and Research*, New York: Free Press,

1974.

Strube, M. J. & Garcia, J. E., A Meta-analytic Investigation of Fiedler's Contingency Model of Leadership Effectiveness, *Psychological Bulletin*, 90, 1981.

Szilagyi, A. D. and M. J. Walllace, *Organizational Behovior and Performance*, HapperCollins Publisher, 1990.

Vecchio, R. P., Situational Leadership Theory: An Examination of a Prescriptive Theory, *Journal of Applied Psychology*, 72(3), 1987.

______, & Boatwright, K. J., Preference for Idealized Style of Supervision, *Leadership Quarterly*, 13, 2002.

Vroom, V. H., *Work and Motivation*, New York: John Wiley, 1964.

Wofford, J. C.,& Liska, I. Z, Path-Goal Theories of Leadership: A Meta-analysis, *Journal of Management*, 19(4), 1993.

Yukl, G. A., *Leadership in Organizations*, Upper Saddle River, NJ: Prentice Hall, 1998.

Zaccaro, S. J., Kemp, C. & Bader, P., Leader Traits and Atrriguters. In J. Anotonakis, A. T. Cianciolo, & R. J. Sternberg(Eds.), *The Nature of Leadership*, Thousand Oaks, CA: Sage, 2004.

6장

리더십 이론의 새로운 변화

Ⅰ. 변화 주도 리더십

1980년대를 전후하여 조직 환경은 급격한 변화에 직면하게 되었다. 세계화 속의 경쟁구도, 산업구조의 변화, 정보 기술의 발전 등이 빠르게 변화한 것이 그것을 말해준다. 이에 따라 조직은 이에 대응하기 위한 변화관리 역량을 갖추어야 하였다. 특히 불연속적으로 변화하는 조직의 환경에 유연하게 적응하기 위해서는 기존의 안정적인 경영방식을 탈피하여 새로운 리더십을 구축해야 한다. 조직들은 과거에 정립되었던 리더십만으로는 생존하기 어려운 상황에 직면하게 됨으로써 변혁의 과정이 필요하게 되었다. 예컨대 당시 미국 기업의 경우 경쟁력이 일본 기업과 비교해 현저하게 떨어지면서 위기의식을 느끼게 되었다. 이는 일본의 고품질 전략은 미국의 기업에 열등감과 좌절감을 가져다주었다. 급기야 1987년 미국의 주가 대폭락을 계기로 미국의 기업들은 새로운 경영 전략의 목표로서 새로운 패러다임의 리더십 이론들을 발표하기 시작하였다. 이처럼 당시 리더십에 대한 새로운 접근이 시도된 것은 조직의 현상 유지 정책과 기대되는 성과만을 요구하던 기존의 리더십 이론들이 한계에 부딪혔기 때문이다.

조직의 변화는 기존의 조직 구조와 문화 등을 탈피하는 과정으로 조직 구성원의 행동 변화까지 포함하는 것을 말한다. 따라서 급변하는 조직 환경의 문제점들을 파악하여 조직의 생존과 경쟁력을 강화하기 위한 유연성과 혁신성을 요구하는 리더십이 대두하게 되었다. 조직의 변화를 추구하기 위해 등장한 대표적 이론이 변혁적 리더십과 카리스마적 리더십이다. 이 이론들은 복잡한 현대 조직체 안에서 유연하게 변화를 대처할 수 있도록 조직 구성원들에게 리더가 확실한 비전과 목표를 제시해 주었다.

변화하는 조직을 이끌기 위한 새로운 리더십은 구성원들의 조직 변화에 따른 불안감을 해소해 줄 수 있다. 즉 조직이 변화하지 않을 때 겪게 되는 불이익과 위기감에서 벗어날 수 있도록 구성원을 돕는 것이 새로운 리더십의 목표이다. 어려움을 극복하고 효과적인 조직 변화를 추진하기 위해서는 조직의 적절한 변화 전략이 필요하다. 이러한 시대적 변화를 감지하고 위기의 조직을 극복하기 위한 변혁의 과정으로 새롭게 등장한 리더십 이론들을 살펴본다.

A. 변혁적 리더십

1980년대 초 리더십 연구자들에게 가장 주목받은 이론은 변혁적 리더십이다. 변혁적 리더십은 비교적 최근의 연구대상이기도 하며 변화 주도의 리더십 연구에 중추적 역할을 한다.[1] 변혁적 리더십 연구의 대표적 학자는 정치학자인 번즈(James MacGregor Burns)이다. 그는 1978년 변혁적 리더십 이론을 제안하였다. 그리고 1985년에는 배스(Bernard M. Bass)가 번즈의 이론을 토대로 변혁적 리더십 이론을 체계화하고 정립하였다. 변혁적 리더십에서 리더는 구성원들과의 관계를 구축하고 다양한 활동에 더 큰 가치를 부여하기

---

1 K. B. Lowe & Gardner, W. L., Then Years of the Leadership Quarterly: Contributions and Challeges for the Future. *Leadership Quarterly*, 11(4), 2001, pp. 459-514, 참조. 리더십 분야에서 권위 있는 Ledership Quarterly 게재된 논문들의 내용을 분석한 결과 약 1/3이 변혁적 리더십 또는 카리스마적 리더십에 관한 내용이었다. 이것은 확실히 많은 학자가 변혁적 리더십을 연구하였으며, 리더십 연구의 중점적인 기능과 역할을 하고 있다. 따라서 변혁적 리더십이 높은 학문적 가치를 가지고 있는 리더십 이론이라는 것을 보여준다.

위하여 노력하는 과정을 보여준다. 변혁적 리더는 변화 과정에서 구성원들과 가치를 공유하기 위하여 비전과 공유된 가치, 그리고 아이디어를 활용한다.[2] 이를 통해 변혁적 리더는 구성원들의 도덕적 수준을 높이고, 동기유발을 일으켜 구성원들이 인격체로서 완성되기를 희망한다. 변혁적 리더는 조직의 변화와 변혁을 촉진시키는 과정에서 중추적 역할을 한다. 이들은 구성원 개인은 물론 조직의 비전과 전략을 세운다. 변혁적 리더십은 조직을 넘어 사회와 문화의 변화까지 추진하는 광범위한 리더십 연구의 선도적 역할을 하는 이론이다. 결국 변혁적 리더십은 끊임없이 변화하는 조직에서 성공을 위한 리더와 구성원 간의 결속과 응집을 요구하는 실천적 과정을 강조한다.

1. 변혁적 리더십 개념

변혁적 리더십은 다운튼(J. Downton)에 의해 가장 먼저 사용된 용어이다. 그러나 변혁적 리더십이 리더십 분야의 중요한 접근법으로서 등장하게 된 것은 1978년 번즈의 저서 『리더십』(*Leadership*)을 통해서이다. 이 저서는 오늘날의 변혁적 리더십 이론에 큰 영향을 주었다. 번즈는 그의 저서에서 변혁적 리더십과 구성원의 역할을 연결하려고 시도하였다. 그는 리더에 대해 '리더는 구성원들의 목표에 더욱더 효과적으로 도달할 수 있도록 구성원들의 동기를 자극하는 사람'이라고 하였다.[3] 즉 변혁적 리더의 역할은 조직 구성원의 가치관, 행동규범, 정서, 장기적 목표 등을 변화시키고자 한다. 또한 변혁적 리더는 구성원들을 변화시키고 그들에게 조직의 공동 목표에 더욱 효과적으로 도달할 수 있도록 동기를 부여한다.[4] 일반적으로 변혁적 리더는 조직의 새로운 비전과 목표를 제시하여 조직의 목표 달성을 위해 긍정적인 방

---

2 정우일, *Op. cit*, p. 345.
3 J. M. Burns, *Leadership*, (New York: Harper & Row, 1978), p. 18.
4 P. G. Northouse, *Op. cit*, p. 163.

향으로 조직을 변화시키고자 노력하는 '변화의 주역'이며, 구성원들과 더불어 효과적으로 일하는 방법을 아는 사람임과 동시에 구성원들의 업적과 성취에 대해 인정하고 격려함으로써 구성원들의 만족과 신뢰를 끌어내는 사람을 말한다.[5]

변혁적 리더십은 조직 전체 또는 구성원들로 하여금 기대되는 이상의 높은 성과를 창출하도록 특별한 형태의 영향력을 보여주는 것으로 정의할 수 있다. 번즈에 의하면 변혁적 리더십은 리더가 권력을 행사하여 조직의 변화를 일으키는 것이 아니라는 점을 강조한다. 변혁적 리더십이론은 구성원들의 욕구와 필요를 충족시켜 주는 것을 목표로 이를 부각시키는 이론이기 때문이다.

2. 번즈의 연구: 변혁적 리더십과 거래적 리더십

번즈는 거래적 리더십(transactional leadership)과의 비교를 통해 변혁적 리더십(transformational leadership)을 명확하게 설명하였다. 거래적 리더십은 리더와 구성원 사이에 발생하는 교환 관계에 초점을 둔 리더십이다. 이는 리더가 구성원들이 요구하는 것을 제공함으로써 리더십의 효율성을 높이는 것을 말한다. 거래적 리더십은 용어 그 자체로 리더십이 하나의 거래로 이해되어 리더와 구성원 간의 거래를 통해 자신들이 원하는 방향으로 서로의 행동을 유도하는 것이다. 예컨대 구성원들이 목표 이상의 업적을 이루었을 때 그 보상의 대가로 리더가 승진을 보장해 주는 형식이 거래적 리더십이다. 거래적 리더십은 특정 조직이나 계층에서 관찰 가능한 것이 아니라 일상생활 어디에서나 보이는 리더십 유형이다. 거래적 리더십에 의하면 리더와 구성원과의 상호 교환의 관계에서 각자의 욕구가 충족되는 한 그 관계는 원만하게 유지된다.

---

5 탁진국·손주영, *Op. cit*, p. 211.

반면 변혁적 리더십은 변화의 필요성을 구성원들에게 인식시킨다. 번즈에 의하면 변혁적 리더십은 변화의 상황에 있어서 구성원들로부터 자발적인 동기부여를 끌어내어 기대 이상의 성과를 도출하도록 하는 리더십이다. 변혁적 리더십을 효과적으로 구현하기 위해서는 구성원들로 하여금 높은 수준의 욕구를 만족시킬 수 있도록 집중시켜야 한다. 즉 변혁적 리더십은 구성원들의 신념, 가치, 욕구 변화의 추구를 지향한다. 이것은 구성원들로 하여금 충분한 인격을 쌓고 존중하도록 노력하게 하는 것이다.

변혁적 리더십은 거래적 리더십에 비하여 구성원들과 리더 모두 한 단계 더 성장하는 것을 목표로 한다. 변혁적 리더와 일하는 구성원들은 거래적 리더와 일하는 것보다 더 크게 성장하고 발전한다. 궁극적으로 변혁적 리더십에서 리더와 구성원들은 상호 간의 고차원적인 도덕적 수준으로 끌어올리고 개인, 집단, 조직의 성과를 극적으로 향상시키려고 노력한다.[6] 여기에서 고차원적인 도덕적 수준이라 함은 구성원들의 자유, 평등, 정의, 평화, 인본주의 등과 같은 가치에 집중하도록 하여 그들의 의식 수준을 성장시키는 것을 말한다.

번즈에 의하면 변혁적 리더의 특징은 조직의 목표와 가치를 구성원들에게 자각하게 만들어 그들로부터 조직의 성공을 달성하기 위한 보다 높은 개인의 욕구와 이익을 초월할 수 있도록 동기를 유발하는 것이다. 즉 변혁적 리더십은 리더와 구성원이 함께 동기유발을 통해 도덕적 수준을 향상할 수 있도록 변화시키는 것을 의미한다.

3. 배스의 연구: 변혁적 리더십의 리더십 전 범위 모델

1985년 배스가 제시한 변혁적 리더십은 번즈의 초기 아이디어를 기초로 하고 있다. 그는 기존의 변혁적 리더십을 권위 있는 리더십 이론으로 확장하

---

6 B. M. Bass, Leadership: Good, Better, Best, *Organizational Dynamics*, Winter, 1985, p. 27.

고 발전시켰다. 배스는 변혁적 리더십을 정치적 관점에서 연구한 번즈와 다르게 설명한다. 그는 경영관리의 리더들을 대상으로 연구하여 번즈의 변혁적 리더십 개념을 수정하고 정교화 하였다. 배스는 번즈의 선행연구를 기반으로 카리스마의 본성과 정서적 요소에 더 많은 관심을 기울이고 있다. 배스는 카리스마가 변혁적 리더십의 필요조건이기는 하지만 충분조건이 아니라고 주장을 함으로써 하우스의 카리스마적 리더십의 개념을 추가하고 보완하여 변혁적 리더십 이론을 확대하여 연구하였다.

배스는 변혁적 리더십과 거래적 리더십을 상호 독립적인 것으로 분류하여 설명한다. 이점은 번즈가 변혁적 리더십과 거래적 리더십이 상호배타적으로 분류한다는 점과 차별화할 점이다. 배스에 의하면 변혁적 리더십은 거래적 리더십을 대신하는 것이 아니라 거래적 리더십의 효과에 대해 추가적인 부분들을 보완하는 개념이다. 배스는 변혁적 리더십의 효율성을 높이기 위해서는 거래적 리더십이 필요조건으로 작용해야 한다고 주장한다. 그는 변혁적 리더십이 다음과 같은 것들을 행함으로써 구성원들에게 기대 이상의 업적을 올려야 한다고 주장한다. 즉 변혁적 리더십은 특정한 이상적인 목표의 가치와 중요성에 대한 구성원들의 의식 수준을 끌어올리는 것이다. 이를 통해서 구성원들이 조직과 그들이 소속된 집단을 위해서 자신들의 이익을 초월하게 하고 구성원들이 높은 수준의 욕구에 관심을 기울이도록 유도하는 것이다.[7]

배스는 변혁적 리더십의 정교한 변혁 과정을 설명하기 위해서 거래적 리더십과의 양극단에 있는 단일선상의 연속체로써 설명한다. 즉 배스에 의하면 변혁적 리더십과 거래적 리더십은 상호공존하고 상호보완하는 개념이다. 이를 체계적으로 설명하기 위해 배스는 리더십 전 범위 모델(full range of

---

7 P. G. Northouse, *Op. cit*, p. 168.

leadership model)을 제시하였다. 리더십의 전범위 모델은 변혁적 리더십과 거래적 리더십의 요인, 그리고 비거래·비리더십 요인을 포함하여 통합한 모델이다. 변혁적 리더십의 요인은 이상적 영향력 혹은 카리스마, 영감적 동기부여, 지적 자극, 개별적 배려의 4가지이며, 거래적 리더십 요인은 업적에 따른 보상과 예외의 관리 2가지 요인을 말한다. 여기에는 1개의 비거래·비리더십 요인을 포함한다.

a. 변혁적 리더십 요인

변혁적 리더십은 구성원들의 업적과 관련되어 있다. 이것은 구성원들의 성장과 발전을 촉구하기 위해 잠재력을 최대한 발휘할 수 있도록 하는 것이다. 변혁적 리더는 구성원들이 자신의 이익보다 공동의 이익에 우선하도록 자기 헌신을 독려하는 역할을 하기도 한다. 변혁적 리더십은 조직에 필요한 새로운 목표와 비전을 구상하기 위해 구성원들을 변환시켜서 조직의 올바른 미래를 형성하는 변혁적 과정이다. 변혁적 리더십이 형성되기 위한 요인들은 다음과 같다.

1) 카리스마 혹은 이상적 영향력

카리스마 혹은 이상적 영향력(idealized influence)은 변혁적 리더십의 가장 핵심이 되는 요인이다. 이는 변화의 흐름을 강력하게 주도할 수 있는 것이다. 카리스마 혹은 이상적 영향력은 매력이 있는 비전과 사명을 제시하여 구성원들이 리더를 따르고 존경할 수 있도록 하는 것이다. 리더가 구성원들에 대한 존경심을 가지게 되면 구성원들 역시 리더에 대한 신뢰가 쌓이게 된다. 이 과정에서 구성원은 리더에 대한 역할 모델로써 리더와 자신을 동일시한다. 리더와 동일시하는 것은 리더와 구성원 간의 강한 정서적 유대관계를 형성하는 것이다. 대체로 카리스마 혹은 이상적 영향력을 지닌 리더들은 매우 높은 차원의 도덕적·윤리적 행동을 보인다. 조직을 위한 리더의 명확한 비전은 구성원들을 지각하게 하여 동기부여의 영감을 갖도록 한다. 이렇게 되면 구성원들은 조직의 목표 달성을 위해 자발적으로 조직의 이익을 위해 헌신한다. 이상적 영향력이라고 불리는 카리스마는 다른 사람에게 리더 자신을 따르도록 하는 어떤 특별한 능력이라는 차원에서 개인 지향적인 행동보다는 공동의 이익을 위한 행동이 되어야 한다. 왜냐하면 카리스마는 구성원과 조직의 변혁을 일으키는 영향력이기 때문이다.

2) 영감적 동기부여

변혁적 리더는 구성원들과 공유한 목표를 실현하기 위해 노력하며, 무엇이 옳고 그른가의 가치에 관한 상호이해를 통해 구성원들에게 영감적 동기(inspirational motivation)를 부여한다. 영감적 동기부여는 조직의 목표를 실현하기 위해 구성원들을 조직의 변화에 헌신할 수 있도록 끊임없이 동기유발 시키는 것을 말한다. 즉 높은 기대감과 인정을 통해 구성원들에게 자신감을 북돋게 하는 것이다. 변혁적 리더십의 요인이 리더와 동일시의 감정적 유대가 생기게 되면 카리스마 요인이 되고, 비전과 목표에 따라 리더에 대한 기대감이 생기게 되면 영감적 동기부여의 요인이 된다. 영감적 동기부여는 구성원들에게 목표 달성을 위한 정서적 호소나 격려의 말을 끊임없이 함으로써 구성원 자신이 가진 능력 이상의 성과를 달성할 수 있도록 하는 것이다. 따라서 변혁적 리더십은 구성원들이 자신의 이익을 뛰어넘어 조직의 목표 달성에 초점을 맞추도록 고무시키고 동기부여를 유도한다.

3) 지적 자극

변혁적 리더는 구성원의 아이디어와 가치관에 지적 자극(intellectual stimulation)을 가한다. 즉 구성원 스스로가 문제해결에 관한 새로운 시각을 갖게 하는 것이다. 변혁적 리더는 구성원들의 신념은 물론 조직의 신념이나 비전에 문제의식을 지니도록 해야 한다. 지적 자극은 기존의 사용했던 문제 해결 방식에 얽매이거나 답습하지 않고 이를 벗어나 구성원들에게 혁신적인 방식을 사용하도록 모색하는 것이다. 이러한 모습은 변혁적 리더의 바람직한 모습이다. 결국 구성원 자신의 독특한 방식으로 문제를 진단하고 분석하여 해결하는 행동에 대해서 변혁적 리더는 지지와 격려를 아끼지 않아야 한다. 지적 자극을 주는 리더는 구성원의 잠재력 개발을 통해 능동적이고 적극적으로 구성원을 변화시킬 수 있다.

4) 개별적 배려

개별적 배려(individualized consideration)에서는 리더가 각 구성원을 다르게 파악한다. 즉 모든 구성원에게 개인적 관심을 기울이는 것이다. 개별적 배려는 각 구성원의 발전에 대한 욕구를 이해하고 공유하면서 구성원들을 독특하게 대하는 것을 의미한다. 이것은 구성원의 잠재력 개발을 극대화하려는 시도로써 변혁적 리더는 구성원의 개인적 성장을 지원하는 조직문화의 개발에 힘쓴다. 바람직한 변혁적 리더는 구성원의 개별적인 능력과 욕구의 차이를 인정하고, 구성원 개인에게 적합한 직무를 할당한다. 변혁적 리더는 개인의 능력이 증가할 경우 권한을 위임하고 책임감을 심어주어 구성원의 자신감을 향상시키게 한다. 변혁적 리더십에서는 구성원 간의 친밀한 유대관계가 형성되기 때문에 직무 만족도가 높고, 높은 생산성을 기대할 수 있다.

b. 거래적 리더십 요인

거래적 리더십은 리더와 구성원 사이의 교환 관계에서 발생하는 리더십이다. 거래적 리더는 구성원의 성장과 욕구에는 별 관심이 없고 업무달성 후 그 결과에 따른 보상의 대가에만 관심을 둔다. 거래적 리더십에서 높은 업무

성과를 달성한 구성원은 적절한 보상을 기대할 수 있지만, 업무성과를 달성하지 못한 구성원은 문책을 받게 된다. 거래적 리더십이 영향력을 발휘하는 것은 구성원들이 리더가 원하는 것을 제시하면 구성원 자신들도 원하는 이익을 성취할 수 있다는 상호인식이다. 따라서 거래적 리더십은 많은 조직에서 처벌과 보상을 적절히 사용하여 권력 제고의 수단으로 활용한다. 거래적 리더십의 요인에는 업적에 따른 보상과 예외의 관리가 있다. 업적에 따른 보상은 긍정적 피드백, 예외의 관리는 부정적 피드백이 된다.

1) 업적에 따른 보상

업적에 따른 보상(contingent rewards)은 구성원들의 성과가 보상으로 교환되는 것을 말한다. 리더가 구성원들에게 해야 할 과업을 정확히 제공하게 되면 구성원들은 이를 달성하게 된다. 달성한 성과에 대해서 어떤 보상을 할 것인가를 합의하는 과정은 거래적 리더십의 효과성이다. 리더 자신이 규정한 수준의 성과를 구성원이 달성하였을 경우 리더는 약속된 보상을 제시한다. 이것은 거래적 리더가 목표 달성을 향한 구성원들의 동기유발을 촉진하는 것을 말한다. 업적에 따른 보상은 높은 성과를 창출한 구성원에게 리더가 제공하는 격려와 인정까지 포함하여 확대한다. 이것은 구성원이 리더에 대한 긍정적인 반응을 기대할 수 있다.

2) 예외의 관리

예외의 관리(management-by-exception)는 구성원이 목표로 한 과업을 달성하지 못하였거나, 예외적인 사건이 유발되었을 때 리더가 개입을 하는 것을 말한다. 이러한 개입 활동은 때로는 예외적 사건이 발생했을 때, 바로잡는 비판(corrective criticism)을 하고, 부정적 피드백(negative feedback)이나 부정적 강화(negative reinforcement)를 수반하는 것이다. 예외의 관리는 적극적인 예외 관리와 소극적인 예외 관리로 구분된다. 적극적인 예외 관리는 구성원들이 과업을 수행할 때 일어나는 실수와 정해진 절차나 규칙 위반 등에 대해 꼼꼼하게 살피는 것이다. 그때그때 시정조치를 취함에 따라 이러한 일이 재발생하지 않도록 사전에 감독하고 관찰한다. 적극적 예외의 관리는 과업이 정해진 절차에서 벗어났을 때 교정 행동을 통해서 적절한 조치를 하도록 하는 것이다. 반면 소극적 예외의 관리는 구성원들의 과업을 수행하는 과정에는 리더가 크게 개입하지 않는다. 그러나 구성원들이 과업수행의 결과가 목표 기준에 도달하지 못한 상황이거나 문제가 발생했을 경우 그 이후에 개입하여 처벌과 같은 교정조치를 취하는 것을 말한다.

c. 비거래·비리더십 요인

비거래·비리더십 요인(nonleadeship factor)은 자유방임적 리더십으로도 불린다. 자유방임적 리더는 말 그대로 '손을 놓고 일이 돌아가는 대로 두고 보자'는 식의 접근법이다.[8] 일반적으로 자신이 수행해야 할 역할에서 손을 떼고 의사결정을 지연시키는 것이다. 또한 자유방임적 리더십은 책임에서 벗어나는 것임과 아울러 구성원들의 과업수행에 관한 관리 감독 및 지원을 방임 혹은 방치하는 것을 의미한다. 자유방임적 리더십은 구성원들의 과업에 관한 피드백도 제공하지 않으며, 구성원들의 욕구와 동기유발에도 별 관심이 없다. 또한 구성원의 성장과 발전에도 무관심하다. 자유 방임적 리더십은 구성원들과의 과업에 관한 거래적 대화와 접촉 조차도 없다. 따라서 비거래·비리더십은 구성원의 만족도가 감소하고, 조직에 부정적인 효과를 가져다준다.

---

8 P. G. Northouse, *Ibid*, p. 174.

4. 결론

변혁적 리더십은 변화하는 시대적 흐름에 부응하여 리더가 직면한 위기를 잘 관리하는 것이다. 변혁적 리더십은 리더가 조직의 발전과 변화관리의 역량을 갖출 수 있을 것인가에 초점을 둔다. 변화의 물결 속에 변혁적 리더는 조직의 미래를 위해서 비전의 제공과 함께 사명감을 보여준다. 이로 인해 구성원들은 리더에 대한 신뢰감과 존경심을 가지게 된다. 변혁적 리더십에 부응해 구성원들은 조직의 목표를 달성하기 위해서 노력을 하게 된다.

a. 긍정적 측면

변혁적 리더십은 구성원들의 욕구와 성장을 고양하는 과정에 있어 리더와 구성원 간의 상호작용 속에서 발생하는 효과를 말한다. 전통적으로 리더십의 효과성은 일방적으로 리더에 초점을 둔다. 그러나 변혁적 리더십은 리더와 구성원의 결합 과정에서 일어나는 현상을 설명한다. 변혁적 리더십은 리더 중심적 연구에서 벗어나 구성원이 상대적으로 중요한 위치에서 조직의 성공을 이끌 수 있다는 점을 설명한 이론이다. 즉 구성원들의 욕구가 무엇인가에 대한 전제가 변혁적 리더십의 주요 관심의 대상으로 여겨지고 있기 때문에 구성원들의 가치, 신념, 태도, 능력이 변화 과정을 진척시키는 중요한 수단이 되고 있다.[9]

리더십의 대체로 효과는 거래 혹은 교환적 가치에 초점을 둔다. 그러나 변혁적 리더십은 보상에 따른 교환뿐 아니라 구성원들의 욕구와 성장 및 발전에도 관심을 가지고 있다. 변혁적 리더십은 구성원들의 높은 차원의 도덕적 고양에 노력을 기울인다. 또한 변혁적 리더십은 개인의 이익에서 나아가 조직의 이익으로까지 발전할 수 있도록 구성원들을 동기유발 시키는 것까지

---

9 A. Bryman *Charisma and Leadership in Organization*, (London: Sage, 1992), p. 172.

포함하여 강조한다. 요컨대 변혁적 리더십은 리더와 구성원의 도덕적 수준의 고양이라고 할 수 있다. 변혁적 리더십은 이론이 체계화되면서 그 학술 가치도 인정받았다. 그리고 다양한 조직의 구성원을 대상으로 진행된 실증적 연구의 중요한 주제로 부각되었다.

b. 부정적 측면

변혁적 리더십은 다음과 같은 점에서 부정적 측면 역시 가지고 있다.

첫째, 변혁적 리더십은 이론이 갖는 가치에도 불구하고 개념적 정의가 불명확하다. 변혁적 리더십을 설명함에 있어서 비전 세우기, 동기 유발하기, 변화의 주역이 되기, 신뢰를 구축하기, 구성원 육성시키기 그리고 사회적 설계자로서 활동하기 등 리더십의 매우 폭넓은 범위를 포괄하고 있기 때문에 변혁적 리더십의 변수들을 명확하게 한정하기가 어렵다.[10] 이러한 과정에서 변혁적 리더십의 주요 과제에도 구성 요인들 간의 상당한 개념상의 중복이 포착된다. 카리스마는 변혁적 리더십의 핵심 요인이나 변혁적 리더십 전체를 아우르는 개념으로 해석되기도 한다.

둘째, 변혁적 리더십의 측정에 관한 타당성의 문제가 제기된다. 변혁적 리더십을 측정하기 위한 진단 설문지인 MLQ(multifactor leadership questionaire)는 많은 연구자에 의해서 다양하게 개발되어 여러 종류의 버전으로 출현하였다. 측정 도구가 다양할수록 다양한 결과를 도출해 내기 때문에 그 결과의 다양성을 대조하기가 힘들다. 이것은 이론의 타당성을 입증하기 어렵게 만드는 요인이 된다.

셋째, 변혁적 리더십의 4가지 요인은 상당히 높은 상관성을 지닌다. 이는 각 요인의 개념을 명확히 분류하지 못하기 때문이다. 예컨대 카리스마 요인

---

10 P. G. Northouse, *Op. cit*, p. 180.

은 영감적 동기부여와 중복되어 설명되기도 한다. 이외에 거래적 리더십 구성요인, 비거래·비리더십적 요인들 사이에도 상당한 상관관계가 보인다. 변혁적 리더십의 구성요인만을 부각시킬 경우 다른 요인과의 균형을 이루지 못하는 것이기 때문에 연구의 신뢰도가 감소하게 된다.

넷째, 변혁적 리더십은 대체로 집단의 고위계층에 있는 리더들로부터 수집된 질적인 연구에 의존하고 있다. 그러나 국한된 자료를 바탕으로 일반화하는 것은 매우 위험한 발상이다. 고위층을 대상으로 한 변혁적 리더십 연구는 현장의 관리자들에게는 적용할 수 없거나 그 실효성 자체가 성립되지 않는다.

다섯째, 변혁적 리더는 가치관, 정서, 신념 등을 통해 구성원들에게 그 영향력을 미치는 사람이다. 이 때문에 잘못된 가치관이나 신념으로 가득 찬 리더는 조직을 개인화된 권력화로 변모시켜 잘못된 방향으로 이끌 수 있다. 바람직한 조직의 미래와 구성원들의 도덕적 고양을 위한 긍정적 변화를 위해 변혁적 리더십은 도덕적 가치에 기반을 두는 리더십으로 나아가야 한다.

B. 카리스마적 리더십

1. 등장 배경

카리스마적 리더십 이론은 1920년대 후반 독일 사회학자 베버(Max Weber)의 카리스마 이론을 근간으로 한다. 1940년대 중후반 사회학자와 정치학자들은 베버의 추상적인 카리스마 개념을 활용하여 사회체계의 변화와 유지에 포괄적인 접근을 시도하였다. 1970년대 중반부터 베버의 이론은 조직 내 리더십을 과정을 체계적으로 설명하는 데 적용되었다. 1980년대 이후에는 경영학 분야에서도 본격적으로 연구가 시작되었다. 특히 카리스마적 리더십은 미국의 기업이 외국 기업들과의 경쟁에서 필요한 조직 변화와 생존의 문제를 해결하는데 유용하게 활용되었다. 1977년 하우스는 리더십 특성론을 기반으로 『카리스마적 리더십』(*Charismatic leadership*)을 출판하였다. 하우스(R. J. House)는 카리스마적 리더십을 연구하는 대표적인 학자로 그의 카리스마적 리더십은 오늘날 학술적으로 변혁적 리더십 이론과 함께 가장 많은 거론되고 있다.[11] 이후 콘거와 카누고(J. V. Conger & R. N. Kanugo)도 카리스마 귀인이론을 바탕으로 1987년에 카리스마적 리더십 이론을 설명하였다.[12] 1991년 사미르(B. Shamir)는 카리스마의 자아개념 이론을 바탕으로 카리스마적 리더십 이론을 정립하였다.[13] 카리스마적 리더십 연구들은 약간씩 그 내용을 달리하고 있으나 대체로 비전을 설정하고 전파하며, 실천하는 과정을 담고 있다. 여기에서는 하우스의 카리스마적 리더십 이론을 중심으로 논의한다.

2. 카리스마적 권한

1980년 전후 조직변환의 관점에서 등장한 카리스마적 리더십은 막스 베버의 카리스마 이론의 영향을 가장 많이 받았다. 베버는 특정한 사람이 지니는 권력이 다른 사람들이 정당하다고 인정될 때 생기는 지배력을 카리스마라고 생각하였다. 그는 이러한 권력의 정당성을 권한이라고 불렀다. 베버에 의하면 권한에는 3가지 유형이 있다. 이 유형 중 하나가 카리스마적 권한이며, 이를 현대적 리더십 연구로 활용한 것이 카리스마적 리더십이다. 카리

---

11 R. J. House, "Theory of Charismatic Leadership". In J. G. Hunt & L. L Lason (eds.), *Leaderhsip: The Cutting Edge*, (Carbondale: Southern Illinois University Press, 1977), pp. 189-269.

12 J. V. Conger, & Kanungo, R. N., "Toward a Behavioral Theory of Charismatic Leadership in Organizational Settings", *Academiy of Management Review*, 12. 1987, pp. 637-647.

13 B. Shamir, Meaning, "Self, and Motivation in Organizations". *Organization Studies*, 12, 1991, pp. 405-424.

스마적 리더십은 비범한 일을 해 낼 수 있는 잠재능력을 지닌 리더가 시대적 요구에 부응하게 될 때 유용한 리더십으로 발현되는 것이다.

베버에 의하면 권한의 3가지 유형에는 합리적-법적인 권한, 전통적인 권한, 카리스마적인 권한이 있다. 먼저 합리적-법적인 권한은 공식적인 법과 규정의 테두리 내에서 이뤄지는 권한이다. 베버의 관점에서 합리적-법적 권한은 다른 두 권한인 전통적 권한, 카리스마적 권한보다 선호된다. 이 권한은 민주정치에서의 권력이 선거와 절차 등에 의해서 정당하게 승인되는 지배형태와 같이 사람들이 합당하다고 믿는 것으로부터 발생한다. 합리적-법적 권한은 법 지배의 원리 아래에서 움직이는 것이기 때문에 가장 바람직하고 정당한 권한이다.

다음으로 전통적인 권한은 오랜 기간 통용되던 관습이나 전통이 사회의 구성원들로부터 인정받고 이를 따르고자 할 때 발생하는 권한이다. 이는 오랜 전통의 신성성에 대한 신뢰가 정치적 지배의 정당성을 부여받는 형태이다. 전통적 권한은 사회체계가 전통적인 규범이나 질서를 존중하는 형태로 발현한다.

마지막으로 카리스마적 권한은 어떤 사람이 지니는 특출한 자질과 초인적 힘을 통해 다른 사람들부터 자발적인 충성과 존경을 받는 형태를 말한다. 이것은 사람들의 복종을 끌어내는 비합리적 지배 형태라고 할 수 있는데, 다른 사람에게 직접적으로 호소하는 능력과 연관되는 권한이다. 즉 카리스마적 권한은 공식적인 권한으로써 사람들을 이끄는 것이 아닌 비범한 능력을 통해 사람들에게 지지를 얻는 것이다. 베버의 카리스마적 권한은 조직이나 사회의 위기가 발생할 때, 그 진가가 발휘된다. 위기의 순간 리더는 위기를 벗어나기 위한 비전을 제시한다. 구성원들에게 제시된 비전이 성공할 수 있게 하는 비범한 능력을 지닌 존재라고 인식될 때 리더에게 카리스마적 권한이 생겨난다. 즉 베버에 의하면 카리스마는 '평범한 사람들과 구별 짓고 초

자연적, 초인적 또는 최소한 구체적인 비범한 힘이나 자질을 타고난 사람으로 여기게 만드는 개별적 인격의 어떤 확고한 자질'[14]이라고 정의된다. 카리스마적 권한은 이러한 자질이 리더에게 있다고 생각하는 사람들에 의해 부여된다. 카리스마적 리더에게 복종해야 할 의무는 어떤 공식적인 규율 체계에서 오는 것이 아니라 리더를 따르는 사람들이 느끼는 도덕적인 의무감에서 비롯된다. 조직에서 구성원들은 카리스마적 리더의 소명 때문에 고무되어 이를 따른다. 또한 카리스마 리더는 구성원들에게 현존하는 권한의 한계를 넘어서는 모습을 보여주어 리더의 능력을 무한으로 신뢰하게 한다. 리더와 그의 소명에 관한 구성원들의 전폭적인 헌신은 카리스마적 리더가 이끄는 집단의 전형적인 특징이다. 이러한 헌신은 리더를 따르는 구성원들의 삶에 있어서 모든 영역으로 확산하기도 한다.

3. 카리스마적 리더십의 특징

그리스어인 카리스마(Charisma)는 원래 '신(神)으로부터 부여받은 힘 혹은 은총의 선물'을 가리키는 말이다. 베버의 분류에 따라 전통적 또는 공식적으로 부여 받은 권한이 아니라 리더가 비범한 재능을 지닌 존재로 사람들에게 인식될 때, 리더는 카리스마를 발생하여 영향력을 발휘한다. 카리스마적 리더는 자신을 따르는 사람들이 약하고 의존적이기를 희망한다. 구성원들이 약하면 약할수록 카리스마적 리더를 잘 따르기 때문이다. 또한 카리스마적 리더는 개인적 사유를 통한 몰입감보다 개인적인 충성심을 불러일으키는 경우를 선호한다. 카리스마적 리더십을 연구한 대표적인 학자인 하우스에 의하면 카리스마적 리더는 구성원들에게 특유의 카리스마적 영향을 미치는 독

---

14 M. Weber, *The Theory of Social and Economic Organitation*, eds. Talcott Parson: tr. by A. M. Henderson & T. Parsons. (New York: The Free Press, 1947), p. 19.

특한 방법으로 행동한다. 하우스의 연구에 의하면 카리스마적 리더십에는 카리스마적 리더를 구분할 수 있는 특성과 행동이 있으며, 이를 통해서 구성원들에게 카리스마적 효과가 발생한다.

하우스에 의하면 카리스마적 리더의 개인적 특성은 남보다 뛰어난 우성 형질과 자신감이다. 카리스마적 리더십에서 리더는 자신의 신념이 높은 도덕적 가치를 지녀야 한다고 주장한다. 다른 사람들로부터 정당하다는 것을 인정받아야 하기 때문이다. 그리고 카리스마적 리더는 다른 사람들에게 영향을 미치고 싶은 강한 권력 욕구도 지닌다. 이러한 카리스마적 리더의 특유한 행동은 일반 리더와의 극명한 차이점을 지닌다.

첫째, 하우스에 의하면 카리마적 리더는 구성원들의 역할 모델의 대상이 되어야 한다. 그 과정에서 카리스마적 리더는 구성원들의 신념과 가치관을 형성하는 데 확실한 동일시 모델로서 그 역할을 한다. 카리스마적 리더가 제시하는 가치 체계를 구성원들이 수용하고 모방하도록 자극시킨다.

둘째, 카리스마적 리더는 구성원에게 유능한 사람이라는 것을 호소하기 위한 이미지를 구축한다. 이러한 이미지는 구성원들로부터 신뢰와 존경뿐 아니라 충성심까지 이끌어 낼 수 있다.

셋째, 유능한 리더라는 것을 보여주기 위해서 카리스마적 리더는 구성원들에게 미래에 대한 비전을 제공하고 조직목표를 명확하게 제시한다. 이 과정에서는 구성원들이 수행해야 할 과업을 보다 의미 있고 간결하게 전달하도록 한다. 카리스마 리더는 비전을 제시하는 과정에서 도덕적인 모습까지 보여주어야 한다.

넷째, 카리스마적 리더는 구성원들의 높은 성과에 대한 기대를 표현하고, 그들의 능력에 관해 신뢰성을 강조한다. 이것은 구성원들이 자기 유능감을 상승시키도록 유도한다. 그 결과 구성원들은 과업 달성에 대한 자신감이 증대하게 된다.

다섯째, 카리스마적 리더는 구성원들의 과업과 관련된 동기유발 요인들을 각성시키도록 한다. 이는 구성원들의 과업에 관한 성취욕구, 연대의 욕구, 자존감 등과 같은 것을 끌어내도록 자극한다. 즉 카리스마 리더가 제시하는 과업의 성향에 따라 이에 맞도록 구성원들의 선택적 동기부여를 할 수 있도록 돕는다.

하우스는 이러한 카리스마적 리더십의 특성과 행동은 긴장이 많은 위기의 상황일 때 그 효과성이 높아진다고 본다. 하우스에 의하면 카리스마적 리더와 구성원들과의 신뢰 관계가 구축되면 구성원들의 신념과 리더의 신념이 유사하게 진행된다. 이런 경우 구성원들은 리더를 전폭적으로 지원하게 되며, 구성원들이 리더를 향한 호감을 표출하는 정서적 효과가 높아진다. 그리고 자발적 복종과 리더에 대한 모방과 일체감을 형성한다. 이것은 구성원 자신과 리더를 동일시하는 효과이다. 마지막으로 카리스마적 리더는 구성원들이 과업 달성을 위해 몰입하도록 하여 집단의 성과를 향상시킨다. 이를 수행하는 과정에서 카리스마적 리더는 구성원들에게 자신감을 느끼도록 한다. 이것은 리더가 제시하는 목표를 성취할 수 있다는 구성원의 믿음에서 생기는 것이다.

4. 결론

카리스마적 리더십은 리더 개인의 능력에서 나오는 힘과 구성원들이 리더와 동일시 하려는 심리적 역동성을 통해 영향력을 미친다. 이를 통해 구성원들에게 미래를 위한 비전을 제공하여 구성들로부터 공감을 얻고 가치 체계를 구축하려는 데에 초점을 둔다.

a. 긍정적 측면

카리스마적 리더십은 변혁적 리더십과 유사한 점이 많다. 가장 두드러지는 것은 두 이론 모두 변화를 주도한다는 점이다. 두 이론은 구성원들로 하여금 높은 업적을 창출하도록 그들을 동기유발하고 고무시킨다. 특히 베버와 비슷한 맥락에서 하우스의 카리스마적 리더십은 구성원들에게 극도의 스트레스가 쌓인 어려운 상황에서 나타날 가능성이 크다고 판단한다. 즉 카리스마적 리더는 조직의 위기 상황이나 긴장감이 많이 발생하는 상황에서 그 효과성이 입증되었다. 혼란이 거듭되는 상황에서 카리스마적 리더는 구성원들로부터 구세주의 모습으로 등장한다. 카리스마 리더는 구성원들의 심리적 불안감을 해소해주고 그들을 강하게 독려하기 때문이다.

카리스마적 리더십은 구성원들로 하여금 자신감과 자기 유능감을 증진하게 시켜 조직의 안정화를 기할 수 있다. 카리스마적 리더는 구성원의 내적 보상인 동기 욕구를 유발하게 함으로써 조직의 성과를 창출하는 긍정적인 효과를 가져오게 한다. 카리스마적 리더십의 가장 큰 장점은 구성원들의 내면적, 정서적 측면을 자극하여 강한 조직의 일체감을 형성할 수 있다는 점이다. 결국 카리스마적 리더는 구성원들의 내재화된 신념을 자극해 정서적 동참을 촉구한다. 이것은 조직의 협력을 도모하게 한다. 나아가 카리스마적 리더는 구성원들의 자존감, 성취 욕구 등과 같이 과업에 도움을 주는 동기 요인들을 자극하게 하고 구성원들을 성장하게 만든다.

b. 부정적 측면

카리스마적 리더십의 부정적 측면은 다음과 같다.

첫째, 카리스마 리더가 개인의 신념이나 가치, 태도 등을 잘못 활용하면 양극화 반응을 유발한다. 카리스마적 리더십은 구성원들의 반응에 기초하여 생겨나기 때문이다. 어떤 사람들에게는 카리스마적 리더가 호응을 받을 수 있지만, 다른 사람에게는 비판의 대상이 될 가능성이 있다. 즉 카리스마적 리더는 개인적 특성과 행동에 초점을 맞추기 때문에 특정 구성원들은 카리스마적 리더를 극단적으로 숭배한다. 그러나 또 다른 구성원들은 극단적으로 증오할 가능성도 있다. 광적인 집단으로 변모할 가능성이 농후하기 때문에 카리스마적 마력이 떨어지게 되면 리더는 신뢰성에 위기를 맞는다. 그 결과 구성원들은 강한 배신감을 느끼게 될 수도 있다.

둘째, 카리스마적 리더는 생존 투쟁의 위기 상황에서 발견될 가능성이 크다. 이것은 공식적 방법으로 문제해결의 단서를 찾지 못했기 때문이다. 기존의 전통적 가치나 신념체계 역시 문제해결의 실마리를 제공하지 못하는 상황이기 때문이다. 이러한 위기 상황은 카리스마적 리더의 등장을 예고하는 것이다. 이러한 상황에서 구성원들은 무기력하기 때문에 객관적 판단은 보류한 채, 카리스마적 리더에 대한 기대와 호응으로 지나친 낙관주의와 자신감에 빠질 수도 있다.

셋째, 카리스마적 리더는 자신의 위치를 지키기 위해서 이미지 관리와 자기 평판 관리를 위해 노력을 집중한다. 따라서 구성원들의 기여와 헌신이 모두 개인화된 권력의 지향성으로 변모할 수도 있다. 카리스마 리더는 자신의 권력을 지속하기 위해서 수단과 방법을 가리지 않는 행동을 보여줄 가능성도 있다. 카리스마적 리더는 강력한 영향력을 구성원들에게 행사하는 사람이기 때문에 지나친 권력의 집중은 구성원들과의 상호작용으로부터 멀어지는 현상을 빚어낼 수 있다.

마지막으로, 카리스마적 리더십은 변화를 촉진하는 점에서는 변혁적 리더십과 유사하다. 그러나 변혁적 리더십의 구성요인 중 이상적 영향력인 카리스마를 포함한다는 것은 카리스마적 리더십이 하나의 이론으로 성립할 수 있을지에 대해서는 의문이 제기된다. 변혁적 리더십을 구성하는 한 요인으로 카리스마를 거론한 것은 변혁적 리더십이 카리스마적 리더십을 포괄한다는 의미이기 때문이다. 그뿐 아니라 카리스마적 리더는 구성원들과 다른 특출한 능력을 지니는 사람들이기 때문에 구성원들을 무기력하게 만들어 그들이 카리스마적 리더에게 의존할 가능성이 크다. 그러나 변혁적 리더십은 구성원이 과업 달성을 위한 자발적 동기부여를 위해서 영향력을 행사하도록 한다. 이로써 구성원들의 신념, 가치관, 태도 등에서 바람직한 방향으로 그들을 변혁시키고자 한다.

C. 리더-구성원 교환이론

1. 등장 배경

일반적인 리더십에서는 리더가 다수의 구성원에게 평균적으로 동일하게 영향력을 행사한다. 이와 달리 리더-구성원 교환이론에서는 리더와 구성원, 즉 일대일의 개인적인 관계로 리더십을 형성한다. 리더-구성원 교환론은 리더가 조직 구성원에 미치는 일방적 영향력을 중심으로 리더십 과정을 설명하는 것이 아니다. 이는 리더가 구성원들을 동일하게 대하지 않는다는 가정하에 리더와 구성원 사이에 각기 다른 쌍(dyad) 관계를 설정하는 이론이다. 따라서 리더-구성원 교환이론은 리더와 구성원 간의 쌍 관계에 초점을 두는 이론이다.

초기 리더-구성원 교환론은 리더와 구성원 간의 쌍 관계를 설정하여 상호작용의 과정을 설명한 것이다. 이를 수직 쌍 연계이론(vertical dyad linkage theory: VDL)으로 부른다. 수직 쌍 연계이론은 리더-구성원 교환론의 핵심적 개념으로 1975년 댄소로우(F. Dansereau)가 창안하였다.[15] 그는 리더와 구성원이 일대일의 관계를 맺는 과정을 설명하고, 이 과정에서 리더와 구성원의

---

15 F. Dansereau, Graen, G. & Haga, W. A Vertical Dyad Linkage Approach to Leadership to Leadership within Formal Organizations: A Longitudinal Investigation of the Role-making Process. *Organizational Behavior and Human Performance*, 13, 1975, pp. 46-78.

관계가 내집단(in-group)과 외집단(out-group)으로 어떻게 분류되는지 설명한다. 이후 수직 쌍 연계이론은 리더와 구성원 사이의 교환 관계의 질을 중요하게 인식하여 리더-구성원 교환이론(leader-member exchange theory: LMX)으로 명칭이 수정되었다. 대표적 연구자로는 그랜과 위비엔(G. Graen, & B. M. Whi-Bien)이 있다. 이들은 리더와 구성원의 교환 관계의 질에 따라 조직의 성과에 어떤 영향을 주는 것인지 연구하였다. 수직 쌍 연계이론에서는 내집단과 외집단의 차이 밝히는 데 반해, 리더-구성원 교환이론에서는 리더와 구성원 간의 교환 관계의 질에 집중한다. 리더-구성원 교환이론은 리더십 과정을 리더와 구성원 또는 상황의 관점이 아니라 리더와 구성원 사이의 상호작용하는 관점을 설명한 최초의 리더십 이론이다. 이러한 점에서 이 연구는 많은 리더십 연구 중에서 높은 학술 가치를 지닌 것으로 평가된다.

2. 리더와 구성원의 관계

리더-구성원 교환이론에서는 리더와 구성원의 관계가 핵심이기 때문에 수직 쌍 연계이론을 먼저 살펴본다. 수직 쌍 연계이론은 내집단과 외집단의 차이 밝히는 이론이다. 즉, 수직 쌍 연계이론은 리더와 구성원들과의 개별적인 쌍 관계의 속성을 분석하는 것이다. 리더는 구성원들을 하나의 집단으로 묶어 영향력을 행사하는 것이 아니라 리더와 구성원 간의 일대일 각기 다른 속성의 관계로 인식하여 다르게 대한다. 즉 수직 쌍 연계이론에서 리더는 구성원들에 대해 각기 다른 영향력을 행사하여 독특한 관계를 맺는다. 이 이론에서는 대체로 집단을 내집단과 외집단으로 나눠서 설명한다. 리더가 구성원들을 내집단과 외집단으로 나누어 서로 다른 방식으로 리더의 영향력을 행사한다고 보는 것이다. 여기에서 구성원이 리더와 친밀한 쌍의 관계를 맺게 되면 내집단 관계이고, 리더와 구성원이 소원한 쌍의 관계가 맺어지면 외집단 관계가 된다.

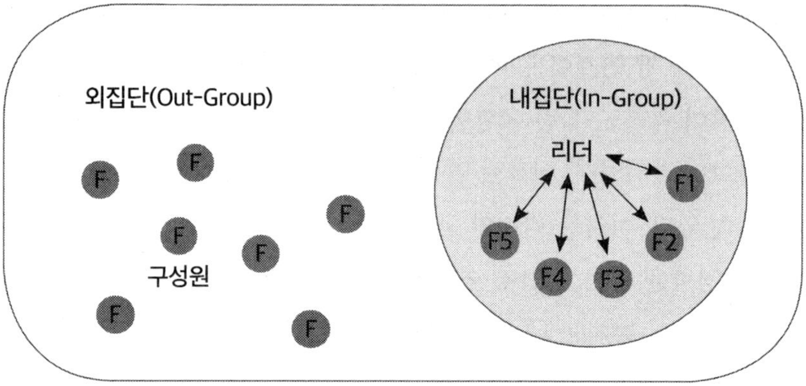

<리더-구성원 교환이론 모형>[16]

내집단에서는 리더와 구성원의 관계에 공식적인 관계 이상의 친밀도가 있어서 상호 신뢰감을 형성할 수 있다. 여기에서는 리더와 구성원의 상호 의사소통이 이루어지며, 리더가 구성원을 지원하는 경우가 많다. 내집단의 구성원에게는 비공식적 권한 행사나 자유 재량권이 부여되기 때문에 약간의 특권과 혜택도 누린다. 이에 대해 구성원들도 리더에 대한 충성과 조직의 기여를 통해 몰입도를 높인다. 구성원이 리더와의 내집단 관계가 되는 방식에는 뚜렷한 것이 없다. 대체로 리더와의 인간적 유사성을 지니고 있으면 구성원들은 내집단이 될 확률이 높다. 즉 리더와 유사한 특성인 성별, 나이, 태도, 가치관, 신념, 능력 등을 지닌 구성원이 내집단이 될 수 있다. 리더에 대해 평소 좋은 인상을 준 구성원이거나 리더로부터 긍정적 기대를 받은 구성원들 역시 내집단이 될 수 있다. 내집단의 구성원들은 리더와의 신뢰감이 구축되기 때문에 양질의 교환 관계가 성립된다. 따라서 내집단은 외집단의 구성원들보다 훨씬 더 모범적인 행동을 보인다. 이 이론에서는 리더가 자극을 주는 대로 구성원들이 반응한다는 것을 강조한다.

---

16 A. Nahavandi, *The Art and Science of Leadership*, (N.J: Prentice Hall, 2003), p. 167.

반면에 외집단의 구성원들은 리더가 최소한의 관심만을 주기 때문에 리더와의 친밀도가 떨어진다. 이에 따라 구성원들은 정해진 과업만 수행하므로 리더와 구성원의 관계는 공식적 범위를 벗어나지 못한다. 외집단의 구성원들과 리더의 관계에서는 최소한의 배려만 보이고 일방적이고 하향적 지시와 복종의 관계만 존재한다. 외집단의 구성원들은 리더와 공통의 이해관계에 있지 않기 때문에 리더의 지원을 얻지 못하기도 한다. 그러므로 외집단 구성원에게는 최소한의 혜택만이 부여된다. 외집단의 구성원들은 리더와 상호 의사소통도 적고 서로 일정한 거리를 유지하게 되는 일상이 반복된다.

3. 리더십 만들기

그랜과 위비엔은 리더십의 효과성을 높이기 위해서 리더와 구성원 사이에 양질의 교환 관계를 성립하고자 하였다. 이를 위해 '리더십 만들기(leadership making)'를 제안하고 있다. 리더십 만들기는 리더가 단지 몇 사람의 구성원들에게만 영향력을 행사하는 것에 국한하지 않는다. 구성원 모두와 양질의 교환 관계를 구축하여 협동 관계의 연결망을 만드는 것이다. 궁극적으로 조직의 목표 달성을 쉽게 하려는 목적이 있다.[17] 따라서 리더십 만들기는 시간의 경과에 따라 3단계를 거쳐서 형성된다.

a. 낯선 단계

낯선 단계(stranger phase)는 리더와 구성원의 쌍 관계 내에서 상호작용의 교류가 정해진 규정이나 공식적 필요의 한계를 넘지 않는 수준이다. 즉 리더의 영향력 행사는 일방적이다. 구성원은 계약관계나 규정된 역할만을 수행

---

17 G. B. Graen and M. Uhl-Bien, Relationship-based Approach to Leadership: Development of Leader-member Exchange (LMX) Theory of Leadership over 25 Years: Applying a Multi-level, Multi-domain Perspective. *Leadership Quarterly*, 6(2), 1995, pp. 219-247.

하면 된다. 구성원은 집단보다 자신을 먼저 생각하고 자신의 이익을 먼저 앞세운다. 따라서 리더와 구성원은 낮은 수준의 교환 관계만 맺고 있으며, 외집단 구성원과의 교환 관계의 질이 비슷하다. 이 단계에서 구성원들은 리더의 통제하에 있는 경제적 보상을 얻을 목적으로 조직의 리더에게 공식적으로만 반응한다.

b. 면식 단계

면식 단계(acquaintance phase)는 리더나 구성원들이 교환 관계의 개선을 위해 노력하는 단계이다. 이 단계는 리더나 구성원이 더욱 밀접한 사회적 관계의 형성을 모색하면서 시작된다. 이 단계는 상호 정보를 교환하는 단계이면서 상호 역할을 시험하는 단계이다. 리더는 구성원이 역할 확대에 관심이 있는지를 시험하고, 구성원은 리더가 자신에게 새로운 도전적 과업을 부여하는지를 시험한다. 즉 상호 간의 과업에 대한 새 역할 실험이 이루어지면서 상호 간의 영향력을 주고받게 된다. 이 단계에서는 교환 관계의 질이 상호작용하기 때문에 앞 단계보다 향상되어 있다. 면식 단계에서는 성공적인 쌍 관계가 형성되기 시작하면서 상호 간의 더 많은 신뢰와 존경이 교환의 관계로 발전한다. 그리고 구성원은 자기 자신뿐 아니라 집단에 관한 관심도 가지게 된다.

c. 성숙한 협동단계

성숙한 협동단계(mature partnership phase)는 더 높은 양질의 리더와 구성원의 교환 관계가 구축되는 단계이다. 리더와 구성원의 관계가 이 단계까지 발전되면 상호 간의 높은 신뢰와 존경이 쌓인다. 신뢰와 존경이 쌓이면 리더와 구성원은 상호 지원해야 할 의무감과 같은 유사한 경험을 한다. 이 단계에서 리더와 구성원은 상호 간 영향을 주고받는 수평적 관계가 형성되므로 상호 간의 의존성도 증대된다. 리더와 구성원 간의 관계는 공식적 관계를 뛰어넘는다. 따라서 서로 이기적인 생각을 버리게 되며, 건설적이고 생산적인 협동의 관계가 형성된다. 다시 말해서 리더와 구성원 모두 자신들보다 조직과 집단의 이익을 먼저 생각하는 고도의 상호 협동 관계가 구축된다. 이런 단계를 거치면서 구성원 중 일부는 내집단이 된다.

	낯선 단계	면식단계	성숙한 협동단계
역할	공식적(규정된) 역할	새역할 시험	역할협의
영향력	일방적	혼합	상호 의존적
교환의 질	저급	중급	고급
관심의 대상	자기자신	자기/타인	집단

시 간 →

<리더십 만들기 단계>[18]

4. 결론

리더-구성원 교환이론은 리더의 특성이나 행동 자체에 초점을 두는 것이 아니라 리더와 구성원과의 관계 속성을 분석하는 이론이다. 그 분석은 리더와 구성원 간의 관계를 '쌍'에 두는 독특한 특징이 있다. 리더-구성원 교환이론의 결과에 따라 효과적인 리더가 되기 위해서는 조직 내 내집단과 외집단의 구분을 통해서 구성원을 대우해서는 안 된다. 이 이론은 리더가 편견 없이 공정하고 평등하게 구성원들을 대해야 하는 것을 깨닫게 한다.

---

18 G. B. Graen & Uhl-Bien, M., *Op. cit*, p. 213.

a. 긍정적 측면

리더-구성원 교환론이 조직 생활에서 흔히 발생하는 문제를 다루었다는 것은 이론에만 머무르지 않고 리더십 이론을 실천적으로 다루었다는 데 있다. 조직 생활을 경험한 사람이라면 조직의 공헌도에 따라 상이한 보상을 받는다는 것은 익히 알고 있다. 높은 공헌도의 구성원이 높은 보상을 받으며, 낮은 공헌도의 구성원이 낮은 보상을 받는 것은 공정한 것이다. 여기에서 높은 공헌도를 지닌 구성원이 리더와 각별한 관계가 성립되는 것이 리더-구성원 교환이론의 핵심주제이다. 따라서 리더-구성원 교환이론의 과정은 현실을 반영하는 실증적 연구이다.

리더-구성원 교환이론에서는 리더와 구성원의 쌍 관계의 개념을 강조한다. 이것은 평균적으로 동일한 리더십 효과가 아닌 양방향의 영향력을 강조하는 것이다. 또한 리더-구성원 교환이론은 집단과 개별적 관계에 주목하면서 리더십의 유효성을 논하는 유일한 이론이다. 개별적인 양질의 교환 관계에 주목하기 때문에 리더-구성원 교환이론은 리더와 구성원 간 상호 의사소통의 중요성이 주목받는다. 이것은 상호 협동의 관계로 발전되어 구성원들이 조직의 미래에 대한 강한 책임 의식을 지니게 된다. 따라서 리더-구성원 교환이론은 조직 현장에서 구체적으로 활용할 수 있으므로 실무적 적용 가치가 높다.

b. 부정적 측면

리더-구성원 교환이론에 대한 가장 두드러진 부정적 평가는 리더가 내집단과 외집단을 구분하여 조직의 효율성을 높인다는 점이다. 이것은 집단 내 차별을 용인하고 조장한다는 비판을 받는다. 흔히 한국과 같은 조직문화에서는 지연, 학연 등의 연고주의가 많이 작용할 수 있다. 이런 측면에서 리더-구성원 교환이론은 형평성, 수용성, 차별, 편견, 평등 등의 문제를 일으킬 가능성이 크다. 세계화가 확산되고 있는 현시점에 있어서 체계 내에 차별주의를 용인하는 데는 문제가 있다.

리더-구성원 교환론은 리더와 구성원 간의 관계를 구축하는 요인으로 인간적 유사성, 업무에서의 유능함 등에만 주목하고 있다. 그러나 이와 같은 요인들의 상대적 중요성은 명확하게 설명하지 못한다. 그리고 다른 요인들에 관한 추가적 연구도 미진하다. 예컨대 작업 현장에서의 규칙, 조직문화에서 발생하는 문제 등도 리더와 구성원의 관계를 형성하는 데 중요한 요인으로 작용할 수 있다.

II. 자기 주도 리더십

새로운 사회의 등장은 새로운 조직의 출현을 기대하게 한다. 특히 1990년대에 접어들어 기업 내 경영혁신을 추진하는 과정에서 구성원을 관리하는 데 대한 문제점이 대두되었다. 이러한 문제를 해결하기 위한 방법의 일환으로 자기를 주도하는 리더십이 등장하였다. 기존의 경우 명령과 지시에 익숙한 조직의 구성원들은 이에 순응하였다. 그러나 이런 환경에서는 개인의 고유한 재능과 능력을 발휘하는 데에는 어려움이 따른다. 새로운 시대에는 새로운 조직 구성원들에게 요구되는 적합한 리더십, 즉 구성원들에게 변화와 진보를 촉진하여 자발적이고 혁신적인 행동을 끌어내기 위한 새로운 리더십이 필요하다. 새로운 시대의 조직에서는 구성원들의 열정과 욕구를 불러일으키는 정서적·도덕적 고양이 중요시되어야 한다. 이는 실제적이며 실천적인 측면을 강조하는 리더십이 요구됨을 말해 주는 것이다.

새로운 리더십은 조직을 실제로 이끌어 가는 원동력인 구성원에 대해 관심을 집중한다. 따라서 구성원의 잠재력을 일깨워 주는 리더십으로 자기 주도 리더십이 등장하였다. 자기 주도 리더십은 구성원 자신의 변화와 혁신을 추구하도록 하는 것이다. 또한 이 리더십은 구성원들을 자아개념, 혁신 행동, 자발적 행동 등 이를 요구하는 조직 환경의 변화에 잘 적응하도록 이끈다. 이와 같이 최근의 리더십은 시대의 변화에 따라 강한 자율성을 갖춘 새로운 형태의 조직 구성원을 요구하고 있다.

A. 셀프 리더십

1. 등장 배경

21세기에 있어서 변화는 선택의 문제가 아니라 생존의 문제가 되었다. 이런 상황에서 조직은 생존전략을 어떻게 세워야 하는가? 먼저 조직을 이끌어 가는 구성원 스스로가 상황을 분석해야 한다. 조직의 구성원은 자기 자신에게 변화를 가져다 주는 것은 구성원 자신이기 때문에 변화에 적응하기 위한 본인의 의지와 노력이 무엇보다 중요하다는 것을 인식해야 한다. 이를 위해 가장 먼저 해야 할 일은 셀프 리더십을 구축하는 것이다. 더구나 민주 사회에서 구성원 자신은 스스로 선택한 삶을 살아가야 한다. 셀프의 시대에 조직의 구성원들은 자기 자신의 중요성과 가치에 대해 인식해야 한다. 조직은 구성원들이 기존의 의존적인 구조에서 독립적인 구조로 변화될 수 있도록 구성원들을 훈련 시켜야 한다.

셀프 리더십은 1978년 커와 저미어(Kerr & Germier)의 리더십 대체 요인(substitutes for leadership) 개념과 자기 통제(self-control) 이론에 뿌리를 두고 있다.[19] 1980년대 중반에는 만즈와 심스(Manz & Sims)가 자기관리(self-management)를 확장하는 개념으로 셀프 리더십을 소개하였다.[20]

2. 셀프 리더십 개념

a. 기본 전제

셀프 리더십에 의하면 세상을 대응하는 방식은 자신의 바깥에 있는 세상

---

19 S. Kerr & Jermier, J. M., Substitutes for Leadership: Their Meaning and Measurement. *Organizational Behavior & Human Performance*, 22(3), 1978, pp. 375-403.

20 C. C. Manz & Sims, H. P., Leading Workers to Lead Themselves: The External Leadership of Self-Managing Work Team, *Administrative Science Quarterly*, 32, 1987, pp. 106-128.

과 자신의 안에 있는 세상에 대한 자신의 선택적 상호작용 속에서 결정되는데, 어떤 상황이든 가장 큰 영향을 주는 것은 '자기 자신'이다. 행복한 인생을 이루기 위해 무슨 일을 어떻게 해야 하는가에 대한 선택도 자신에게 달려 있다. 진정으로 원하는 행복을 얻기 위해서는 자기 자신을 이끌어 갈 수 있어야 한다. 우리 스스로 자신을 리드하고 참된 자신의 리더가 되며 나아가 조직에서 필요로 하는 구성원이 되도록 하는 것이다. 자신을 유일하게 리드할 수 있는 것은 자기 자신이다. 셀프 리더십에서 중요한 것은 주변에 있는 여느 리더와 마찬가지로 자신 또한 훌륭한 리더가 될 수도 있고, 그저 그런 리더가 될 수도 있다는 측면을 강조하고 있다는 점이다.

b. 개념

셀프 리더십은 '스스로에게 영향을 미치는 지속적인 과정'이다.[21] 리더는 다른 사람들에게 영향력을 행사하기에 앞서 자기 스스로를 리드할 줄 알아야 한다. 셀프 리더십은 외부의 영향력에 의한 것이 어닌, 자기 스스로 영향력을 행사하는 것을 말한다. 즉 자신의 정체성을 찾고, 스스로 먼저 생각하고 자발적으로 행동하는 것이다. 이런 경우 사람들은 행동의 결과에 상관없이 다른 사람들로부터 호감을 얻고 능력을 인정받게 된다. 조직 사회에서도 자발적으로 과업을 수행함으로써 즐거움을 누리게 된다. 이를 위해서는 자신의 개인적인 목적 달성을 위해 자신에게 동기를 부여할 수 있도록 자신의 틀을 개발하는 것이 중요하다. 셀프 리더십은 하고 싶은 과업에 자발적으로 자신을 투입할 수 있도록 하는 것이다. 결국 셀프 리더십은 자신의 바람직한 이상과 가치를 선명하게 만드는 자기 확신의 능력이다.

---

21 이은숙 역, 『바보들은 항상 최선을 다했다고 말한다』(C. M. Mans & Christoper, P. N., Mastering Self-Leadership), (서울: 한언, 2003), p. 32.

셀프 리더십은 자신의 삶에 대한 방향을 명확하게 설계하고, 그 방향으로 전력투구하는 능력이다. 따라서 셀프 리더십은 개인이나 집단의 목표를 달성하기 위해서 명확하게 자기 결단을 내리는 능력이라고 정의할 수 있다.

3. 이론적 원천

대부분의 사람은 어느 정도의 셀프 리더십을 발휘하고 있다. 그러나 모든 사람이 자발적으로 일을 시작하고, 자기 주도적이며, 자기 동기화되어 있지는 않다. 사람들은 사회인지이론(social cognitive psychology)과 내재적 동기부여 이론(intrinsic motivation theory) 혹은 인지 평가이론(cognitive evaluation) 등을 기초로 하여 셀프 리더십을 형성한다. 사회인지이론은 각자가 스스로 결정을 해야하는 상황에서 경험을 통해 자기에게 적합한 행동을 하는 것을 말한다. 행동의 실천과 변화는 자신이 사는 사회로부터 영향을 받기도 하고 반대로 영향을 주기도 한다. 이 이론은 다른 사람과의 상황을 관찰하고 자신의 머릿속에서 형성되는 생각을 이용한다. 이를 통해서 습득된 능력으로 직면하는 과제들을 경험하고 배울 수 있다. 즉 자신을 관리하고 통제할 수 있는 능력을 자발적으로 자각하게 하고 중요하게 생각하도록 하는 것을 말한다. 사회 학습 이론은 사람들이 외부의 영향에 의해 행동 강화가 이루어지고 변화되기도 하지만 동시에 내적인 인지 과정에 따라 환경에 적응하거나 환경 자체를 변화시킨다고 본다.

내재적 동기부여 이론은 자신이 좋아하는 활동을 하거나 과제를 수행하게 되면 즐거움이라는 내재적 보상받는다는 점을 강조하는 이론이다. 이 이론은 자신이 좋아하는 것을 하고 싶어 하도록 스스로 동기를 유발하도록 하는 것이 중요하다고 본다. 요컨대 내재적 동기부여 이론은 자신이 좋아하는 일을 할 경우 그 능률이 상승하므로 자신이 과업을 하는 것에 대해서 좋아하는 마음을 생기게 하는 것을 의미한다.

4. 셀프 리더십 개발전략

셀프 리더십을 개발하기 위한 전략에는 3가지가 있다. 즉 행동전략과 내재적 보상전략 그리고 사고전략이다. 행동전략에는 자기 관찰, 자기 목표 설정, 단서 관리, 자기 보상, 자기 처벌, 예행 연습의 6가지 전략이 있다. 내재적 보상전략에는 유능감, 자기 통제감, 목적의식의 3가지 전략이 있다. 그리고 셀프 리더십의 사고전략에는 자신과의 대화, 자기 신념, 상상적 경험의 3가지 전략이 있다.

a. 셀프 리더십의 행동전략

1) 자기 관찰

자기 관찰은 자기 자신을 효과적으로 관리하기 위해서 자신의 행동을 관찰하는 것을 말한다. 이것은 어떤 방법으로 자신의 행동을 변화시킬 수 있는지와 관련된 내용이다. 자기 관찰의 대상은 그런 행동을 하는 원인, 행동했던 시간, 행동의 발생 빈도, 바람직한 것과 바람직하지 못한 행동 등이다. 각자는 이를 자기 나름대로 작성하여 정리하고 다양한 변화에 대한 전략을 세워 자기를 평가할 수 있다.

2) 자기 목표 설정

자기 목표 설정은 자신이 세운 개인적인 목표를 체계적이고 계획성 있게 설정하는 것을 말한다. 이를 통해 자신의 행동을 바람직한 행동 방향으로 유도하는 방법이다. 인간은 자신의 목표가 구체적이고 도전적일 때 자신의 행동을 보다 효과적으로 관리할 수 있다. 이를 위해서 단기적 목표를 설정하는데, 단기적 목표는 장기적 목표를 위한 출발점이 되어야 한다. 리더십 과정에서 목표설정이 명확하면 구성원은 이에 대해 기대감을 가지고 적극적으로 실행한다. 따라서 셀프 리더가 되기 위해 사람들은 목표가 설정되면 이를 실천하기 위한 우선순위를 정하고 자기 동기부여가 되도록 노력해야 한다.

3) 단서 관리

단서 관리는 자신의 행동 변화를 위해 해야 할 일을 상기하고 이를 집중시키기 위한 주위 환경을 관리하는 것이다. 즉 할 일에 대한 기억의 촉진과 지속적인 관심을 두기 위한 작업이다. 예컨대 단서 관리는 자신의 행동 변화에 방해가 되는 주변 요소들을 정리하기 위해서 해야 할 일을 메모하거나 알람을 설정하여 자주 이용하는 장소에 둔다. 또 상황에 따른 단서를 통해 올바른 방향으로 행동하는 것을 목표로 하고 이를 실천하기 위한 긍정적인 기억을 상기시킬 수 있는 요소들을 활용한다. 이러한 노력은 미래의 행동 변화가 일어날 수 있도록 동기유발이 되어 자신의 성취 욕구에 집중하게 된다. 이처럼 단서를 관리하는 것은 생산적인 자기 계발의 전략을 시작하도록 하고, 자기 파괴적 행동을 제거하기 위한 것이다. 가장 중요한 것은 이를 실천하는 것이다.

4) 자기 보상

자기 보상은 자신이 바람직한 행동을 하였거나 자신이 설정한 목표가 달성되었을 때 자신에게 보상하는 것을 의미한다. 자신에 대한 성취를 이끄는 가장 효과적인 방법은 자기 보상이다. 자신의 행동이 긍정적으로 변화되었을 때 물질적·정신적 보상을 함으로써 자신에게 영향력을 행사하는 것이다. 물질적 보상은 자기 목표를 달성했을 때 유형의 보상을 하는 것을 말한다. 예컨대 과업을 행하고 여행을 한다거나, 높은 성과를 내었을 때 자신을 위한 물건을 사는 것 등이 그것이다. 정신적 보상은 자기 칭찬, 인정, 보람 등의 심리적 안정감을 말한다. 이런 과정은 자기 강화(self-reforcement)가 될 수 있다. 자기 보상은 목표를 향한 자기 동기부여의 가장 유용한 전략이 될 수 있다.

5) 자기 처벌

자기 처벌은 자신의 행동이 부정적인 결과를 초래했을 때 주는 자기 벌칙과도 같은 것이다. 자기 보상과 유사한 측면이 있으나 다른 점은 바람직한 행동을 강화하는 것보다 부적절한 행동에 대해서 부정적 행동을 감소시킨다는 점이다. 이를 통해서 각자는 자기 스스로 비윤리적이지 않은 방향에서 자기 처벌을 내리고, 자신감이나 자존감이 위축되지 않는 선에서 부적절한 행동에 대해 수정을 가한다. 바람직하지 못한 행동에 대해 많은 사람은 자기 죄책감이나 자기비판을 늘어놓는 경향이 있다. 조직에서는 과업을 달성하지 못하였거나 과업수행 중 실수를 하는 등의 상황이 발생하게 될 경우 왜 그러한 일이 발생하는가에 대한 자기 교정의 피드백을 하는 것이 필요하다. 아울러 자기 처벌은 건설적인 방향으로 제시되어야 한다.

6) 예행 연습

예행 연습은 실제로 자기 자신을 변화시키는 전략이기 때문에 실전에 임하기 전에 반복적으로 해야 할 행동에 대해 연습하는 것을 말한다. 이러한 과정을 통해서 무엇이 문제인지를 발견하고 이를 수정하기 위해서 노력해야 한다. 사회심리학을 활용한 자기 변화에서 인지적 지원(cognitive support)이 매우 중요한데, 이것은 상징적 코딩(symbolic coding), 연습(rehearsal), 자기 대화(self-talk)를 포함하고 있다.[22] 결국 셀프 리더십을 성공적으로 이끌기 위해서는 끊임없는 예행 연습이 필요하다.

b. 셀프 리더십 내재적 보상전략

셀프 리더십은 조직에서 가장 중요한 역할을 하는 구성원들의 잠재력을 함양하기 위한 시대적 요청에서 등장하였다. 오늘날 조직의 구성원은 의존적 형태에서 독립적인 형태로 변화되기를 희망한다. 즉 자발적 문제해결·계획수립·과업설계, 자발적 조직 비전에 대한 헌신, 자기 비판 등을 통해 변화되기를 원한다.[23] 결국 자발적 행동을 끌어내기 위해서는 자기 자신을 움직이게 하는 동력이 필요한데, 그것이 바로 내재적 보상이다.

내재적 보상은 어떤 일에 대한 결과에 대해서 뿐 아니라 어떤 일의 과정에서 자연스럽게 인식되는 무형의 심리적 대가이다. 즉, 특정 일에 대한 개인의 성취감을 통해 얻어지는 높은 수준의 동기유발, 보람, 즐거움 등이 이에 해당한다. 조직적 차원에서 구성원을 움직이게 하는 또 다른 보상은 외재적 보상이다. 이것은 어떤 일의 결과에 따른 동기부여를 유발할 수 있는 유형의 대가를 말한다. 이 유형에는 칭찬, 상, 급여 인상, 휴가, 성과보수 등이 있다.

셀프 리더십의 유효성을 높이기 위해서는 외재적 보상보다 내재적 보상을 활용하는 것이 중요하다. 셀프 리더십은 외부의 영향이 아니라 내부의 자기 영향력을 유지하기 위해서 내재적 보상으로 주어지는 자아실현, 만족감, 성취감 등을 필요로 하기 때문이다. 그러므로 외재적 보상이 자연스럽게 일

---

22 신구범, 『리더십 이론과 실제』, (서울: 형설출판사, 2007), p. 398 참조. 인지적 지원은 환경적 단서의 반대되는 것으로서 심리적 단서이며, 여기에는 3가지의 단서가 있다. 첫째, 상징적 코딩은 사람들은 문제에 관한 언어적, 시각적 자극을 연관시키려는 노력을 통하여 상징적 코딩을 한다. 예를 들어 마음속에 흡연자가 기침을 하고 아픈 모습을 그린다. 담배를 생각할 때마다 그것을 아픈 것과 연관시킨다. 둘째, 상징적 코딩 다음으로 연습은 문제에 대한 해결책을 마음속에서 연습한다는 것을 의미한다. 예를 들어 담배가 없는 사회적 상황에서 어떻게 행동할지를 상상한다. 그렇게 함으로써 바람직한 상황에서의 자기 이미지를 개발해 본다. 셋째, 자기 대화는 자신의 긍정적 행동을 계속하기 위해 자신에게 격려하는 말을 한다. 자신을 격려하는 말을 하는 사람이 부정하는 태도를 보인 사람보다 행동을 더 잘 변화시킨다. 자기 대화를 통하여 바람직한 행동으로 변화할 수 있다고 자신을 확신시킨다. 이 중에서 연습은 중요한 과업을 수행하기 전에 역할 연기 등을 통해서 셀프 리더십 개발을 할 수 있는 전략이다.

23 김남현 역, 『슈퍼리더십』(C. Manz, & P. Sims 저, *The New Superleadership: Leading Others to Lead Themselves*), (서울: 경문사, 2002), p. 93.

어나더라도 일이나 과제, 학습 자체에서 오는 잠재적 내재적 보상을 어떻게 증대시킬 것인가에 대한 인식이 중요하다. 내재적 보상을 작동시키는 행동에는 유능감, 자기 통제감, 목적의식이 있다.

1) 유능감

유능감(feeling of competence)은 스스로 유능하다고 느끼면서 얻게 되는 내재적 보상 활동으로 흔하게 발생하는 심리적 행동이다. 실제로 사람들은 자기가 잘하는 일에 대해서 스스로 즐거움을 찾고 자신감을 느끼는 것을 중요하게 생각한다. 자신이 알고 있는 지식을 다른 사람에게 전달하는 과정에서 자신이 유능하다고 느끼게 되기도 한다. 그 과정에서 상대방으로부터 칭찬을 듣게 될 때는 내재적 보상 활동인 유능감이 생긴다. 따라서 유능감은 자신이 겪었던 일에 관한 결과가 긍정적으로 나타나서 경험적 신념이 생기게 되는 것을 말한다. 만약 같은 일이 발생하더라도 사람들은 이미 겪었던 일이기 때문에 그 일에 대한 자신감이 생기게 되고 해결할 수 있다는 강한 자기 믿음이 생긴다. 따라서 내재적 보상의 가장 큰 원동력인 유능감을 활용하기 위해서는 과업을 하기 위한 동기부여의 유발을 상기시키고, 인지적 측면과 행동 과정 등을 통해서 이루어지도록 한다.[24]

2) 자기 통제감

셀프 리더십이 자신에게 가장 큰 영향력을 행사하는 것은 바로 자신이라는 점에서 자기 통제감(feeling of self-control)은 자신의 삶을 통제하고 싶어 하는 성향을 말한다. 외부의 영향으로 자신의 삶을 통제받는 사람보다 자기

---

24 신구범, *Op. cit*, pp. 346-347, 참조. 유능감의 효용성을 위한 구체적 사항은 직접적인 성공 경험과 성과 획득, 관찰을 통한 대리 경험 혹은 모형화, 사회적 지원, 그리고 신체, 심리적 각성에서 온다.

스스로가 자신의 운명을 스스로 결정을 하는 사람들은 자기 결정권을 가지기 쉬운 사람이다. 이것은 자기 유능감으로 이어지기도 한다. 사람들은 외부의 영향에 지나치게 의존하게 되면 무력감과 상대적 박탈감, 상실감 등에서 오는 자기 파괴적 결과를 초래할 수 있기 때문에 자기 결정권을 가지고 자신의 삶을 통제를 할 수 있어야 한다. 또한 업무수행 과정에서 발생 되는 돌발적인 일에 대해서 과감하게 그만두는 합리적 선택을 함으로써 자기 통제감을 늘릴 수 있다. 구성원들은 조직 사회에서 자기 통제감을 통해서 자율성이 증대되면 과업에 대한 책임 의식과 유의미성을 경험하게 되므로 높은 수준의 자기 동기유발을 일으키기도 한다.

3) 목적 의식

셀프 리더십의 내재적 보상 활동을 작동시키는 유능감과 자기 통제감만으로 과업의 성공을 이끌었다 하더라도 목적과 그 의미를 상실하게 될 경우 내재적 보상 활동은 그 가치를 잃게 된다. 인간은 늘 목적 의식(feeling of purpose)을 갈구하는 삶을 원한다. 자신이 아무리 유능한 사람이라 할지라도 자신이 하는 일에 대한 선한 목적과 의미가 없다면 그 일에 대한 보람과 즐거움이 사라지게 될 수도 있다. 다른 사람들에게 선의를 베풀고, 아무런 조건 없이 다른 사람들을 돕는 행동은 내재적 보상 행동의 목적과 의미를 두는 뚜렷한 행동이 된다. 이러한 행동의 목적은 이타주의와 연결된다. 단순히 과업에 대한 성공을 통해서 자신의 욕구를 충족시켰던 행동들이라 할지라도 이 과정에서 타인을 돕는 결과로 귀결되면, 선한 목적 의식과 가치를 깨닫게 된다. 이타적 동기를 부여하지 않더라도 자기 자신이 이러한 일들을 경험하게 되면서 목적 의식을 지닌 삶을 살아가고 내재적 보상의 행동을 하게 되는 것이다.

c. 셀프 리더십 사고전략

셀프 리더십의 사고전략은 자신의 사고 속에 긍정적이고 효과적인 습관이나 행동유형을 확립하는 것이다. 자신의 말과 행동은 자신의 사고로부터 나오는 것이기 때문에 긍정적인 사고를 지속적으로 하게 되면 심리적 안정감을 느끼게 된다. 반면 부정적 사고는 패배의 지름길이기 때문에 긍정적 사고와 기회주의적 사고를 기를 수 있도록 노력해야 한다. 위기 상황의 극복 과정에서 자신의 사고 패턴이 긍정적 사고이냐 혹은 부정적 사고이냐에 따라서 그 결과는 다르게 나타날 것이다. 개인의 행동과 사고방식은 각자 자신만의 방법이나 특별함을 지니고 미래의 자신을 건설하는 것인 만큼 어떤 행동을 하고 어떤 사고를 하는지에 따라 달라질 것이다. 긍정적 사고가 자신에게 유익하게 하는 것처럼 자신들의 삶도 바람직한 방향으로 개선할 수 있도록 도와준다. 즉 각자는 셀프 리더십의 사고전략을 통해서 자신 스스로에 미치는 영향력을 발휘해야 한다.

1) 자신과의 대화

긍정적인 사고 패턴은 자신과의 대화에 집중하며 관리할 때 가장 먼저 얻을 수 있다. 긍정적 사고 패턴은 자기 자신이 해야 할 일들을 잘 수행할 수 있다는 확신을 함으로써 건설적인 결과가 나오도록 하는 정신적 기술을 말한다. 자신과의 대화는 상상적인 자기 평가 및 이에 대한 반응과 관련된다. 자신과의 대화는 피그말리온 효과처럼 일상에서 자신이 원하는 삶을 지속해서 말하는 것이 현실로 일어날 수도 있는 자기 확신에 가득 찬 예언이 될 수 있다. 자신의 일상에서 갈등과 위기의 문제에 직면할 때 생기는 자신과의 부정적인 대화는 자신의 목표 달성에 역기능적으로 작용하여 자신감을 저하시키기도 한다. 그러므로 사람들은 긍정적인 자신과의 대화를 습관처럼 하도록 연습이 필요하다.

2) 자기 신념

최근의 심리학적 연구에 의하면 인생의 문제들은 역기능적 사고에서 비롯되는 경향이 있다. 즉 정신적 왜곡은 개인의 효과를 보이지 않게 하며, 비효과적 사고의 기초를 만들고 우울하게까지 만든다.[25] 이러한 역기능적 사고에서 비롯되는 왜곡된 사고는 갈등이나 위기의 상황에 직면하게 되면 부정적인 신념의 작동을 쉽게 떠오르게 한다.[26] 역기능적 사고 중 사람들이 자주 경험하는 것은 극단적 사고에 많이 빠지는 것이다. 대체로 사람들은 어떤 문제가 발생했을 때 실패 아니면 성공이라는 이분법적인 사고를 하는 경향이 있다. 따라서 실패하더라도 그 과정에서 얻을 수 있는 긍정적인 속성, 즉 자기 신념들을 발견할 수 있는 노력을 해야 한다. 역기능적 사고에 직면했을 때도 합리적으로 사고하고 이성적인 신념으로 대처할 수 있는 사고적 노력이 필요하다. 따라서 왜곡된 사고나 역기능적 사고 등으로 파생되는 고정관념이나 편견으로 나아가지 않도록 긍정적인 자기 신념을 가질 필요가 있다.

3) 상상적 경험

우리는 자신에게 주어진 과업에 관한 결과나 자신의 미래 모습을 상상할 때 대체로 성공한 자신의 모습만을 떠올린다. 이러한 행동은 사람들이 어떤 행동에 들어가기에 앞서 긍정적인 결과를 의도적으로 상상하는 경향에서 비롯된다. 이것은 승패의 결과를 중요하게 생각하는 운동경기 선수들이 많이 훈련하는 방법이다. 자신의 성과를 높이기 위해서 운동선수들은 승리한 자

---

25 이은숙 역, *Op. cit*, p. 148.

26 D. Burns, *Feeling Good: The New mood therapy*, (New York: Morrow, 1980), p. 77. 번즈에 의하면 역기능적 사고는 극단적 사고, 지나친 일반화, 정신적 여과 작용, 긍정적인 것의 과소평가, 예단하기, 과장과 축소, 감정적 추론, 강박적인 말, 낙인찍기, 개인화 비난 등이 있다.

신의 모습을 떠올리며 훈련을 하고, 실제 경기에서도 자기 확신에 찬 경기를 진행해야 한다.

상상한 경험이 실제의 결과에 미치지 못하는 이유는 지나친 기대감 때문일 수도 있다. 상상 속 모습이 현실에서 완벽하게 구현되기 어렵기 때문이다. 그러나 상상 속 경험은 자신이 직면하고 있는 삶을 개척하는 데 중요한 영향력을 발휘할 수 있다. 이것은 미래의 성공한 자신의 모습을 통해 현재 작업에 대한 강한 동기부여 효과를 가져올 수 있기 때문이다. 왜냐하면 상상 속 자신의 모습을 긍정적인 결과를 도출할 것이라는 믿음을 의도적·반복적으로 사고하게 되어 자신의 정신적 안정과 개인적 성과를 가져올 수 있기 때문이다. 이것은 셀프 리더십의 사고전략으로써 좋은 방법이 될 수 있다.

5. 결론

셀프 리더십은 자신에게 끊임없이 영향력을 행사하고 그 과정을 통해서 자신의 삶을 주도하는 주체가 바로 자기 자신이라는 점을 강조하는 이론이다. 이것은 오늘날에 요구되는 리더의 전형이라고 할 수 있다. 언론에서 보도되는 리더들을 보면 자신을 제대로 관리하지 못해서 비난의 대상이 되는 경우가 많다. 진정한 리더는 다른 사람들을 먼저 이끌려는 것보다 자기 자신을 먼저 이끌어야 한다. 이러한 셀프 리더는 조직 사회에서 자신을 신뢰하는 만큼이나 다른 사람을 존중하게 된다. 나아가 셀프 리더는 사적 이익을 추구하는 태도를 벗어나 조직의 조화와 균형을 통해 더 큰 에너지를 얻고자 노력한다. 이를 통해 셀프 리더들은 자신의 리더십을 통해서 조직의 구성원을 이끌 수 있는 슈퍼 리더로 쉽게 성장할 수 있다. 따라서 셀프 리더십과 슈퍼 리더십의 관계는 불가분의 관계에 있다. 셀프 리더십은 자신을 이끄는 것에서 머무르지 않고 다른 사람들도 셀프 리더가 되도록 돕는 슈퍼 리더십으로 확장될 수 있다. 결국 셀프 리더십은 자기 스스로 자신의 인생을 바람직한 방향으로 설정하고, 나아가 조직에서 자신에게 주어진 일에 최선을 다하는 자기 경영의 실체이다. 셀프 리더십은 다른 사람을 효과적으로 이끌기 위한 가장 기본이 되는 리더십이다.

B. 슈퍼 리더십

1. 등장 배경

급격한 환경 변화와 경쟁이 격화된 상황을 극복하기 위해 조직은 가장 먼저 인적 쇄신을 단행한다. 변화에 필요한 새로운 시스템의 구축, 물적 자원의 확보, 외부와의 상호소통 등을 이끌어야 하는 주체는 그 조직의 리더와 구성원이기 때문이다. 변화의 물결 속에서 필요한 리더십은 외부로부터가 아니라 리더와 구성원 내부의 자각된 공유로 기인하는 변화에 대한 인식의 전환이다. 이러한 인식의 전환은 전통적인 리더십과 다른 새로운 리더십의 패러다임을 요구한다.

이에 따라 최근들어 구성원들 스스로가 자율적이고 효과적으로 의사결정을 하도록 그들의 잠재력을 극대화하는 것이 리더의 중요한 역할이라는 점이 주목받기 시작하였다. 이것은 슈퍼 리더십의 출현을 요구하게 되었는바 이는 시대적 변화에서 기인한 현상이라고 할 수 있다. 기존의 조직 사회는 작업과 인력이 표준화되어 있고, 계층적 피라미드 구조의 수직적 하향식 지배 구조였다. 이런 조직 사회는 점차로 소계층의 네트워크 중심 구조, 개방적이고 분산적·분권적 의사결정을 바탕으로 변화를 강조하고 자율권이 부여된 리더십을 강조하는 사회로의 변환을 요구하였다.[27] 성공적인 기업은 조직의

---

27 김남현 역, C. Manz, & P. Sims, *Op. cit*, p. 25.

모든 계층에서 다른 리더의 발전을 도와주는 우수한 리더들을 가지고 있다고 한다.[28] 즉 조직의 성공을 결정하는 궁극적인 사안은 그 조직이 현재는 물론 미래에도 성공을 가능한 것이어야 한다. 리더십의 유효성은 조직의 성공을 위한 리더의 역할이 아니라 리더가 구성원들의 역량과 기술을 갖추도록 얼마나 노력하는가에 달려 있다. 슈퍼 리더십은 리더가 부재한 상황에서도 구성원이 자발적으로 문제를 해결할 수 있도록 가능성을 높이는 것이다. '물고기를 주면 하루를 만족할 수 있지만, 물고기를 잡는 법을 가르치면 평생을 만족할 수 있다'는 탈무드의 이야기처럼 슈퍼 리더는 셀프 리더의 양성을 목적으로 한다. 슈퍼 리더십은 다른 사람들을 체계적이고 효과적인 셀프 리더십으로 완성하기 위하여 자신의 할 일을 스스로 결정하고 수행하는 리더십 이론이다. 즉 슈퍼 리더십은 자신을 스스로 이끌어 나갈 수 있도록 가르치는 과정이다. 결국 셀프 리더십을 확장함으로써 슈퍼 리더십의 이론을 설명할 수 있다.

2. 슈퍼 리더십 개념

슈퍼 리더십의 등장은 조직의 자율성을 강조하는 리더십의 대체 이론으로 거론되었다. 이 이론은 1991년 만즈와 심즈에 의해서 슈퍼 리더십의 개념과 이론이 체계화되었다. 이들에 의하면 '슈퍼'란 어떤 유능한 능력이나 탁월한 지식을 갖춘 것을 의미하는 것이 아니다. 평범한 사람일지라도 이미 자신들이 가지고 있는 지식이나 능력을 촉진해 발전 시킬 수 있다. 즉 슈퍼 리더십은 특별한 능력을 소유한 사람만이 리더가 되는 것이 아니라 평범한 사람들도 훈련과 학습을 통해서 리더가 될 수 있다는 무한한 잠재력을 일깨워 주

---

28 이재규 외 역, 『리더십 엔진』(Noel. M. Tichy & Cohen, Eli B. 저, The Leadership Engine) (서울: 21세기북스, 2000), p. 23.

는 리더십이다. 슈퍼 리더십은 구성원들이 스스로 자신에게 영향력을 행사하여 유능한 셀프 리더로 만드는 것을 의미한다. 따라서 슈퍼 리더는 구성원들이 모두가 셀프 리더가 실현될 수 있도록 행동적·인지적 방법을 제공한다.

슈퍼 리더십의 주된 목적은 조직에서 구성원들의 역량과 기술을 끌어내어 실무에 능숙하도록 자극하고 촉진하는 것이다. 이는 구성원들이 외부의 영향 없이도 스스로 업무를 수행하여 높은 성과를 달성할 수 있도록 하는 것이다. 나아가 슈퍼 리더십은 조직 내의 구성원들에게 자율권을 부여함으로써 자발적인 자기 역량 강화와 조직 공헌에 대한 자기 책임감을 심어주기 위한 것이다.

3. 슈퍼 리더와 기존 리더의 차이점

슈퍼 리더는 모든 권력을 장악하고 구성원들을 보호하며 구원하는 영웅적 유형과는 거리가 멀다. 오히려 슈퍼 리더십은 구성원들에게 리더가 필요하지 않은 상태로 이끌어주는 데 리더십 행사의 초점을 둔다. 이런 차원에서 기존의 리더 유형들인 전제형 리더, 비전형 리더, 거래형 리더 등과 비교해 슈퍼 리더의 특징을 설명할 수 있다.

가장 먼저 전제형 리더는 명령과 지시를 무기로 하여 리더에게 권력이 집중된다. 구성원들은 강압적 권력에 대한 복종을 하게 될 뿐 창의성을 목표로 하는 구성원과는 거리가 멀다. 이러한 리더는 단기적 과업에 탁월한 효과성을 지닌다.

거래형 리더는 주위에서 흔히 발견되는 리더십 유형이다. 거래형 리더의 경우도 지도력과 통찰력의 원천은 여전히 리더 자신에게 있다. 거래형 리더와 구성원의 관계는 상호교환적이기 때문에 성과에 근거한 개인적 보상과 처벌을 통해 거래가 이루어진다.

비전형 리더는 리더가 내세운 비전을 기초로 하여 구성원들의 감성적 몰입을 끌어낸다. 비전형 리더와 구성원의 관계는 리더의 비전에 대한 의사소통, 영감, 리더의 가치관을 강조하여 구성원에게 영향력을 미치는 형태이다.

이러한 3가지 기존 리더의 유형과 달리 슈퍼 리더는 구성원의 자율성을 강조하는 유형이다. 따라서 슈퍼 리더십은 장기적인 업적을 위해 구성원들을 독려하고, 단기적인 혼돈과 욕구 불만을 해소하도록 노력한다. 슈퍼 리더는 구성원들의 높은 자기 계발 수준을 통해 리더의 부재 시에도 자율적으로 일을 할 수 있는 능력을 구축하여 팀워크를 향상한다.[29]

슈퍼 리더십은 구성원들이 리더를 간절하게 필요로 하거나 의존하게 하는 전제형 리더십이나 비전형 리더십 유형과는 상반되는 개념의 리더십이다. 슈퍼 리더는 자율 리더십을 갖춘 구성원과 리더 자신을 통해서 조직의 주인의식에 기초한 구성원들의 몰입을 끌어낸다. 또한 슈퍼 리더십은 셀프 리더의 모범이 되고 자율적인 목표 설정, 자율적인 조직문화를 촉진하는 데 초점을 두는 리더십이다.

4. 슈퍼 리더에 이르는 일곱 단계

슈퍼 리더가 되기 위해서는 다음과 같은 7단계를 거쳐서 실현된다.[30]

우선, 리더는 스스로 효과적인 셀프 리더십을 실행해야 한다. 리더가 자신의 문제를 스스로 해결해 가는 모습을 보여주지 않으면 구성원들의 신뢰를 확보할 수가 없다. 따라서 슈퍼 리더가 되기 위해서는 자신이 먼저 셀프 리더가 되어야 한다.

두 번째 단계로, 슈퍼 리더는 셀프 리더십의 모범이 되어야 한다. 슈퍼 리더십에서 가장 중요한 단계는 역할 모델과 학습조직을 구성하는 것이다. 슈

---

29 김남현 역, C. C. Manz & Sims, H. P., *Op. cit*, p. 62.

30 C. C. Manz & Sims, H. P., Superleadership: Beyond the myth of Heroic Leadership, *Organizational Dynamics*, 19, 1991, pp. 18-35 참조.

퍼 리더는 구성원들에게 자율 리더십의 행동을 구체적으로 보여주면서 역할 모델화가 되도록 한다. 이에 따라 슈퍼 리더는 구성원들의 학습을 유도하고, 방해요인을 극복하도록 해준다. 슈퍼 리더는 학습하는 자세에 대해 알려줌으로써 창조적인 환경도 조성하도록 한다.

세 번째 단계로, 슈퍼 리더는 구성원이 자발적으로 자율적인 목표를 설정하도록 고무시킨다. 슈퍼 리더는 조직과 그의 비전을 기반으로 하여 구성원들이 자발적으로 성과수행의 표준을 정하도록 하고, 성장 목표를 설계하도록 장려하고 교육한다. 그리하여 슈퍼 리더는 구성원 개인의 목표가 잘 수행될 수 있도록 격려한다.

네 번째 단계로, 슈퍼 리더는 긍정적인 사고방식을 창출하고 격려해 준다. 슈퍼 리더는 구성원들이 잠재력을 향상할 수 있도록 자신감을 주고 적극적으로 고무하도록 지원한다. 사고방식을 바꾸는 데는 시간이 소요되므로 평소에 구성원과 빈번하게 교류하여 그들에게 칭찬과 독려를 하도록 한다. 슈퍼 리더는 구성원들에게 기대감을 줌으로써 긍정적 사고방식의 동기부여를 유도한다.

다섯 번째 단계로, 슈퍼 리더는 보상과 건설적 처벌을 통해 셀프 리더십을 촉진한다. 슈퍼 리더는 구성원들이 과업을 수행하고 확보할 수 있는 내재적 보상 교육을 해야 한다. 나아가 슈퍼 리더는 구성원들의 욕구와 과업의 특성을 고려하여 업무 위치를 배정하도록 고려한다. 반면 구성원들의 과업 상의 실수와 같은 제재가 필요한 경우에는 처벌한다. 이것은 건설적 처벌로 책정되어야 한다. 슈퍼 리더는 실수에 대한 교정 피드백에 초점을 두어 구성원의 자발적 자기 통제를 유도한다. 따라서 슈퍼 리더는 보상과 처벌을 적절히 사용하는데, 직무성과 자체보다 자발적이고 주도적으로 과업을 수행할 때 적절한 보상을 하고 바람직하지 못한 행위가 나타날 때 처벌을 활용한다.

여섯째 단계로, 슈퍼 리더는 팀워크를 통하여 셀프 리더십을 양성한다.

팀의 구성원들 스스로 셀프 리더가 될 수 있도록 슈퍼 리더가 독려한다. 슈퍼 리더는 팀 자체가 자율적으로 관리되게 함으로써 책임감과 만족감을 느끼게 하고, 슈퍼 리더에게 의존하지 않는 자발적 판단과 결정을 하도록 지도한다.

마지막 단계로, 슈퍼 리더는 셀프 리더십의 문화를 조성한다. 슈퍼 리더는 조직 전반에 자율적 분위기를 촉진하도록 하여 자율적으로 과업을 수행할 수 있는 체계를 만들고 새로운 구성원들도 동화될 수 있는 교육 및 시스템을 마련한다. 또한 슈퍼 리더는 셀프 리더십을 활성화하기 위해서 분권적 조직문화가 조성될 수 있도록 한다.

이와 같은 단계를 거쳐 셀프 리더십이 구현되면 구성원들의 조직에 대한 몰입도가 증가하게 된다. 이것은 구성원들에 대한 높은 동기부여를 유발해 자기 계발의 수준을 높이게 된다. 이 과정에서 구성원 각자의 역량이 배가 됨으로써 조직의 성과가 향상되고 조직의 혁신이 활성화된다. 이에 따라 슈퍼 리더는 자신이 셀프 리더의 모범이 되지 못한다면 구성원들에게 셀프 리더가 되어야 한다는 논리는 설득력을 잃게 된다. 궁극적으로 슈퍼 리더가 되기 위해서는 우선 자기 자신이 셀프 리더가 되어야 한다.

5. 결론

슈퍼 리더십은 성공하는 조직의 핵심적 능력이 또 다른 리더를 만드는 일이므로 성공적인 리더의 복제와 재생산이 리더십 유효성의 중요한 척도가 된다.[31] 슈퍼 리더십은 구성원들의 성공을 통해서 유효성을 측정할 수 있다. 즉 셀프 리더십을 촉진하는 능력으로 슈퍼 리더십의 유효성을 인식할 수 있으나, 슈퍼 리더십이 리더의 생각에 의존하여 구성원의 의지를 꺾으려는 능력으로 측정되어서는 안 된다. 조직의 차원에서 보면 슈퍼 리더십은 구성원

31 신구범, *Op. cit*, p. 389.

들의 역량과 기술을 촉진하는 것이므로 조직의 성공을 위해서 오늘날 가장 필요로 하는 리더십임에는 틀림없다.

슈퍼 리더십은 구성원의 잠재력이 조직의 중요한 자원이 된다는 점에서 시대적 요청을 반영하고 수용한 리더십의 새로운 전형이다. 슈퍼 리더십이 셀프 리더십의 자율성에 기초하는 것은 권한에 대한 위협이 아니다. 이는 리더와 구성원과의 신뢰성이 확보되는 분권적 조직 문화가 형성되고 활성화되는 기능으로 작용한다. 그리고 이로써 조직의 높은 성과를 가져올 수 있다.

슈퍼 리더십에서는 리더와 구성원 간의 상호 의사소통이 잘 이루어지기 때문에 구성원들에게 권한을 분배함으로써 수평적 조직을 이룬다. 이렇게 되면 구성원들의 자율권은 형성될 수 있다. 슈퍼 리더십은 구성원들에게 자신감, 목표 설정, 자기 통제, 긍정적 사고 등을 고무시켜 그들 자신을 안내할 수 있도록 한다.

궁극적으로 슈퍼 리더는 구성원들이 더는 리더를 필요치 않게 하는 수준에 이르게 하여 셀프 리더십을 완성할 수 있도록 한다. 이렇게 함으로써 리더로서 해야 할 역할을 마무리 짓게 된다. 따라서 조직 구성원의 셀프 리더십 구축은 슈퍼 리더의 등장을 마련해 주는 계기가 된다.

| 참고문헌 |

김남현 역, 『슈퍼리더십』(C. Manz, & P. Sims 저, *The New Superleadership: Leading Others to Lead Themselves*), 서울: 경문사, 2002.

문근찬, 『리더십 산책』, 서울: 한티미디어, 2007.

배정훈, 『조직관리와 리더십』, 서울: 형설출판사, 2009.

백기복, 『조직행동연구』, 서울: 창민사, 2011.

변상우, 『리더십 개발과 훈련』, 서울: 청람, 2011.

신구범, 『리더십의 이론과 실제』, 서울: 형설출판사, 2007.

유진이·박철웅·최순종 공저, 『세계화와 글로벌 리더십』, 파주: 양서원, 2008.

이관웅, 『신뢰경영과 서번트 리더십』, 서울: 엘테크, 2001.

이은숙 역, 『바보들은 항상 최선을 다했다고 말한다』(C. M. Mans & Christoper, P. N., *Mastering Self-Leadership*), 서울: 한언, 2003.

이인웅 역. 『동방순례』(Herman Hesse, Die Morgenlandfahrt-Eine Erzählung), 서울: 이숲에올빼미, 2013.

이재규 외 역, 『리더십 엔진』(Noel. M. Tichy & Cohen, Eli B., The Leadership Engine), 서울: 21세기북스, 2000.

정우일, 『리더와 리더십』, 서울: 박영사, 2006.

정윤재, 『정치리더십과 한국 민주주의』. 서울: 나남출판사, 2003.

탁진국·손주영, 『리더십 이론과 실제』. 서울: 학지사, 2017.

한승로, 『리더십 이론과 한국정치』, 서울: 민족지성사, 1988.

Bass, B. M. Leadership: Good, Better, Best, *Organizational Dynamics*, Winter, 1985.

____, *Leadership and Performance Beyond Expectations*, New York: Free Press, 1985.

Bryman, A., *Charisma and Leadership in Organization*, London: Sage, 1992.

Burns, D., *Feeling Good: The New mood therapy*, New York: Morrow, 1980.

Burns, J. M., *Leadership*, New York: Harper & Row, 1978.

Conger, J. V. & Kanungo, R. N., Toward a Behavioral Theory of Charismatic Leadership in

Organizational Settings, *Academy of Management Review*, 12, 1987,

Dansereau, F., Graen, G. & Haga, W. A Vertical Dyad Linkage Approach to Leadership to Leadership Within Formal Organizations: A Longitudinal Investigation of the Role-making Process. *Organizational Behavior and Human Performance*, 13, 1975.

Downton, J. V., *Rebel Leadership: Commitment and Charisma in a Revolution Process*, Oaks, CA: Sage, 1973.

Drucker, Peter F. *Management: Tasks, Responsibilities, Practices*, New York: Harper & Row, 1985.

Fiedler, F. E. *Validation and Extension of Contingency Model of Leadership Effectiveness*: A Review of Empirical Finding, *Psychological Bulletin* Vol. 76, 1971.

______ and Chemers, M. M., *Improving Leadership Effectiveness: The Leader Match Concept*, Revised Edition, New York: John Wiley & Sons, 1977.

______ and Garcia, J. E., *New Approaches to Effective Leadership: Cognitive Resources and Organizational Performance*, New York: John Wiley, 1987.

Graen, G. B. and M. Uhl-Bien, Relationship-based Approach to Leadership: Development of Leader-Member Exchange (LMX) Theory of Leadership over 25 Years: Applying a Multi-level, Multi-domain Perspective. *Leadership Quarterly*, 6(2), 1995,

Hackman, J. R. and G. R. Oldham, Motivation Through the Design of the Work: A Test of Theory, *Organizational Behavior and Human Performance*, Vol. 16, 1976.

Halpin, A. W. *The Leadership Behavior of School Superintendents*, Chicago: Midwest Administration Center, The University of Chicago, 1959.

Hunt, J. G. & L. L Lason (eds.), *Leadership: The Cutting Edge*, Carbondale: Southern Illinois University Press, 1977.

Kaplan, R. S. & D. O. Norton, *The Balanced Scorecard*, Harvard Business Review, Jan.-Feb., 1992.

Kelly, R. E. *The Gold-Collar Worker*, New York: Addisom-Wesley, 1985.

Kerr, S. & Jermier, J. M., Substitutes for Leadership: Their Meaning and Measurement. *Organizational Behavior & Human Performance*, 22(3), 1978.

Lewin, K., Lippitt, R. & White, R. K. Patterns of Aggressive Behavior in Experimentally Created Social Climates, *Journal of Social Psychology*, 10, 1939.

Likert, R. *New Patterns of Management*, New York: McGraw-Hill, 1961.

Lowe, K. B. & Gardner, W. L., Then Years of the Leadership Quarterly: Contributions and Challenges for the Future. *Leadership Quarterly*, 11(4), 2001.

Manz, C. C. & Sims, H. P., Leading Workers to Lead Themselves: The External Leadership of Self-Managing Work Team, *Administrative Science Quarterly*, 32, 1987.

_____, Superleadership: Leading Others to Lead Themselves, New York: Prentice-Hall, 1989.

_____, Superleadership: Beyond the myth of Heroic Leadership, *Organizational Dynamics*, 19, 1991.

_____, The new Superleadership: Leading Others to lead Themselves, San Francisco: Berrett-Koehler Publishers, 2001.

Nahavandi, A., *The Art and Science of Leadeship*, N.J: Prentice Hall, 2003.

Northouse, P. G. *Leadership: Theory and Practice*, Los Angeles: SAGE, 2019.

Peale, N. V., *The Amazing Results of Positive Thinking*, New York: Fawcett Crest Books, 1959.

Shamir, B. Meaning, Self, and Motivation in Organizations. *Organization Studies*, 12, 1991.

Sims, B. J., *Servant Hood: Leadership for the Group Effectiveness*, The Wharton School, University of Pennsylvania, 1997.

Spears, L. C., *Insights on Leadership: Service, Stewardship, Spirit, and Servant-Leadership*, New York: John Wiley and Sons. Inc, 1995.

Weber, M., *The Theory of Social and Economic Organization*, ed. T. Parson: tr and by A. M. Henderson & T. Parsons. New York: The Free Press, 1947.

7장

리더의 자질

내가 할 일은 사람들에게 다정하게 대하는 것이 아니다. 나와 함께하는 위대한 사람들을 압박해 그들이 한층 더 발전하도록 하는 것이다.

- Steve (Steven Paul) Jobs

나는 첫째, 용기와 능력,
둘째, 포화속의 실제 경험으로 사람의 역량을 평가한다.

- Winston Leonard Spencer Churchill

I. 서 론

리더는 자신에게 주어진 시스템과 네트웍, 그리고 각종 권한 등을 수단으로 하여 조직을 운용하며 주요 정책들을 통할, 주도한다. 이러한 과정에서 리더십은 매우 중요한 기능을 한다.

정치적 리더의 역할, 위상, 자질 등과 관련해서는 정치가론, 위정자론 등 다양한 이론들이 존재해 왔다. 전술한 플라톤의 '철인왕론(哲人王論)', 공자의 지도자론[1], 마키아벨리가 통치의 기술로 언급한 소위 '사자와 여우' 이론 역시 리더의 자질 내지 역량과 직·간접적으로 관련되어 있다.

로널드 레이건(Ronald Wilson Reagan, 1911-2004) 전 미국 대통령은 '리더는 위대한 일을 하는 사람이라기보다 다른 사람들로 하여금 위대한 일을 하게 만드는 사람'이라고 하였다. 그리고 쿠제스(James M. Kouzes)와 포스너(Barry Posner)는 리더를 '거창하고 원대한 자가 아닌, 일상의 순간 어디에서나 존재하는 자'라고 하였다.[2] 리더에게 요구되는 자질은 집단의 규모, 팔로워와 조직의 성격, 조직의 문화, 상황 등에 따라 상대적이기 때문에 시공간을 초월해 적용될 수 있는 보편타당한 요소들을 제시하기는 어렵다. 즉 시공간적 상황, 제도와 조직의 형태, 인적 구성 등의 차이에 따라 요구되는 리더의 유형도 달라진다. 따라서 우리는 이러한 상황과 역할의 수행에 적합한 특정

1 이에 대해서는 후술한다.

2 정재창 역, 『리더십 챌린지』(James M. Kouzes, Posner, Barry, *The Leadership Challenge: How to Make Extraordinary Things Happen in Organizations*), (파주: 이담, 2018).

의 지도력이나 자질의 공분모적 요소를 언급할 수 있을 뿐이다.

지금까지 리더의 자질에 대해서는 많은 학설들이 존재해 왔는바, 리더의 자질은 크게 외적 자질과 내적 자질로 나누어 볼 수 있다. 외적 자질은 신체적 능력, 즉 체격, 외모, 목소리의 강도와 질 등과 관련된 것이다. 예컨대 특정의 신체적 요소가 다른 사람들에게 신뢰감을 줄 수도, 그 반대의 경우일 수도 있다. 그러나 이것이 절대적인 요소는 결코 아니다. 실제로 외적인 자질은 내적 자질에 비해 중요하게 언급되지 않는다. 예컨대 공과(功過)를 떠나, 잘 알려진 리더들 중 나폴레옹, 간디, 덩샤오핑, 박정희 대통령 등은 신체적인 면에서 뛰어난 인물은 아니었다. 더욱이 현대 사회에서 명령, 지침의 하달, 정보의 전달, 각종 협의 등은 직접 대면보다 인터넷, 기타 매체 등에 의한 간접 접촉으로 이루어지는 경우가 증가하고 있다.

특성론적 측면에서 볼 때 내면적 자질은 일정 부분 타고나는 것이다. 이 경우 리더와 팔로워 간의 조화가 잘 이루어지는 집단에서는 개인의 일체감과 집단의 성취도를 높일 수 있다. 그러나 개인주의화, 다원화 된 사회에서 항상 자신의 적성에 맞는 집단에 속해 있기는 어렵다. 또한 자신의 성격이나 취향에 맞는 집단에 소속되는 것만 추구하고 거기에 안주하여 사회 활동을 게을리 한다면 급변하는 시대적 변화에 부응하지 못할 것이다. 따라서 각자는 자신의 성격이 갖는 장·단점을 분석하고 여러 사회 집단을 경험하면서 자신의 장점을 극대화하고 단점을 보완할 수 있는 방법을 모색해야 한다.

리더는 구성원들이 가진 능력 이상의 결과를 이끌어 내기도 하고, 집단의 역량을 저하시키거나 와해시킬 수도 있다. 영향력의 측면에서 리더는 조직의 전반에 영향을 미친다. 이러한 측면에서 리더의 역량과 자질은 매우 중요하다.

II. 리더의 자질에 관한 학설

리더에 대한 정의가 그러하듯 리더에게 요구되는 덕목 역시 시대적·사회적 상황, 또는 집단의 성격에 따라 다른바 최상의 덕목을 일반화 하기는 어렵다. 여기서 우리는 글로벌 시대에 요구되는 리더상이 무엇이며, 그러한 리더상을 가지기 위해 리더가 어떠한 비전과 자질을 가져야 하는지 알아볼 필요성이 있다.

리더 중 취상위의 조직을 이끄는 리더는 정치가이다. 플라톤에 의하면 국가의 통치자는 균형감각과 판단력을 겸비함과 아울러 이성과 절제로 비열한 행동과 격정을 억제할 수 있어야 하는데, 그러한 자질을 가지고 있는 사람이 바로 '철인'이다. 플라톤이 살았던 당시에는 자유민들이 소수(전체 구성원의 1/5 정도)였으며 다수의 사람들은 문맹(文盲)이었다. 따라서 지혜를 가진 '현자에 의한 지배' 논리가 설득력을 가지고 있었다.

그러나 현대사회에는 대부분의 국민들이 일정 이상의 학력을 소지하고 있다. 또 모든 것이 개방되어 있는 정보화 사회에서는 특정인에 의한 주장이 일반 국민에 의해 보편적으로 수용되기 어렵다. 이에 따라 현대국가에서는 단순한 지식을 넘어 지도자가 가진 명확한 판단력과 현실에 대한 인식, 그리고 정의감과 공정성 등이 국가지도자들이 지녀야 할 중요한 덕목으로 인식되고 있다.

정치적 리더의 자질과 관련해 메리엄(Charles E. Merriam)은 ⓐ 고도의 사회적 감수성 ⓑ 고도의 친근성, ⓒ 단체교섭 능력, ⓓ 극적 표현능력 ⓔ 일정한 법식(法式), 다양한 정책, 이데올로기, 전략 또는 계획 등을 창안해 낼 수 있는 능력, ⓕ 고도의 용기 등을 들고 있으며, 미헬스(Robert Michels)는[3] ⓐ 웅변, ⓑ 의지력, ⓒ 정열, ⓓ 지력, ⓔ 도덕성, ⓕ 체력 등을 들고 있다. 또 막스 베버(Max Weber)는 ⓐ 정열, ⓑ 책임감, ⓒ 판단력 등을, 로버트 다알(Robert Dahl)은 ⓐ 윤리적 능력, ⓑ 기술적 능력, ⓒ 수단적 능력을 들고 있다.[4]

이상의 제요소들은 상황, 제도, 구성원 등의 상이함에 따라 다양한 형태로 발현되고 적용된다. 특히 현대국가에서는 전문지식, 사회성, 인간적 매력, 도덕성 등이 리더의 자질로 매우 중요시 되고 있다. 여러 학자들의 견해들을 종합해 필자는 리더에게 요구되어지는 자질의 요소로 목적의식과 책임의식, 신념과 열정, 추진력, 결단력, 소통력과 설득력, 정보력, 성실성, 도덕성과 휴머니즘, 제도화와 효율화 능력, 지적 능력과 판단력, 창의력과 비전, 갈등관리능력, 유머감각, 시민정신, 공정성과 정의감, 사랑, 의지력과 인내력, 회복력, 목적의식, 공감력과 감수성, 관용, 격려와 칭찬, 여유와 휴식 등을 들고자 한다.

---

3 그는 주로 당시 사회주의 정당의 지도자를 상정했다.

4 이극찬, *Op. cit.*, pp. 268-273.

III. 리더의 자질·리더십의 구성 요소

A. 책임의식

지도자에게는 집단이나 조직이 지향해야 할 바에 대해 확고한 책임의식을 가질 것이 요구된다. 책임의식은 국가의 안위, 자유, 평등, 정의, 인간의 존엄성, 사회복지 등에서 작은 집단에 이르기까지 광범위한 영역에 걸쳐 요구되는 덕목이다. 흔히 보이는 자유방임형, 관리형, 컨트리 클럽형, 복지부동형의 리더나 서브-리더(sub-leader)는 이러한 책임의식과 거리가 있다.

리더들은 조직을 이끌고 그 조직의 안정과 안위, 성패와 관련된 주요 결정을 내린다. 대부분의 경우 리더는 조직 내에서 특정의 사안이나 정책에 대해 결정을 내릴 수 있는 권한을 가지고 있다. 그러나 권한의 행사에 앞서 그에 상응하는 책임감도 요구된다. 리더가 자신이 행한 결정에 대한 책임을 지지 않을 경우 구성원들은 리더에 대한 신뢰를 저버리게 될 것이다.

역사상 많은 리더들은 신상필벌(信賞必罰)을 중시했다. 신상필벌은 책임감의 중요성을 환기시키는 기제로 작용한다. 그러나 신상필벌은 팔로워 뿐만 아니라 리더에게도 적용된다. 예컨대 정치지도자 등에 대한 탄핵의 발동 등이 그 예이다. 따라서 여론 주도자(opinion leader)로서 리더는 자신의 일거수일투족, 일상생활 등 많은 요소들이 조직은 물론 팔로워들에게 영향을 줄 수 있다는 점을 인식해야 한다. 궁극적으로 리더는 선공후사(先公後私)의 책임의식을 가지고 자신의 이익보다 집단 또는 조직의 발전을 위해 헌신해야 한다.

B. 신념, 열정, 결단력, 추진력

신념과 추진력은, 일면 소통력과 양립할 수도 있고 그 반대일 수도 있다. 열정은 팔로워나 리더를 떠나 모든 인간에게 있어서 특정의 성과를 가져오게 하는 원천이다. 노력과 등치되는 열정은 프로의식을 가늠하는 하나의 기준이 되기도 한다. 또한 그것은 조직이나 집단에 대한 지도자의 기여와 헌신을 평가하는 척도의 하나가 된다. 그러나 열정은 리더에게만 요구되는 덕목이 아니다. 조직의 구성원 역시 자신이 추구하는 목적의 달성을 위해 일에 대한 열정과 의지력을 가져야 한다.

열정과 의지력은 지적인 능력보다 더 중요한 것으로 인식되고 있다. 집단을 이끌어 가는 리더에게 있어서 이러한 열정과 의지력은 더욱 중요하다. 열정과 의지력이 약한 리더는 성공하기 어렵다. 역사상 성공한 대부분의 지도자들은 일에 대한 강한 열정을 가지고 있었으며, 옳다고 생각하는 부분에 대해서는 강하게 일을 추진하고 관철시키는 의지력을 가지고 있었다.

신념과 추진력을 가졌던 대표적 리더로, 외국의 경우 링컨, 프랭클린 루스벨트, 케네디, 간디, 드골, 처칠, 우리나라의 박정희, 정주영 등을 들 수 있다.

특히 위기상황이나 혼란기의 경우 지도자의 신념과 추진력은 보다 크게 작용한다. 박정희 대통령의 경우 당시 경부고속도로 건설, KIST 설립, 포항제철 건설, 구미산업공단 건설, 의료보험제의 도입, 치산치수(治山治水), 경지정리 사업 등에 대해 많은 국민들이 반대했음에도 불구하고 의지력을 가지고 일관되게 과업을 추진하였다. 그러나 그러한 결정은 현재에 와서 긍정적 평가를 받고 있다.

미국의 32대 프랭클린 루스벨트(Franklin D. Roosevelt, 1882-1945) 대통령은 소아마비의 신체적 장애를 가지고 있었으나 타의 추종을 불허할 만큼 강한 의지력을 가지고 있었다. 그는 결단력이 강하여 일단 결정하면 과업을 일관되게 추진하였다. 루스벨트는 1929년 세계대공황이 시작된 직후인 1933년 대통령에 취임하였다. 당시 미국 근로자의 25%인 약 1,500만 명이 실업자로 전락했고, 1/7의 가구가 정부보조를 받았으며, 4,600개의 은행이 폐업했다. 이러한 상황에서 루스벨트는 뉴딜정책을 입안하여 과감하게 추진하였다. 이로써 실업문제를 해결하고 경기를 진작시켰다. 루즈벨트의 결단력에 힘입어 미국은 대공황을 극복할 수 있었다.[5] 그리고 그는 미국 역사에 전무후무한 4선의 기록을 세웠다.

케네디 대통령 역시 쿠바사태, 미시시피대의 제임스 메러디스 입학 사건 등으로 대표되는 인종갈등 문제, 우주정복 사업 등에서 결단력을 발휘한 것으로 평가받는다. 특히 인권문제와 관련해 다수의 백인들로부터 저항을 받았으나 인종차별 철폐정책을 일관되게 추진하여 이후 높은 평가를 받았다.

GE의 잭 웰치(Jack Welch, 1935-2020), 월마트(Walmart)의 샘 월턴(Sam Walton, 1918-1992), 사우스웨스트 항공의 허브 켈레허(Herb Kelleher, 1931-2019) 등은 실행을 조직 문화로 정착시킨 대표적인 리더들이다. 웰치즘(Welchism)이라는 말까지 나왔던 잭 웰치의 경우 CEO의 엄격한 기준으로 ① 위험감수능력 ② 결단력 ③ 열정을 들었다. 그에 의하면 CEO는 ① 사원들이 즐겁게 일하도록 힘과 동기를 부여해야 하고, ② Yes/No를 분명히 해야 하며, ③ 열정을 가지고, ④ '사람'과 '승리'에 관심을 가져야 한다.[6]

잭 웰치에 의하면 리더십은 정원사와 장미의 관계에 비유된다. 경영자는

---

5 루스벨트의 뉴딜정책은 박정희 대통령 집권기의 한국, 리콴유(李光耀; Lee Kuan Yew) 집권기의 싱가포르 등 많은 국가에서 원용하였다.

6 GE(General Electric)는 9·11테러 당시 위력을 드러내었다. 사고 항공기의 모든 엔진이 GE 제작이었고, 희생자의 보험사도 GE였다. 또한 GE의 NBC방송에 의해 생생하게 보도되었으며, GE의 첨단의료기기가 부상자들을 치료하였다. GE는 가전에서 의료기기, 방송에 이르기까지 그의 영향력을 보여 주었다. 이로 인해 잭 웰치의 제임 기간 동안 주식의 시가 총액은 38배 상승했고, 순익의 8배 증가했으며, 20년 동안 세계 1위 기업을 지켜내었다. MBC 스페샬: 신년기획 리더십, 제4부 CEO의 황제 잭웰치. 2006.2.5 방영.

한 손에는 비료와 물, 한 손에는 가위를 갖고 있어야 한다. 그는 활력곡선에 입각한 엄격한 평가를 통해 전체를 2(최상위):7(핵심):1(최하위) 그룹으로 나누었다. 최상위에게는 스톡옵션을 주고, 최하위는 정리하였다. 그는 전체 사원의 1/4를 해고하기도 했다. 그에 의하면 해고되는 사람들에게 해고 사실을 최대한 빨리 알려 주는 것은 새로운 인생을 살 수 있는 기회를 주는 것이다.[7]

신념이 부족하고 자신감이 약하며 결단력이 부족한 리더들은 중요한 순간 결정을 내리는 데 대해 주저하거나 우유부단하게 임한다. 의사결정 시 지나치게 복잡하게 생각하거나 다양한 변수들을 고려하다가 적기를 놓치는 경우도 있다. 또한 옳다고 생각하더라도 반대에 직면하게 되면 자신의 주장을 쉽게 굽히거나, 이미 내린 결정을 번복하는 경우도 있다. 온정주의에 사로잡혀 부하 직원의 잘못을 보고도 덮고 넘어가거나, 위험 부담이 큰 과업의 경우 다른 사람들의 의사결정에 의존하는 등 리더로서 카리스마가 부족한 행동 특성을 보이는 서브 리더들도 있다.

C. 소통력, 설득력, 정보력

경청은 소통력과 직접적으로 관련된다. 대부분의 사람들은 타인의 말을 듣기보다 자신이 말을 하고자 한다. 이러한 성향과 관련해, 일각에서는 신이 인간에게 두 개의 귀를 부여하고, 한 개의 입을 창조한 것처럼 진정한 인격자가 되기 위해서는 자신의 말은 절제하고 다른 사람들의 말을 경청하는 것이 필요하다고 한다.

---

7 그러나 그는 성과를 무기로 압력을 하는 것은 좋지 않다는 비판과 아울러, 빈부격차, 고실업, 주주위주의 정책이라는 비판도 받았다.

특히 지도자들은 말을 가리고 실언을 삼가야 한다. 고대 희랍의 피타고라스(Pythagoras)는 "침묵하라. 아니면 침묵보다 더 나을 수 있는 말을 하라"고 말했다. 우리나라의 경우 설화(舌禍) 등으로 논란의 중심에 섰던 정치지도자들이 다수 있었다. 링컨(A. Lincoln) 역시 "내가 무심코 실언을 하게 되면 그것은 나 자신과 여러분 그리고 이 나라 전체에 영향을 미칩니다. 그 때문에 나의 실수가 최소한에 머무르도록 노력해야 합니다."고 말한 바 있다. 미국의 제42대 빌 클린턴(W. J. Bill Clinton Ⅲ, 1946-) 대통령은 '경청이 성공의 비결'이라는 신념을 가지고 있었다. 그는 정계 입문 시부터 주위의 사람들과 대화를 하고 아이 컨택(eye contact)을 하며 경청한 것으로 알려져 있다.

리더에게는 공동체의 목표를 달성하고 공동체 집단의 변화를 일으키기 위해 사람의 마음을 움직이는 힘이 필요하다. 그 힘의 기반이 되는 것이 소통력과 설득력이다. 조직구성원들을 대상으로 한 연구들에 의하면 팔로워들이 가장 긍정적으로 평가하는 리더의 유형이 '소통하는 리더'이다. 집단의 구성원들은 그들과 더불어 조직을 운영하면서 그들의 목소리에 귀 기울이는 리더를 원하고 이러한 리더와 함께 하고 싶어 한다는 것이다.[8] 소통은 서로 간의 신뢰를 만들고 이는 구성원들이 리더를 따르는 근거가 된다.

그러나 소통력은 비교적 현대에 와서 더욱 부각된 지도자의 덕목 중 하나이다. 전근대적 사회나 권위주의 시대에는 지도자가 지녀야할 덕목으로써 소통이 크게 부각되지 않았다. 과거의 경우 리더들에게 있어서 부하들은 '효율적으로 관리해야 하는 존재'로 인식되었기 때문이다. 그러나 팔로워들에 대한 동기의 부여가 중시 되면서, 권위적인 태도의 비효율성에 대한 비판들이 제기 되었다.

---

8 염성수, 2018, 「21세기가 필요로 하는 리더, 그것을 알고 싶다!: 주관성연구, Q방법론을 활용하여」 『경영교육연구』, 제33권 2호, 한국경영교육학회, pp. 181-200.

리더는 구성원들의 의견을 의례적으로 듣기만 하는 것이 아니라, 그들의 의견을 종합하고 판단하여 조직을 이끌어 내어야 한다. 조직의 리더가 소통을 결한 채 일방적으로 조직을 이끌어 갈 경우 팔로워들은 리더에 대해 불만을 가지게 되고 이것은 비효율적 성과로 귀결될 것이다.

지도자가 권력의 핵심(core of power; inner circle)이나 권력의 장치(apparatus of power)에 둘러싸여 여론을 정확하게 파악하지 못할 경우 그 권력은 파행으로 흐르기 쉽다. 리더의 독선적이고 권위적인 행동은 능력 있는 인재들의 이탈을 유발하고, 구성원들의 동기부여나 업무 몰입도를 저하시켜 결과적으로 성과를 저하시키는 요인이 된다. 높은 사회갈등지수, 특히 인종, 성별, 연령, 학력, 재력 등의 차이에 의한 갈등이 큰 사회일수록 소통력의 중요성은 더욱 커진다.

인간은 사회적 존재인바 혼자서 살아갈 수 없다. 따라서 삶에서 협상이나 설득, 동의는 필수적인 것이다. 특히, 공동체를 이끄는 리더에게 다른 사람을 설득시킬 수 있는 커뮤니케이션 능력은 더욱 중요하다. 리더에게는 모든 구성원들이 문제 상황과 그 해결책에 대한 방향을 이해하고 납득할 수 있도록 논리적으로 설득시키는 의사소통능력이 필요하다.

정보력도 아주 중요하다. 현대는 정보화의 사회인바 정보력은 시대적 흐름을 파악하고 타자와의 경쟁에서 앞서 갈 수 있는 아주 유용한 무기가 된다. 정보력은 특히 현대의 리더에게 요구되는 매우 중요한 덕목 중 하나가 되었다. 실패하는 리더들은 모든 정보를 자신이 독점하고 구성원들과 소통하지 않는 경우가 많다. 또 제한된 정보에 의존해 의사결정을 하는 경우도 있다. 반면, 성공한 리더들은 다양한 채널과 정보를 통해 집단이 추구해야 할 목표와 나아가야 할 방향, 개인의 능력과 장단점 등을 파악하고, 현장의 목소리를 중시하는 소통의 리더십을 추구한다. 또한 변화에 둔감한 리더들은 미래 지향적이기 보다 현실에 안주하는 경향이 강하다. 그들은 경직된 사고로 인해 구성원들의 요구를 무시하거나, 조직의 상황을 고려하지 않고 과거의 성공 경험을 그대로 적용하려는 행동을 하는 경우가 많다. 또한 소통하지 않는 리더들은 변화나 위협에 직면해도 그것들을 인지하지 못하거나 방어적으로 기존의 방식을 합리화하려 한다.

소통과 설득의 능력이 뛰어났던 대표적인 인물로 비폭력주의 흑인 인권운동가인 마틴 루터 킹(Martin Luther King Jr., 1929-1964) 목사를 들 수 있다. 그는 모든 인간이 가져야 할 권리가 흑인들에게는 없음을 깨닫고 자유와 평등, 그리고 인권신장을 위해 노력하였다. 그는 흑인들의 인권신장을 위해 평생을 바친 인물로, 인권문제에 무관심하던 백인들의 마음까지도 움직였다. 킹 목사의 "I have a dream"은 현재까지도 가장 훌륭한 연설 중 하나로 회자되고 있다.[9]

소통의 리더십을 발휘한 대표적인 정치지도자로 A.링컨, J. F. 케네디, F. 루스벨트, 호세 무히카(Jose Mujica, 1935-) 대통령 등을 들 수 있으며, 우리나라의 경우 세종대왕, 정조, 노무현 대통령 등을 들 수 있다.

링컨 리더십의 핵심에는 소통이 자리하고 있는바, 그는 항상 열린 마음을 가지고 있었다. 그리고 열린 마음을 실행하기 위해 노력했다. 그는 소통을 통해 자신과 반대되는 의견을 가진 사람들과도 협력관계를 구축했다.

대통령에 당선된 후 링컨이 가장 먼 한 일은 백악관 개방이었다. 백악관 집무실은 아침부터 저녁까지 방문객으로 들끓었다. 당시의 비서들은 링컨이 그의 사무실을 방문하는 내각 위원, 군 지도자들 그리고 일반 시민들과 만나는데 자기 시간의 75%를 사용했다고 말한 바 있다. 재임기간 1년까지는 백악관 밖에서 더 많은 시간을 보냈다. 링컨은 자주 집무실 밖으로 나가 많은 사람들을 만나 의견을 듣기도 했다.

---

9 그는 연설에서 링컨의 말을 자주 인용하기도 했다.

링컨은 남북전쟁 당시 직접 전선을 시찰하며 의견을 들었다. 또한 군 통수권자로 막강한 권한을 가지고 있었으나 명령보다 제안, 권고 형식으로 장군들을 설득하였다. 그는 할, 번사이드, 맥클란 등의 장군들에게 '고려해 주기를 희망합니다.', '제안하는 것일 뿐 명령하는 것이 아닙니다.' 등의 표현을 사용한 것으로 알려져 있다. 그는 중요한 사항에까지 권한의 위임폭을 확대했으며, 우호적 태도, 개방성, 그리고 소통과 설득을 통해 리더십을 구현했다. 그는 소통과 설득을 위해 뛰어난 화술과 언변, 탁월한 대중연설의 능력을 활용하는가 하면 편지 등 다양한 수단을 통해 소통하였다.

F. 루스벨트는 국민들을 초청하여 여러 문제들에 대해 다양한 대화를 하면서 여론을 듣고 소통했다. 노변담화(fireside chat)로 대표되는 F. 루스벨트의 소통방식은 대통령과 국민 간에 행하여진 대표적인 소통방식이자 이미지 메이킹으로 알려져 있다.

D. 성실성

성실성은 직위나 계급을 떠나 자기계발과 성장을 위해 모든 인간에게 요구되는 덕목이다. 특히 리더는 성실함을 덕목으로 삼아야 한다. 성실성은 지도자가 지녀야 할 다른 대부분의 덕목과 직·간접적으로 연계되어 있다. 동서양을 막론하고 실패한 지도들은 대부분 자신의 본분을 다하지 않고 정사가 아닌 다른 것에 더 많은 관심을 가지거나, 자신이 해야 할 일을 마다하고 sub-leader나 국정에 개입한 외부 세력들에게 맡기는 경우가 많았다. 로마시대, 중국, 그리고 우리나라의 조선 등에서 그 예를 찾아볼 수 있다. 중국의 십상시(十常侍)에게서 보는 바와 같이 리더가 자신에게 주어진 업무를 성실하게 수행하지 않을 경우 정치가 외부세력들에게 유린되어 정통성을 상실하고 권력의 약화를 가져오기도 한다. 우리나라의 경우에도 삼국시대에서 최근에 이르기까지 지도자가 국가 지도자로서 성실하게 임하지 않아 국정의 파행을 가져온 경우가 비일비재 했다. 조선시대를 뒤흔든 사화(士禍)나, 주색잡기에 탐닉하여 권력으로부터 축출당한 왕, 신하들의 간언(諫言)을 듣지 않아 정묘호란, 임진왜란 등의 외침을 받은 경우 등은 모두 지도자가 국정을 게을리 함으로써 야기된 결과이다.

궁극적으로 국정을 수행하는 국가지도자나, 집단을 이끄는 리더가 성실하지 않으면 자신이 맡은 소임을 성공적으로 수행하기 어렵다. 성실함은 과업의 성취도를 평가하는 하나의 척도가 되기도 한다. 이러한 성실성은 책임의식 또는 서번트 리더십과도 관련된다.

E. 도덕성과 휴머니즘

최근 들어 기업을 비롯해 사회 전반적으로 사회성 지수(SI: Sociality Index)와 도덕성 지수(MI: Morality Index) 등이 중요하게 인식되는 추세에 있다. 가끔 우리는 아주 뛰어난 스펙과 기술을 가진 인재가 기업의 정보를 유출하거나 핵심 정보를 가지고 경쟁관계에 있는 기업이나 타 국가의 기업에 취업을 해 언론에 회자하는 경우를 본다. 금전, 인사, 성관련 문제 등의 면에서 부정이나 비리를 저지르는 국가 지도자의 경우는 더 이상 말할 나위가 없다.

인간은 다른 동물과 구별되는 이성적 존재인바, 도덕성 지수, 즉 윤리의 문제는 인간이 살아가는 데 가장 중요한 요소이다. 지도자는 물론 추종자도 예외는 아니다. 특히 리더에게는 팔로워들로부터 신뢰를 받을 수 있는 윤리성이 요구된다. 어느 나라, 어느 사회이건 지도자들이나 공인들에게는 일반인들에 비해 보다 고도의 도덕성이 요구되고 있다. 아무리 좋은 성과나 업적을 낸 지도자라 하더라도 비윤리적인 수단과 방법에 의해 이루어진, 즉 과정이 정당하지 못한 성과일 경우 올바른 평가를 받기 어렵다. 결과지상주의가 만연하던 전근대사회나 근대화 과정의 경우 통치과정에서 행하는 비도덕적인 행태들이 용인되거나 정당화 되는 경우도 없지 않았다. 그러나 현대사회에서 지도자를 평가하는 가장 중요한 덕목의 하나는 도덕성이라 할 수 있다.

시대나 상황에 따라 요구되는 윤리성의 기준은 다르다. 현대의 리더는 빠르게 변화하는 시대에 부응하는 윤리의 기준을 습득하고 체득함으로서 항상 자신의 윤리성을 갈고 닦는 노력이 필요하다. 이를 위해서는 일일삼성(一日三省)과 같이 자신에 대한 끊임없는 성찰이 필요하다. 율곡(栗谷) 이이(李珥)의 경우 책상 앞에 자경문(自警文)을 붙여 놓고 자신에 대한 성찰을 게을리하지 않은 것으로 알려져 있다.

정직성 내지 도덕성의 측면에서 좋은 평가를 받은 대표적인 지도자들은 주로 서번트 리더십의 소유자들인 경우가 많다. 링컨은 정직한 에이브(Honest Abe)로 불릴 정도로 정치지도자로서는 이례적으로 정직성을 가졌던 리더로 평가받고 있다. 링컨이 시골 가게의 점원으로 있던 당시 할머니에게 10센트의 거스름돈을 덜 주었다는 사실을 알고, 밤늦은 시간 4킬로미터나 떨어진 할머니 댁으로 달려가 돈을 돌려드렸다는 일화는 동화책에 등장할 정도로 잘 알려져 있다. 또 주 의회 의원에 출마했던 당시 당에서 선거자금으로 불과 200달러를 지원해 주자 그의 선거 참모들은 모두 불평을 했다. 그러나 링컨은 선거 자금으로 75센트만 사용하고 남았다며 199달러 25센트를 당에 반납하였다. 선거 연설회 경비를 자신의 돈으로 지불하고, 말을 타고 다니는 등의 방법으로 비용을 거의 사용하지 않았는데, '동네 어른 한 분이 갈증을 느낀다고 해 음료수 대접 경비로 75센트를 썼다.'는 사실을 밝혀 정직한 면모와 함께 인간적인 면모를 보여주기도 했다.

정치선진국으로 평가 받는 미국의 경우, 최고지도자인 대통령이 금전적인 문제로 사임을 한 경우는 거의 없다. 37대 대통령인 리처드 닉슨(Richard Milhous Nixon, 1913-1994)의 경우 매우 유능한 지도자로 평가받았다. 실제로 그는 재임 중 데탕트(detente)를 입안하고 군축을 추진하기도 했다. 특히 핑퐁외교를 통해 중국의 개방을 유도했다. 이로 인해 그는 미국의 시사주간지 <Time>의 표지 인물로 56회나 등장했을 정도로 인기를 구가하고 있었다. 그러나 그는 워터게이트 사건(Watergate Affair, 1972)으로 인해 미국 역사에서 임기 도중 사임한 몇 안 되는 대통령으로 기록되었다. 거짓말에 의한 부정직성이 사임의 결정적 계기가 되었다.

F. 제도화와 효율화 능력

리더의 조직 운용에 대한 성패 여부는 기본적으로 성과에 의해 평가된다. 조직의 구성원들이 만족할 수 있는 고도의 산출을 이루어 내기 위해서는 합리적인 조직체계가 구축되어야 함과 아울러 조직이 효율적으로 운용되어야 한다. 산출의 극대화를 위해서는 조직 체계를 합리화 하고 효율적으로 운용하는 능력이 요구된다. 아울러 운용 과정에서의 정당성 역시 중요하다.

정치적 측면에서의 제도화에 대한 중요성은 많은 학자들에 의해 주장되었다. 헌팅턴(Samuel P. Huntington)은 정치발전을 정치조직과 절차의 제도화(institutionalization)로 규정하면서 정치발전을 제도화(制度化)의 과정과 동일시하고 있다. 그는 제도화의 수준이 ⓐ 적응성(adaptability)-경직성(rigidity), ⓑ 복합성(complexity)-단순성(simplicity), ⓒ 자율성(autonomy)-종속성(subordination), ⓓ 일관성(coherence)-분열성(disunity)의 네 가지 변수에 의해 측정될 수 있는 것으로 보았다.[10] 우리나라의 경우 경제성장이나 민주화의 측면에서 많은 진전이 있었으나 제도화의 측면에서는 아직 미흡한 영역이 많다.

G. 지적 능력·판단력

지식, 지혜, 운용력(경영능력) 등을 포함하는 지적능력은 리더의 자질로 제시되고 있는 모든 요소들과 직·간접적으로 연계되어 있다. 케네디의 쿠바 문제 해결[11]에서 보듯 리더의 순간 판단력이 조직이나 집단의 운명을 결정하는 경우도 있다.

플라톤은 그의 철인정치론에서 통치자에게 요구되는 이상적인 덕목으로 지혜를 들고 있다. 철인은 지식을 사랑하는 사람으로 애지자(愛知者; lover of knowledge) 또는 현자(賢者)이다.[12] 플라톤에 의하면 철인은 폭정과 부패에 대한 유혹을 불식시키고, 사회정의와 공동선을 추구하면서 시민의 영혼을 보살필 수 있는 적격자이다. 이것이 이른바 '가장 우수한 사람(superhuman)에 의한 지배', 즉 철인통치의 당위론(當爲論)[13]이다. 플라톤은 신(神)의 의지를 체현할 철인왕(philosopher king)이 있으면 법에 의한 정치가 필요 없을 것으로 보았다. 플라톤에 있어서 철인왕은 국가의 수호자(守護者)이자 곧 목자(牧者)이다. 그는 소크라테스의 말을 인용해 철학자가 도시국가의 왕이 될 수 없을 때, 왕이나 권력자라고 부르는 사람들이 진정한 철

---

10 Samuel P. Huntington, "Political Development and Political Decay", *World Politics*, Vol. XVII, No. 3, April 1965, pp. 386-430.

11 당시 케네디의 참모들은 쿠바에 건설 중인 소련 미사일 기지의 폭파를 주장했으나 케네디는 쿠바 봉쇄 정책을 통해 쿠바문제를 평화적으로 해결했다. 이로써 미(美)-소(蘇) 간의 3차 세계대전을 막을 수 있었다는 평가를 받았다.

12 철학(Philosophy)이라는 말도 Philo(사랑)+Sophia(지혜)의 합성어이다.

13 철인은 일면 '초인(超人)'으로 번역되기도 한다.

학자가 될 수 없을 때, 많은 국가, 모든 인간에게 불행은 끝이 없을 것으로 보았다.[14]

조선시대의 경우 왕이나 왕자들은 경연(經筵)[15], 서연(書筵)[16] 등을 통해 지도자로서 가져야 할 학문적 소양과 윤리성 등 다양한 덕목을 함양하였다. 왕의 공부를 일컫는 경연은 '경전(經典)을 공부하는 자리'의 의미를 가지고 있는바 성현(聖賢)들이 가졌던 덕목을 공부함으로써 지도자가 되었을 때 실천하라는 당위적 의미도 아울러 내포하고 있다.

『조선왕조실록』에는 왕세자 교육과 관련해 다음과 같은 대목이 나온다.

> 태자(太子)는 나라의 근본이므로 가르치는 것을 삼가지 않을 수 없다. 가르치는 요법은 일찍부터 가르치고 좌우를 선택하는 데 있을 뿐이다. 이리하여 주 성왕(周成王)은 강보(襁褓)에 있을 때 소공(召公)[17]으로 태보(太保)를, 주공(周公)[18]으로 태부(太傅)를, 태공(太公)으로 태사(太師)를 삼아 가르쳐, 마침내 성주(成周)의 훌륭한 임금이 되었다.[19]

판단력은 과거 우리나라 인재 등용의 중요한 평가 기준이던 신언서판(身言書判)의 한 요소이기도 하다. 신언서판은 중국 당나라 시대 관리(官吏)의 전

---

14 국가의 통치자와 철인왕에 대한 내용은 플라톤의 『국가론』 6권과 3권, 2권, 1권 등에 주로 기술되어 있다. 박종현 역주, 『국가·政體』(Platon, *Politeia: Platonis Respublica*), (파주: 서광사, 2005) 참조.

15 왕에게 유학의 경서를 강론하는 것을 일컫는 말로 경악(經幄) 또는 경유(經帷)라고도 한다. 국가 지도자인 왕에게 경사(經史)를 가르쳐 유교의 이상정치를 실현하려는 것이 목적이었으나, 실제로는 왕권의 행사를 규제하는 중요한 기능을 수행하였다.

16 고려 시대, 왕의 앞에서 경서를 강론하던 자리. 예종 11년(1116)에 처음으로 실시한 후 공양왕 2년(1390)에 경연(經筵)으로 바꾸었다. 조선 시대의 경우, 왕세자에게 경서를 강론하던 자리를 이른다.

17 중국 주(周)나라의 정치가. 전국칠웅(戰國七雄)의 하나인 연(燕)의 시조이기도 하다. 주공(周公)과 함께 주의 건국과 안정에 크게 기여하였다.

18 고대 중국 주나라의 창건과 기틀을 확립하는데 기여한 정치가로 중국은 물론 우리나라에서도 자주 인용되는 정치가이다.

19 『조선왕조실록』 태종 3년 3월 3일(庚辰).

선(銓選) 즉, 인재를 뽑는 네 가지의 선발 기준이었다. 그러나 현대사회에서는 신체적인 조건의 중요성이 약화된 측면이 있다. 말을 잘하는 능력이나 글을 잘 쓰는 능력 역시 지도자가 지녀야 할 중요한 덕목이다. 궁극적으로 신언서판의 네 덕목 중 가장 중요한 것은 판단력이라 할 수 있다.

특정의 정책에 대해 결정을 내리거나 과업을 수행함에 있어서 지도자는 혜안을 가지고 있어야 한다. 지도자의 판단력에 따라 조직의 명운(命運)과 성패가 달려있기 때문이다. 당시에는 실효성이 있고 유용한 것으로 여겨지나 장기적인 면에서는 문제점을 유발할 수 있는 정책들도 있는바 거시적인 안목에서 판단을 내리는 능력은 매우 중요하다.

모든 조직은 난관에 봉착하거나 위기에 직면했을 때 문제의 본질을 파악하고 해결법을 내놓을 수 있는 리더를 필요로 한다. 또한 조직의 성격이나 상황을 잘 파악해 조직의 미래 행보를 결정할 수도 있어야 한다. 이 과정에서 최종 결정권을 가진 리더의 판단력은 매우 중요하다. 리더는 상황 판단 능력과 아울러 구성원들의 의사를 반영하여 자신이 속한 집단에 대한 진단과 미래에 대한 비전을 실천하기 위한 전략을 입안해야 한다. 나아가 지속가능한 과업을 제시하고 미래에 도래할 결과를 구성원들에게 확신시킴으로써 구성원들의 역량을 한 방향으로 모아 성과를 창출해 내어야 한다.

리더의 판단력은 여러 영역에서 요구된다. 권력(직위)의 획득과정, 목표의 설정과정, 인재의 선발과 운용과정 등 전반에 관한 것이다. 그리고 그러한 판단력은 국가의 안위나 발전과 관련되는 고차원적 영역부터 작은 집단에 이르기까지 모든 영역에서 요구된다. 집단이나 조직의 운용에 있어서 팔로워들의 능력과 강점 등을 고려해 적재적소에 배치할 수 있는 판단력, 능률과 효율을 극대화 할 수 있도록 조직을 구성하고 업무를 배정함과 아울러 구성원들이 자부심을 가지고 집단을 위해 일할 수 있는 분위기를 조성하는 것도 필요하다. 이러한 과정들은 모두 리더의 판단능력과 관련되어 있다.

궁극적으로 조직을 끌고 가는 리더는 판단력을 바탕으로 비전을 명확히 하고 그것을 구체적으로 제시함으로써 팀원들의 협력을 이끌어내며, 개개인의 노력이 어떻게 공동의 성공을 이끌어낼 수 있는지를 뚜렷하게 보여 주어야 한다.[20]

H. 창의력과 비전

흔히 창의력이라고 하면 아르키메데스(Archimedes, B.C. 287?-B.C. 212)의 유레카(Eureka)나 뉴턴(Sir Isaac Newton, 1642-1727)의 사과, 콜럼버스(Christopher Columbus, 1451-1506)의 달걀(Egg of Columbus)을 떠올린다. 창의적 마인드는 문명의 발전을 견인해 온 원동력이다. 리더가 지녀야 할 덕목 중 비교적 최근에 와서 중시되기 시작한 것 중의 하나가 창의력이다. 창의력은 창조적 리더십의 기반이 되기도 한다. 글로벌화 하는 국제적 조류와 치열한 경쟁체제 속에서 리더가 갖는 창의적 마인드는 매우 중요하다. 창의력은 국가 간의 외교관계에서부터 첨단제품의 개발을 앞두고 촌각을 다투며 경쟁하는 기업에 이르기까지 유관 리더들이 가져야 할 중요한 덕목이다.

새로운 경험에 대한 수용력은 심리학에서 제시하는 인간이 가진 5가지의 기본 성향 중 하나이다. 창의력은 기본적으로 지식에 대한 욕구와 새로운 경험에 대한 욕망을 뜻한다. 이러한 창의적 마인드는 성과와 밀접한 관계에 있다. 조직심리학의 연구에 의하면 이 성향은 리더십을 가장 잘 드러내는 표식(標識) 중 하나이다.

---

20 전형철 역, 『리더의 조건: 리더십의 대가 존 맥스웰에 지시하는 진정한 리더의 21가지 자격(John C. Maxwell, *The Indispensable Qualities of a Leader: Becoming the Person Others will want to Follow*), (서울: 비즈니스북스, 2014), pp. 94-96.

조직이나 집단의 구성원들은, 리더가 시대나 사회가 요구하는 미래상을 제시하고, 조직이나 집단이 보다 발전된 방향으로 나아갈 수 있는 비전을 제시해 주기를 바란다. 이러한 사례들은 창조적 마인드를 가지고 있는 리더들에서 자주 발견된다. 스티브 잡스는 어려움에 처한 애플컴퓨터를 회생시키기 위해 'Think Different'를 주창했다. 이러한 경영관은 제품으로 실현되며 애플컴퓨터의 놀라운 반전을 가져왔다. 그는, "오직 혁신만이 지도자와 따라하는 사람들을 구분한다(Innovation distinguishes between a leader and a follower.)"고 강조하기도 했다.

또한 유능한 리더는 조직의 역량을 극대화 할 수 있는 비전과 능력을 가진 인재를 발굴하고 육성하고자 한다. 반면 구성원들은 리더가 자신이 안정적인 상태에서 일할 수 있는 환경을 제공해 주고 자신의 역량을 발휘할 수 있는 조직에서 일하고 싶어 한다. 리더는 구성원들의 기대를 충족시키고, 그들이 만족하고 일할 수 있는 환경을 제공해 줄 책무가 있다. 이러한 면에서 리더와 팔로워의 입장은 대립적인 것이 아니라 수레의 양 바퀴와 같이 상호보완적인 것이다.

오늘날 리더들은 수많은 역할과 능력을 요구 받고 있다. 성공하는 리더와 실패하는 리더의 근본적인 차이는 타고난 자질이나 재능이 아닌, 학습과 노력을 통해 리더십을 개발하고자 하는 의지와 어떠한 비전을 가지고 임하느냐에 달려 있다. 비전을 제시하고 성장을 도와 성과의 창출을 견인하는 것은 훌륭한 리더가 되기 위해 필요불가결한 조건이다.

링컨 대통령은 국가의 미래에 대한 비전과 명확한 목표의식을 가지고 있었다. 그것은 취임사, 연설문 등에 잘 반영되어 있다. 명확한 목표의식은 국정을 이끌어 가는 리더와 sub-leader는 물론 국민들이 지향해야 할 공동의 목표이자 소임이기도 하다. 링컨이 가졌던 제1의적 목표는 '헌법보다 훨씬 오래 된 것' 즉, 미국 연방의 보존이었다. 링컨은 오랫동안 미국을 결집시켜

온 두 가지의 기제, 즉 국가 존립의 근본 가치인 자유와 평등의 추구를 지속적으로 강조했다.

이를 위해 링컨은 자신이 제시한 비전을 성공적으로 수행할 수 있는 인재를 발굴하는 데 열정을 쏟았다. 링컨이 대통령에 당선된 후 조각(組閣)을 하면서 최우선적으로 삼은 인사원칙은 '목표달성에 합당한 인재'의 발탁이었다. 링컨은 출신이나 학력보다 비전과 능력위주로 인재를 선발했다.

세계적으로 성공한 지도자들에게는 그 지도자의 국정이념을 기획하고 뒷받침한 인재들이 있다. 세종대왕 집권기의 경우 집현전 학자들과 장영실 등의 과학자, 정조 당시의 다산 정약용 등이 대표적이다. 박정희 대통령 당시의 비약적인 경제적 성장에도 거의 20년간 국가 정책을 일관되게 기획하고 추진한 남덕우, 신현확 등의 참모들이 있었기에 가능하였다.

I. 갈등 관리 능력

개인 간 관계에서 국가적 단계에 이르기까지 인간을 기본 단위로 하는 사회에서 갈등은 불가피하다. 다만 갈등의 정도와 성격이 문제이다. 익히 알려진 바와 같이 우리나라의 사회갈등지수(SCI)는 OECD 국가 중 최상위권에 있다.

모든 공동체는 인종, 외모, 연령, 성별, 환경, 교육수준, 가치관, 종교 등이 이질적인 사람들로 구성되어 있다. 이러한 이질성들은 차별과 갈등을 유발하는 요소로 작용한다. 높은 갈등지수는 집단의 결속력과 응집력의 약화를 유발하여 경쟁력의 저하를 가져온다. 따라서 리더는 집단 내에서 일어나는 갈등을 조정하고 에너지를 결집하여 긍정적인 산출을 이끌어 낼 수 있어야 한다. 여기서 리더에게 요구되는 것이 갈등관리능력이다.

루블과 토마스(Rubble & Thomas), 라힘(Rahim) 등은 갈등의 해결을 위한 5가지 유형의 갈등대응모형을 제시하였다.[21] 즉, ① 권력, 위협 등의 수단으로 상대방의 이익을 희생시키고 자신의 목표와 이익을 극대화 시키는 경쟁전략(competing Strategy), ② 자신의 목표와 이익을 양보하고 상대방의 이익을 존중하는 수용전략(Accommodating Strategy), ③ 서로간의 갈등을 무시하거나 갈등과정에 관여하지 않는 회피전략(Avoiding Strategy), ④ 타협전략(Compromising Strategy), 그리고 ⑤ 협력·통합전략(Collaborating Strategy·Integrating Strategy) 등이 그것이다. 이 중 타협전략은 자신과 대립하는 당사자 모두의 목표와 이익을 조정, 양보하는 '갈등의 준해결'을 의미한다. 협력·통합 전략은 양자 모두의 목표와 이익을 극대화하는 방안으로 갈등의 완전해결을 의미한다. 이 유형들 중 만능적이고 이상적인 것은 없으며, 상황에 따라 다르게 채택될 수 있다. 갈등 상황이 지속될 경우 집단이나 공동체의 유지를 위해 강온전략을 적절하게 구사하는 리더의 결단력이 요구된다. 갈등의 해소를 위해 리더에게 가장 요구되는 것은 갈등 유발의 원인을 파악하고 처방을 내려 집단 상호간의 갈등요인을 약화, 해소시키는 것이다.

J. 유머 감각

유머 감각은 전근대사회나 권위주의 시대에는 중요하게 언급되지 않았던 지도자의 덕목으로 비교적 현대에 와서 주목받고 있다. 이것은 지도자의 인간적 면모와도 관련되는데, 과거에는 주로 서구 사회의 전유물처럼 인식되었다.

---

21 하미승, 『리더십: 이론과 개발』, (서울: 윤성사. 2018), pp. 287-289.

협상이나 권력의 실행 과정에서 유머는 공감을 매개로, 분위기를 전환하거나 상대방을 설득시킬 수 있는 기제로 작용하기도 한다. 미국의 제40대 로널드 레이건(Ronald Wilson Reagan, 1911-2004) 대통령은 백악관에 입주한 지 불과 69일 만인 1981년 3월 30일 존 헝클리로부터 피습 되었다. 총알이 심장에서 겨우 1mm 인접한 곳에 박혔다. 레이건은 생존이 거의 불가능할 것이라는 예상을 불식시키고 불과 2주일 만에 공식석상에 나타나 "설마 앵콜을 원하시는 것은 아니겠죠?"라고 해 무겁던 분위기를 일시에 웃음바다로 전환시켰다. 위기 속에서도 빛난 대통령의 유머였다.

유머와 재치를 겸비한 리더는 어디에서나 인기를 한 몸에 받는다. 이것은 미국의 헤드헌팅 그룹인 로버트 하프 인터내셔널이 실시한 설문 조사에서 응답자의 97%가 유머 감각이 뛰어난 상사를 좋아한다고 답변한 데서도 나타난다.[22] 리더에 대한 일련의 연구들은 리더가 갖추어야 할 자질 중의 하나로 유머감각을 중요시 하고 있는 점에서 공통적인 결과를 보이고 있다. 최근 들어 우리나라의 경우도 젊은 세대들을 중심으로 유머감각이 뛰어난 상사나 배우자를 선호하는 것으로 알려져 있다.

리더가 구사하는 유머는 구성원들로 하여금 긍정적 에너지를 분출하게 하고 스트레스를 감소시키는 작용을 한다.[23] 아울러 적절한 유머는 유머의 사용자, 즉 리더에 대한 신뢰감의 형성과 동기부여는 물론, 구성원이 직무에 대해 유연한 사고를 하게 하는데 도움이 된다.[24] 나아가 유머는 리더와의 우호적인 관계와 친근감, 신뢰를 기반으로 구성원들로 하여금 창의적인 방식

---

22 네이버 지식백과 상담학 사전.

23 전경미, 「리더의 유머 행위가 조직 구성원의 긍정적 감정 및 부정적 감정에 미치는 영향에 관한 연구: 리더-조직 구성원간 권력거리의 조절효과를 중심으로」, 『경영논총』 제35권 1호. 이화여자대학교 경영연구소, 2017, p. 20.

24 민윤형, 「리더의 유머사용이 창의적 직무몰입에 미치는 영향: 지식공유와 심리적 안정의 매개효과」, 고려대학교 경영정보대학원 석사학위논문, 2017, pp. 28-33.

으로 직무를 수행할 수 있게 한다. 또한 공동체 내의 분위기 환기와 아울러 상호 친밀감을 형성하게 하고 구성원들의 심리를 안정시킴으로써 의사소통을 활성화 시키고 아이디어의 창출에 도움을 준다. 유머는 리더와 구성원 간의 수평적인 관계 형성이 이루어질수록 하는 데도 효과를 발한다. 그리고 궁극적으로는 공동체의 생산성을 높이는 데 긍정적으로 작용한다.

유머와 재치로 성공을 거둔 대표적인 리더로 사우스웨스트 항공의 허브 켈러허(Herb D. Kelleher) 회장을 들 수 있다. 그는 자주, 그리고 적재적소에서 유머를 구사하는 것으로 알려져 있다. 사우스웨스트 항공은 매년 미국의 격 주간 경제종합지 포춘(fourtune)이 선정하는 '일하기 좋은 100대 기업'의 최상위권을 차지한다. 켈리허 회장의 유머감각과 경영 방식은 사우스웨스트 항공을 미국 6대 항공사를 합친 금액보다 많은 시가 총액을 가진 대규모 회사로 성장시킨 원동력이 되었을 것이다.[25]

링컨도 유머감각을 가졌던 지도자이다. 링컨이 어릴 때 통나무에 앉아 『퀸스의 농담』 등의 책을 큰소리로 읽으면 '듣는 사람들의 웃음소리가 메아리 쳤다.'고 기록되어 있다.[26] 유머스러운 그의 화법은 링컨을 매력 있는 지도자로 만드는 데 큰 역할을 했다. 비버리지 상원의원은 "링컨의 그칠 줄 모르는 유머, 놀라운 말솜씨는 그의 슬픔[27]과 마찬가지로 떼려고 해도 뗄 수 없는 두드러진 성격 중의 하나였다."라고 했고, 동료 변호사였던 헌돈은 "군중들이 그에게로 몰려들었다. 2백 내지 3백 명의 군중들이 몰려왔다 그리고 데이비스 판사는 그의 즐거운 농담을 듣기 위해 잠시 법정을 휴회했다."라고 기술하고 있다.[28]

---

25 하미승, *Op. cit.*, pp. 245-246.
26 황수진 역, 『맨발의 대통령』(Dale Carnegie: *Lincoln The Unknown*), (서울: 타임기획, 1993), p. 33.
27 링컨의 슬픔은 연인 앤과의 사별, 생활고, 그리고 불행한 결혼생활에서 비롯된 것으로 알려져 있다.
28 황수진 역, *Op. cit.*, p. 104 참조.

'LD Debate' 또는 'LD'로 불릴 만큼 유명한 더글러스(Douglas)와의 논쟁이 격화되었던 당시 더글러스가 링컨을 '이중인격자'라며 공격하자 링컨은 차분한 음성으로 "여러분이 잘 생각해 보시기 바랍니다. 제가 두 얼굴의 사나이라면 오늘같이 중요한날, 제가 왜 이렇게 못생긴 얼굴을 가지고 나왔겠습니까?"[29]라고 재치 있게 응수했다. 이것은 무명의 링컨이 거물이던 더글러스에 필적하는 인물이 되는 계기가 되었다.

K. 시민정신

시민의식과 유의어로 사용되기도 하는 (민주)시민정신은 민주시민사회를 살아가는 시민, 특히 국가를 이끌어 나가는 리더가 되기 위해 갖추어야 한 소양과 가치, 태도 등을 말한다. 현대사회는 글로벌 사회이자 지식, 정보화의 사회이다. 따라서 시민정신은 급변하는 국제정세와 다문화, 글로벌화 하는 사회에 적응하기 위해 필수적으로 요구되는 덕목이다. 여기에는 정치, 경제, 사회, 문화 등에 대한 다양한 지식과 소양, 특히 에티켓이 포함된다. 시민의식에는 사회를 구성하는 독립적 존재로의 시민이 지녀야 할 책임과 의무도 포함되어 있다.

알몬드(Gabriel A. Almond)와 버바(Sidney S. Verba)에 의하면 지방형, 신민형, 참여형을 초월한, 보다 고도화된 단계의 정치문화에서 보이는 유형이 시민문화(Civic Culture)이다. 시민문화의 본질은 고도의 시민정신이다.[30] 현대사회에서 구성원들에게 요구되는 중요한 덕목은 개인이나 지역의 차원을 초

---

29 전 광, 『백악관을 기도실로 만든 대통령 링컨』 (서울: 생명의 말씀, 2009) 참조.

30 Gabriel A. Almond and Sidney S. Verba. *The Civic Culture: Political Attitudes and Democracy in Five Nations*. (Princeton, N.J.: Princeton Univ. Press, 1972).

월해 국가, 인류, 세계 등 광역적인 대상에 대해 관심을 가지는 글로벌 시민 정신이다.

L. 공정성과 정의감

공정성은 현금의 한국사회에서 가장 이슈화 되고 있는 화두의 하나이다. 이러한 공정의 문제가 특히 이슈화 된 것은 일부 식자층과 정치지도자들에 의한 입시, 병역, 부동산, 부(富)의 편중, 그리고 각종 차별 등에서 기인된 바 크다.

서양 정치사상사에 있어서 정의에 관한 실제적 이론은 플라톤에서 비롯된다. 그의 『국가론』에서 국가이론은 정의의 개념에서 정점에 달한다.

> 정의란 사회를 결합하는 굴레이며, 개인 개인이 자기의 타고난 적성과 훈련에 따라 각자의 일생의 업무를 찾아내어 조화 있는 단결을 유지해 가는 것을 말한다. 정의에 의해서 국가의 최고선(最高善)도 국가 구성원의 그것도 보전되는 까닭에 정의는 공적(公的) 덕이요, 또 사적(私的) 덕(德)이다.[31]

플라톤이 『국가론』에서 언급한 '정의'는 용기, 지혜, 절제를 포괄하는 최상위의 덕목으로 정(正)과 사(邪), 정(正)과 부정(不正)을 판단하는 기준이 된다.

공자(孔子) 역시 '바름', '공정'에 대해 많은 언급을 하였다. 그러한 언급이 가장 자주 등장하는 영역은 역시 정치와 관련된 부분이다. 논어(論語)에는 다음과 같은 대목이 나온다.

---

31 George H. Sabine, *A History of Political Theory*, (New York: Dryden Press, 1963), p. 54.

季康子 問政於 孔子, 孔子 對曰: "政者, 正也. 子帥以正, 孰敢不正?"

(계강자 문정어 공자, 공자 대왈: "정자, 정야. 자솔이정, 숙감부정?")

계강자가 공자께 정치에 관하여 묻자 공자께서 말씀하시기를 "정치란 바로잡는 것입니다. 선생이 바름으로써 본을 보인다면 누가 감히 바르지 않겠습니까?"

- 『논어(論語)』, <자로편(子路篇)>

'정자정야(政者正也)'는 공자의 정치관을 가장 잘 나타내어 주는 말의 하나로 정치의 본질이 바르게 하는 데(잘못된 것을 바로잡는 데) 있음을 표현하고 있다.

上好義 則民莫敢不服(상호의 즉민막감불복)

上好信 則民莫敢不用情(상호신 즉민막감불용정)

윗사람이 의로움을 사랑하면 백성들도 감히 복종하지 않을 수 없게 되며, 윗사람이 신의를 지키면 백성들도 감히 성실치 않을 수 없을 것이다.

- 『논어(論語)』, <자로편(子路篇)>

이 역시 자로편에 나오는 말로 지도자가 의로움을 사랑하고 신의를 지키면 일반 국민들 역시 그에 따른다는 의미이다.

논어의 위정편(爲政篇)에 나오는 다음의 문구 역시 일맥상통하는 의미이다.

子曰: 爲政以德 譬如北辰 居其所 而衆星共之

(자왈: 위정이덕 비여북진 거기소 이중성공지)

공자가 말하기를, 덕으로 정치를 하다는 것은, 비유하자면 북극성이 있고, 별들이 함께 무리지어 따르는 것과 같다."

-『논어(論語)』〈위정편(爲政篇)〉

이 말은 지도자가 중심을 잡아서 정치를 공정하게 하면 모든 사람들이 지도자를 따른다는 의미로 해석할 수 있다.

정의는 자유, 평등, 인간의 존엄성, 복지 등과 함께 민주주의의 기본이념이기도 하다. 어떤 갈등이 도덕이나 윤리적인 수단에 의해 해결되지 않을 경우 최종적 판단을 하는 것은 법이다. 법이 갖는 속성으로서의 공정성에 대해서는 재론의 여지가 없다. 법과 정의의 여신인 아스트라이아(ἀστραία; Astraea)는 저울을 들고 눈을 감고 있다. 저울은 특정의 사안에 대한 판단이나 결정을 함에 있어서 한쪽으로 치우쳐서는 안 된다는 것을 상징한다. 눈을 감고 있는 것 역시 주관적인 것을 개입하지 않고, 문자 그대로 '무지의 베일'(veil of ignorance) 상태에서 심판을 한다는 의미를 가지고 있다.

리더가 행해야 하는 공정성은 목표의 수립에서 시행에 이르기까지 리더십을 행사하는 모든 영역에서 요구된다. 목표의 운용과정이나 결과가 정의롭지 못할 경우 정당성의 약화와 아울러 리더는 신뢰성을 상실하게 될 것이다.

선진국들의 경우 후진국들에 비해 상대적으로 사회정의가 잘 실현되고 있다. 현금의 한국사회에서 이슈화 되고 있는 각종 차별의 문제 역시 궁극적으로는 공정성과 직결되어 있다. 한국의 경우 높은 경제적 위상과 달리 사회정의의 실현 측면에서 높은 평가를 받지 못하고 있다. 국제투명성기구(TI: Transparency International)가 발표한 2019년도 국가별 부패인식지수(CPI: Corruption Perceptions Index)에서 한국은 100점 만점에 59점을 기록했다. 많이 개선되었다고 하나 아직 180개국 중 39위에 머무르고 있다. 부패인식

지수의 상위에 랭크된 국가들에는 주로 바이킹의 후손들이 살고 있는 노르웨이, 덴마크, 스웨덴, 핀란드, 아이슬란드 등의 북유럽 국가들이 포함되어 있다. 또한 베네룩스 3국을 포함하는 유럽 국가들, 그리고 북미와 호주 등의 국가들 역시 상대적으로 상위권에 있다. 아시아의 경우는 싱가포르가 대표적인 청렴국가이다.

지도자가 갖는 공정의 관념은 매우 중요하다. 링컨은 조각(組閣) 등으로 인재를 기용할 때 공정을 기했다. 그는 정당이나 지역을 초월해 능력 위주로 인재를 등용했는바, 스탠턴(Stanton)의 경우가 대표적이다. 이로 인해 링컨은 국정을 공평무사하게 운영할 수 있었다. 당시는 전쟁 초기로 군 조직과 행정부 조직이 제대로 이루어지지 않은 상태였다. 그는 전쟁을 수행해 가면서 조직을 새롭게 정비함으로써 민주주의를 위한 기초를 확립했다. 우리나라의 경우 세종대왕, 영조, 정조 등이 공정성의 확보를 위한 제도화와 함께 국민을 중심에 둔 일련의 정책들을 시행했다.

M. 사랑

리더의 구성원들에 대한 사랑[32] 역시 매우 중요하다. 에리히 프롬(Erich Pinchas Fromm, 1900-1980)은, 정치적 리더는 무엇보다 국민을 올바르게 사랑할 줄 알아야 한다고 말하며, 올바르게 사랑한다는 것은 생산적인 사랑(productive love)을 한다는 것을 의미한다고 기술하고 있다. 그는 『건전한 사회』에서 다음과 같이 기술하고 있다.[33]

---

32 또한 『사랑의 기술』에서는 사랑과 관련해 '사랑은 원래 주는 것이지 받는 것이 아니다.'라고 언급하고 있다. 황문수 역, 『사랑의 기술』(Fromm, Erich, *The Art of Loving*), (서울: 문예, 2019) 참조.

33 이극찬, *Op.cit.*, p. 272.

> 생산적인 사랑은 항상 다음과 같은 몇 가지의 특정한 태도를 의미한다. 즉 관심(care), 책임(responsibility), 존경(respect), 지식(knowledge)이라는 특정한 태도이다.[34]

세종대왕의 한글창제에 담긴 뜻을 논할 때 가장 먼저 언급되는 것이 애민정신(愛民情神)과 자주성이다. 훈민정음 창제 서문 중 백성에 대한 사랑이 가장 잘 나타나 있는 부분은 "為此憫然윙·ᄎᆞᆼ:민:션ᄒᆞ·야· 新制二十八字신졩·싱·씹·밣·쯩·ᄒᆞ·노니"(내가 이를 가엽게 여겨 새로 스물여덟 자를 만드노니)이다.[35]

사랑에는 타자에 대한 관심, 행복에 대한 기원과 함께 책임감의 의미가 포함되어 있다. 책임감은 구성원들의 기대와 요구에 부응하는 것임과 아울러 기대감에 대한 존중심과 사랑의 표현이기도 하다. 구성원들에 대한 책임감의 이행은 '생산적인 사랑'으로 전이된다.

N. 의지력, 인내, 회복력

지도자가 행하는 정책이나 과업이 항상 성공을 거두기는 어렵다. 실제로 위대한 지도자들 중에는 과업의 입안이나 실행 과정에서 시행착오를 겪은 경우가 많았다. 그리하여 세계적 리더들 중에는 흔히 '고난의 지도자', '인동초적 삶', '입지전적인 인물'로 평가받는 지도자들이 많다.

---

34 Fromm, *The Sane Society*, (New York: Rinehart & Company, Inc), 1955, p. 33.

35 https://kin.naver.com/qna/detail.nhn?d1id=11&dirId=111001&docId=356595244&qb=7ZuI66+87KCV7J2MIOyEnOusuCDtlZzrrLg=&enc=utf8&section=kin.ext&rank=2&search_sort=0&spq=0(검색일: 2020.11.24.)

리더가 추진하고자 하는 목표는 상황 등 여러 가지 요인에 의해 좌절되거나 성과를 내지 못하는 경우가 있다. 또한 장기적 과제의 경우 단시간에 가시적인 성과가 드러나지 않기도 한다. 그리고 최근에 많이 회자되는 '기회비용'이 불가피하게 요구되는 경우도 있다. 예컨대 실행 당시에는 성공 여부를 예측하기 어려웠던 우리나라의 경부고속도로 건설, 반도체 사업에의 투자 등의 경우나, 스포츠단이나 예술계에서 장기적인 관점에서 투자 하는 연습생이나 육성선수 등의 경우가 여기에 해당한다.

목표 달성에 실패한 경우 효과적으로 대처하는 능력, 즉 회복력은 리더에게 필수적으로 요구되는 덕목이다. 인내력과 회복력에서 강한 마인드를 가지고 있어야 위기 상황으로부터 탈피하고 본연의 결과를 기대할 수 있다. 훌륭한 리더는 실패를 두려워하기보다 실패를 거울삼아 미래를 위한 반등의 초석으로 삼는다.

The Rail-splitter(장작 패는 사람)이라는 별칭을 가졌던 링컨 대통령, 뇌성마비 장애를 극복한 F. 루스벨트 대통령, 각종 차별에 맞섰던 마하트마 간디와 만델라 대통령 등이 고난을 극복한 대표적인 지도자이다.

창조경영의 아이콘으로 버진그룹의 창업자(회장)인 리처드 브랜슨(Richard Branson)은 난독증(難讀症)에 고교 중퇴가 학력의 전부이다. 그는 재무제표(財務諸表)를 잘 읽지 못할 정도였지만 최고 경영자의 반열에 올랐다. 특히 환경문제에 적극적인 그는 <타임지>에 의해 '지구를 구할 영웅'으로 불릴 만큼 공익의 문제에도 많은 관심을 가지고 있다.

역대 우리나라 대통령의 경우 가난이나 고난을 극복하고 대통령직까지 오른 경우도 많다. 박정희 대통령, 김대중 대통령, 노무현 대통령, 이명박 대통령 등의 경우 어려운 경제적 환경을 극복하고 최고 지도자의 자리에 올랐다.

O. 목적의식

2003년과 2009년 미국 최고의 경제전문지 <포브스(Forbes)>가 선정한 최고의 CEO이자 2007년과 2009년 포춘지 선정 최고의 CEO로 선정된 스티브 잡스는 1997년 광고 캠페인 <Think Different>를 준비할 당시 애플이 표방한 기본 가치는 '열정이 있는 사람들이 세상을 바꾼다.'는 것이었다. 아울러 "세상을 정말로 변화시킬 수 있다고 믿는 사람들이 실제로 세상을 바꾼다."라고 말했다. 직원들 앞에서 연설하는 잡스의 모습에서 그의 열정과 강한 목표의식을 느낄 수 있다. 잡스의 사례를 통해 목적의식이 훌륭한 리더를 만든다는 사실을 알 수 있다.

조직심리학자로 펜실베이니아대 와튼 스쿨 교수인 애덤 그랜트(Adam Grant)에 의하면 이 세상에는 세 부류의 사람이 있다. '헌신하는 사람'(다른 사람을 돕는 것이 우선인 사람), '받는 사람'(자신의 이익을 우선으로 여기는 사람), 그리고 '연결해 주는 사람'(다른 사람과 자신에게 동등한 이익을 추구하는 사람)이 그것이다. 실증적 조사를 통한 연구 결과에 의하면 이 중 헌신하는 사람이 성공할 확률이 가장 높았다고 한다. 이 헌신에는 목적의식이 있다.[36] 그랜트는 『비즈니스 인사이더』에서 "헌신하는 사람은 다른 이들에게서 최고를 끌어낼 수 있다."고 말하기도 했다.

P. 공감력과 감수성

최근 들어 감성지수(EQ: Emotional Quotient)의 중요성이 부각되고 있다.

---

36 윤태준 역, 『기브앤테이크: 주는 사람이 성공한다』(Adam Grant: *Give and Take*), (서울: 생각연구소, 2014) 등 참조.

간혹 이성으로 해결 불가능한 영역이 감성으로 해결되는 경우가 있다. 진심을 가지고 구성원들을 대하는 리더는 구성원들을 감동시켜 자기편으로 이끄는 리더십을 발휘한다. 공감대를 잘 이루는 리더는 소통 능력이 뛰어나고 다른 사람들의 생각을 이해하는 능력이 높다. 그리고 이를 통해 관계를 형성한 사람들에게 지지를 호소할 수 있다.

챔플린 대학(Champlain College)의 제이슨 보여스(Jayson Boyers)는 '공감 능력이 사업을 발전시키는 가장 큰 원동력'(Empathy is the single strongest force that moves businesses forward)이라고 주장한다.[37] 그에 의하면 진정한 공감대는 모든 결정에 있어 감정적, 이성적 요소 두 가지를 완전히 이해할 때 이루어진다.

감수성도 매우 중요한 요소이다. 특히 현대사회는 권위주의 시대와 달리 국제적 감각이나 에토스(ethos), 그리고 각 개인이 사회와 집단에 대해 갖는 감성을 조직이나 정책에 반영할 필요성이 커졌다. 개인주의화가 보다 심화될 미래 사회에는 리더가 갖는 감수성의 중요성이 더욱 증가할 수 있다.

조직의 운용과정에서 있을 수 있는 구성원들의 소외감이나 박탈감 등이 심화될 경우 갈등지수가 증가할 수 있은 물론, 아노미 현상의 심화로 인한 사회적 문제까지 야기될 수 있다. 특히 정치적 혼란기나 혁명기의 경우 개인의 의식 변화가 급격하게 일어날 수 있는바 지도자들이 이러한 점들을 잘 살피는 것도 중요하다.

최근 우리 한국사회에서도 천재지변, 사회적 범죄, 팬데믹, 경제적 불황 등으로 인해 심리적 문제를 호소하는 사람들의 수가 늘어났다. 이러한 상황이 장기간 지속되면 사회병리현상으로 확대될 수도 있다. 비정상적인 사회현상들을 단순히 개인적인 문제로 치부해 국가가 돌보지 않는 것은 국가로

---

37 https://conpaper.tistory.com/22987(검색일: 2021.1.10.)

서의 임무를 회피하는 것이 된다. 따라서 이러한 위기 상황에 능동적으로 대처할 수 있는 리더들의 감수성도 매우 중요하다. 리더들은 구성원들이 가지고 있는 보편적 심리상태를 파악하여 상황을 정확하게 진단하고 그에 적절한 처방을 내리는 것이 필요하다. 이를 위해서는 지도자가 사회적 공감능력을 함양하는 것이 필요하다.

Q. 관용

논어(論語)의 위령공편(衛靈公篇)에 나오는 말로 잘 알려져 있는 "자기가 하고 싶지 않은 것을 다른 사람에게 강요하지 말라"(己所不欲, 勿施於人)[38]는 말은 관용[39]과 용서(容恕)를 나타내는 덕(德)임과 아울러 소통을 의미하는 덕이기도 하다. 세계적인 리더들 중에는 상대방, 심지어 적까지 포용함으로써 확장성을 넓힌 지도자들이 많다.

관용심을 가졌던 대표적인 지도자로 예수와 석가모니를 비롯한 종교지도자들과, 링컨, 마하트마 간디, 마더 테레사, 넬슨 만델라 등을 들 수 있다. 그러나 우리나라의 정치 지도자들 중에는 관용과 포용력을 가졌던 지도자가 상대적으로 적다.

칭기즈칸은 가난한 전사의 아들을 측근으로 발탁했으며 인재의 등용에서도 이민족을 포용적으로 흡수하였다. 정복지에 거주하는 이민족에 대해서는 그들의 문화와 종교(토속신앙, 기독교, 이슬람 등)를 인정하고 보장하였다. 현재 남아 있는 그림들에는 칭기즈칸의 부하들 중 다양한 피부색을 가진 사람들

---

38 유사한 의미의 말은 성경책과 홉스의 『리바이어던(*Leviathan*)』에도 나온다.

39 관용과 관련한 유명한 사례로 춘추전국시대 진목공(秦穆公)의 일화를 들 수 있다.

이 묘사되어 있다.

링컨의 오른팔로 불린 수어드(William Seward, 1801-1872) 국무장관은 링컨의 가장 큰 라이벌이었다. 그는 좋은 집안 출신으로 친화력이 뛰어났으며 노예제도 폐지의 주도자로 확고한 정치적 입지를 가지고 있었다. 링컨은 그런 수어드와 1860년 대통령 선거 당내 경선에서 경쟁했다. 대통령 선거인단 1차 투표에서 링컨이 102표를 얻은 반면 상대 후보인 수어드는 173표를 넘었다. 그러나 링컨은 2차 투표에서 역전승했다. 역전패한 수어드는 극도의 적개심을 드러냈다. 그러나 대통령에 당선된 후 링컨은 수어드를 국무장관에 임명했다. 링컨이 어느 날 밤 11시에 수어드의 집을 찾아 고민거리를 털어놓았다. 연설 문안(文案)에 관한 것이었다. 두 사람은 밤새도록 상의하고 수정에 수정을 거친 끝에 게티즈버그(Gettysburg) 연설문을 만들었다.

또한 링컨은 다른 경쟁자였던 미주리주의 원로 정치인인 에드워드 베이츠(Edward Bates)에게 "완벽한 성공을 위해서는 당신이 반드시 와야 한다."고 설득해 법무장관에 임명하고, 링컨 자신을 비난해 온 새먼 체이스(Salmon Portland Chase)를 재무장관에 임명했다. 한 때 링컨을 무능하다고 비판한 적이 있었던 그였지만 링컨은 마음에 담아두지 않았다. 뿐만 아니라 민주당에서도 뜻이 맞는 사람들이 있으면 서슴없이 받아들여 요직에 임명했다.

링컨과 스탠턴(Stanton)[40]과의 관계도 유명하다. 두 사람은 특허 관련 재판에서 같은 피고의 변호를 위해 처음 대면했다. 당시 스탠턴은 링컨을 노골적으로 무시하거나 모멸감을 주고, 그가 재판에서 변론하는 것마저 거절했다. 법원에서 같이 말하는 것이나, 같이 식사하는 것도 거절했다. 심지어 링컨에 대해 '긴팔원숭이'나 '고릴라'로 비하하는 발언도 서슴지 않았다. 링컨이 대통

---

40 Edwin McMasters Stanton(1814-1869): 미국의 변호사, 정치가. 링컨 정권에서 남북전쟁기간 동안 'Secretary of War'를 역임했다. 스탠턴의 효율적인 군 운영으로 북군이 승리했다.

령이 된 후에도 공개적으로 '심각한 멍청이', '아무 영향력이 없는 바보', '백악관에서 자신을 긁고 있는 고릴라' 등 매우 거친 언사로 대통령을 모욕했다. 그러나 링컨은 그를 육군장관에 임명했다. 스탠턴은 뛰어난 추진력과 카리스마, 강한 훈련과 정신교육을 통해 단기간에 북군을 강한 군대로 변모시켰다.

1863년 7월 벌어졌던 게티즈버그 전투 당시, 당시 북군을 이끌던 미드(Meade)[41]장군은 링컨의 명령을 무시하고 차일피일하다가 남군의 리(Robert E. Lee, 1807-1870) 장군을 체포하는 데 실패했다. 당시 리 장군은 가까운 곳에 있어서 바로 체포할 수 있었다. 그러나 미드 장군은 '군사회의의 소집 없이 즉시 공격하라'는 링컨의 명령을 무시한 채 군사회의를 소집했다. 결국 그 시간을 틈타 리 장군은 작전 반경에서 탈출했다. 이로 인해 그날 끝날 수 있던 남북전쟁은 장기간 지속되었고 많은 인적, 물적 손실을 가져왔다. 격분한 링컨은 미드장군을 크게 질책하는 내용의 편지를 썼다. 그러나 그는 발송하지 않았고, 그 편지는 링컨이 사망한 후 그의 책상에서 발견되었다.[42] 링컨의 자제력을 엿볼 수 있는 일화이다. 러시아의 대문호 톨스토이는 링컨에 대해 "우리 모두는 링컨을 인류역사상 가장 위대한 성자로 영원히 기억할 것이다."라고 기술하기도 했다.

R. 격려와 칭찬

'칭찬은 고래도 춤추게 한다(Praise Can Make a Whale Dance).'는 말이 있

---

41 고든 미드(George Gordon Meade, 1815-1872)는 남북전쟁 당시 북군의 소장으로 활약했고 여단 지휘관에서 포토맥군 지휘관까지 승진했다.

42 카네기의 *How to win friends and influence and people*에는 사람을 다루는 가장 기본적인 원리의 첫 번째로, '비난을 하지 말고 그 사람의 입장을 이해하라.'는 말이 나온다.

다. 칭찬을 싫어하는 사람은 거의 없다. 그러나 우리나라 사람들은 칭찬에 인색한 것으로 알려져 있다. 어릴 때부터 자기 아이를 다른 아이와 비교하거나, 현재만 보고 섣불리 판단하여 '다른 사람의 본을 보라'라는 식으로 잠재적 능력을 사장(死藏) 시키는 경우도 있다. '엄친아' 등의 말이 비교하는 데 익숙한 우리 문화의 단면을 잘 나타내 준다. 그러나 서양에서는 'cheer-up' 등의 표현을 자주 사용하면서 비난보다 격려를 함으로써 잠재력을 계발해 주는 경우가 많다.

칭찬에 대한 인색은 특히 한국의 현실정치에서 드러난다. 무조건적인 반대, 반대를 위한 반대의 정치문화가 팽배해져 있다. 일반 직장이나 문화예술, 스포츠단 등의 경우도 마찬가지이다. 그러나 우리는 다른 사람의 칭찬에서 용기를 얻어 열심히 노력한 끝에 목표를 달성한 성공담을 자주 접할 수 있다.

링컨 대통령은 장군들에게 남북전쟁에 적극적으로 나서 주기를 바랐지만 대부분의 장군들은 미온적인 태도를 보였다. 그러던 중 그랜트 장군이 남부동맹을 갈라놓는 승리를 거두자 링컨은 승리에 대한 칭찬과 함께 자신이 의심한 데 대해 사과의 편지를 보냈다. 이 편지는 지금도 남아 있다.

남북전쟁 당시 북측의 장군이었던 그랜트(Grant)[43] 장군과 관련된 일화도 유명하다. 그랜트가 알코올 중독으로 직업군인에서 불명예 퇴직했던 전력이 있으며, 술에 절은 상태에서 군을 지휘한다는 소문까지 돌았다. 또한 빅스버그(Vicksburg) 전투에서 작전의 실패로 패하는 등 북군은 연일 고전을 면치 못했다. 국민들의 분노와 해임 요구가 극에 달했다. 링컨의 핵심 참모들까지 나서서 그랜트를 비판하고 해임을 요구했다. 그러나 링컨은 끝까지 그랜트를 신뢰했다. 이에 부응하듯 그랜트는 7월 4일 같은 장소에서 있었던 빅스버그 전투에서 이전까지 미국의 장군들이 이룬 그 어떤 업적보다 위대한 승리

---

43 Ulysses Simpson Grant(1822-1885): 미국의 장군, 제18대(1869-1877) 대통령(共和黨).

를 거두었다. 의회는 워싱턴 이후 최고지위의 장군직을 수여할 수 있는 특별법을 통과시켰으며, 링컨은 그랜트를 연합군 총사령관으로 임명했다. 사람의 잠재력을 파악하고 끝까지 지지하고 신뢰했던 링컨의 혜안이 빛을 발한 것이다.

S. 여유와 휴식

휴식과 사색은 단순히 피로를 풀거나 마음을 정화하는 데서 나아가 새로운 아이디어와 창의성을 도출해 낼 수 있는 계기가 되기도 한다. 자신만의 휴식과 사색의 시간을 가져야 명확한 판단력을 가지게 되고 창의적 마인드도 가질 수 있다.

악성 베토벤은 음악의 창작을 위한 창의력과 영감을 얻기 위해 거의 매일 숲길을 거닐거나 자연을 감상하였다. 어떤 때는 식사도 마다한 채 헬레넨탈(helenental) 계곡을 헤맨 것으로 알려져 있다.

미국 등 역대 각국의 지도자들은 일정 기간 정기적으로 휴식을 취하였다. 조선시대의 왕들도 온천욕을 즐기는 방법 등으로 휴식의 여유를 가졌다. 역대 대통령들 역시 청남대 등에서 휴가를 보냈다.

영국의 억만장자로 버진그룹(Virgin Group)의 창시자 겸 회장인 리처드 브랜슨(Richard Branson), <포브스>(Forbes)가 2012년을 빛낸 가장 매력적인 여성 중 한 명으로 뽑았던 마리사 메이어(Marissa Ann Mayer), 미셸 오바마(Michelle Obama) 등은 정기적 휴가를 즐긴 것으로 잘 알려져 있다. 2만 명 이상의 직원을 관리하기도 했던 시스코(Cisco)의 CTO(최고기술책임자) 패드마스리 워리어(Padmasree Warrior)는 매일 명상의 시간을 갖고 매주 토요일 디지털 디톡스를 하였다. 그들은 이러한 휴식으로 인해 다음 한 주의 업무를 맑고 침착한 마음으로 시작할 수 있다고 한다.

우리나라의 경우도 많은 정치인들과 기업 총수 등이 독서나 골프, 등산 등을 통해 휴가를 즐기고 재충전을 하는 것으로 알려져 있다.

Ⅳ. 소결론

리더의 자질의 평가하는 기준은 집단의 규모, 집단의 성격, 시대, 상황 등에 따라 달리 적용되어질 수 있다. 나아가 미래에 대해 지도자가 가지는 비전이나 실현가능성 등도 리더를 평가하는 하나의 요소로 작용한다. 중요한 것은 리더의 자질 문제에 접근할 때, 개인의 자질이나 능력 등으로써만 파악할 것이 아니라, 시대적 상황, 팔로워들의 구성도, 충성도 열정 등과 아울러 집단의 기능이나 상황과 관련시켜서 파악할 것이 요구된다는 점이다. 또한 단기적인 과업만으로 평가하기보다 시간적 여유를 두고 장기적인 관점에서 리더를 평가하는 문화도 요구된다. 특정시대에 비판을 받은 지도자가 후일 긍정적인 평가를 받거나, 그 반대의 경우도 있다. 소위 정(正), 반(反), 합(合)의 논리는 리더의 자질 영역에도 적용될 수 있다.

| 참고문헌 |

강헌구 역, 『(변화를 이끄는 자) 리더』(Bethel, Sheila Murray, *Marking a Difference*), 서울: 씨앗을 뿌리는 사람, 2006.

김나희, 「리더의 행동특성이 구성원의 내재적 동기부여와 친사회적 발언행동을 통해 개인창의성에 미치는 영향」, 『인적 자원관리연구』, 한국 인적자원 관리학회, 2019.

김병익 역, 『건전한 사회』(Fromm, Erich, *The Sane Society*), 파주: 범우사, 1990.

김수진, 개인의 성격특성과 리더출현에 관한 종단연구」, 숙명여자대학교 대학원 석사학위논문. 2011.

김원중 역, 『논어』, 서울: 휴머니스트, 2019.

김형찬 역, 『논어』, 서울: 현암사, 2020.

민윤형, 「리더의 유머사용이 창의적 직무몰입에 미치는 영향: 지식공유와 심리적 안정의 매개효과」. 고려대학교 경영정보대학원 석사학위논문, 2017.

박종현 역주, 『국가·政體』.(Platon, *Politeia: Platonis Respublica*), 파주: 서광사, 2005.

선영제, 『리더십이 답이다』, 서울: 온샘, 2018.

염성수, 「21세기가 필요로 하는 리더, 그것을 알고 싶다!: 주관성연구, Q방법론을 활용하여」, 『경영교육연구』, 제33권 2호, 한국경영교육학회, 2018.

이극찬, 『정치학』, 서울: 법문사, 2007.

윤태준 역, 『기브앤테이크: 주는 사람이 성공한다』(Grant, Adam, *Give and Take*), 서울: 생각연구소, 2014.

전경미, 「리더의 유머 행위가 조직 구성원의 긍정적 감정 및 부정적 감정에 미치는 영향에 관한 연구: 리더-조직 구성원간 권력거리의 조절효과를 중심으로」, 『경영논총』 제35권 1호, 이화여자대학교 경영연구소, 2017.

전　광, 『백악관을 기도실로 만든 대통령 링컨』, 서울: 생명의 말씀, 2009.

전형철 역, 『리더의 조건: 리더십의 대가 존 맥스웰에 지시하는 진정한 리더의 21가지 자격』(Maxwell, John C., *The Indispensable Qualities of a Leader: Becoming the Person Others will want to Follow*), 서울: 비즈니스 북스, 2014.

정성호 역, 『사랑의 기술』(Fromm, Erich, *The Art of Loving*), 파주: 범우사, 2015.
정재금, 「슈퍼리더십과 혁신행동 간의 관계: 팔로우십과 긍정심리자본의 매개효과」, 『경영연구』 30집 2호, 한국산업경영학회, 2015.
정재창 역, 『리더십 챌린지』(Kouzes, James M., Barry Posner, *The Leadership Challenge: How to Make Extraordinary Things Happen in Organizations*), 파주: 이담, 2018.
정태현, 『논어집주』(상·하), 서울: 우리전통문화연구처. 2018.
최 현 역, 『(플라톤의) 국가론』, 서울: 집문당, 2008.
하미승, 『리더십: 이론과 개발』, 서울: 윤성사, 2018.
황문수 역, 『사랑의 기술』(Erich Fromm, *The art of loving*), 서울: 문예, 2019.
황수진 역, 『맨발의 대통령』(Dale Carnegie: *Lincoln The Unknown*), 고양: 타임기획, 1993.
Zum학습백과, 사회적 지위와 역할, 역할갈등(검색일: 2019.1.5.)
『조선왕조실록』 태종 3년 3월 3일(庚辰).
LG경제연구원, <실패하는 리더, 이렇게 행동한다>, 주간경제 739호, 2006.
나무위키
네이버지식백과
네이버 사전
위키백과
Google
Almond, Gabriel A. and Sidney S. Verba, *The Civic Culture: Political Attitudes and Democracy in Five Nations*. Princeton, N.J.: Princeton Univ. Press, 1972.
Fromm, Erich, *The Sane Society*, New York: Rinehart & Company, Inc, 1955.
Huntington, Samuel P., "Political Development and Political Decay", *World Politics*, Vol. XVII, No. 3, April 1965.
Sabine, George H., *A History of Political Theory*, New York: Dryden Press, 1963.
MBC 스페샬: 신년기획 리더십, 제4부 CEO의 황제 잭웰치. 2006.2.5.
https://ko.wikipedia.org/wiki/%EC%95%84%EC%9A%B0%EA%B5%AC%EC%8A%A4%ED%88%AC%EC%8A%A4(검색일: 2019.3.17.).
https://ko.wikipedia.org/wiki/%EC%BD%9C%EB%A1%9C%EC%84%B8%EC%9B%80(검색일: 2019.3.17).
https://ko.wikipedia.org/wiki/%EC%9D%BC%EB%A1%A0_%EB%A8%B8%EC%8A%A4%ED%81%AC(검색일: 2019.3.17.).
https://news.joins.com/article/23166990(검색일: 2019.3.16.).
https://www.bbc.com/korean/news-43818821(검색일: 2019.3.16.).

https://ko.wikipedia.org/wiki/%EB%B0%95%EA%B7%BC%ED%98%9C_%EB%8C%80%ED%86%B5%EB%A0%B9_%ED%83%84%ED%95%B5(검색일: 2019.3.14.).

https://ko.wikipedia.org/wiki/%EB%8C%80%ED%95%9C%ED%95%AD%EA%B3%B5_086%ED%8E%B8_%ED%9A%8C%ED%95%AD_%EC%82%AC%EA%B1%B4(검색일: 2019.3.15.).

https://namu.wiki/w/%EB%A6%AC%EB%8D%94(검색일: 2019.3.14.).

https://m.insight.co.kr/newsRead.php?ArtNo=3123(검색일: 2019.3.14.).

http://www.edaily.co.kr/news/read?newsId=02952006612846704&mediaCodeNo=257(검색일: 2019.3.15.).

https://endic.naver.com/enkrEntry.nhn?sLn=kr&entryId=b9cfd37890464a42964e1d1cb9a713df(검색일: 2019.3.14.).

https://terms.naver.com/entry.nhn?docId=5674955&cid=62841&categoryId=62841 (검색일: 2019.3.16.).

https://www.youtube.com/watch?v=Am75i4s24yk(검색일: 2019.3.14.).

http://www.prism.go.kr/homepage/researchCommon/downloadResearchAttachFile.do;jsessionid=C47FFC178E041F48772B0DA9A7AA070B.node02?work_key=002&file_type=CPO&seq_no=001&pdf_conv_yn=N&research_id=1750000-201600011(검색일: 2019.3.14.).

https://conpaper.tistory.com/22987(검색일: 2021.1.10.).

https://www.youtube.com/watch?v=0L_lZ-6qOFc(검색일: 2021.1.10.).

https://terms.naver.com/entry.nhn?docId=3579217&cid=59088&categoryId=59096(검색일: 2019.3.13.).

https://terms.naver.com/entry.nhn?docId=991442&cid=41908&categoryId=41942(검색일: 2021.1.5.).

http://philinst.snu.ac.kr)(검색일: 2019.3.13.).

https://abovecoby1.blog.me/221399661279(검색일: 2019.3.13.).

https://people.search.naver.com/search.naver?where=nexearch&query=%EB%B0%95%EC%A7%80%EC%84%B1&sm=tab_etc&ie=utf8&key=PeopleService&os=94363(검색일: 2019.3.13.).

https://blog.naver.com/xjqh5213/221405305107(검색일: 2019.3.13.) .

8장

추종자론(팔로워십)

Ask not what your country can do for you,
ask what you can do for your country
조국(祖國)이 여러분을 위해 무엇을 할 수 있을 것인지 묻지 말고,
여러분이 조국을 위해 무엇을 할 수 있는지 스스로에게 물어 보십시오.

- J.F.K

A man who doesn't know how to obey cannot be a good leader
남을 따르는 법을 모르는 사람은 결코 좋은 지도자가 될 수 없다.

- Aristoteles

Leaders Contribute on the Average no More than
20 Percent to the Success of Most Organization.
조직의 성과에 있어서 리더의 기여는 20%,
팔로워의 기여는 80%이다.

- Robert E. Kelly

Ⅰ. 팔로워십의 의의

팔로워(follower)는 어원상 '후원하다', '공헌하다' 등을 뜻하는 독일어 고어(古語) 'follazionhan'에서 기원한 것으로 알려져 있다.[1] 유럽어권에서는 anhänger(獨), suiveurs(佛), seguace(伊) 등으로 표기된다. 우리말로는 추종자(追從者), 신봉자(信奉者), 뒤따르는 사람, 배우는 사람 정도로 번역될 수 있다. 그러나 한국어 번역어가 원래 follower에 내포된 의미를 표현하는 데 한계가 있는 점을 고려하여 외래어('팔로워') 그대로 사용되기도 한다. 이런 측면에서 팔로워는 리더의 어려움을 돕고 지원하며, 후원하는 사람으로 정의할 수 있다.

팔로워십(followership)[2]은 추종자 정신(追從者精神) 혹은 추종력(追從力) 등으로 번역할 수 있다.[3] 이것은 개인이 특정의 조직, 팀, 집단에서 맡은 역할을 의미하는가 하면, 다른 한편으로는 개인이 능동적으로 지도자를 따르는 것을 의미하기도 한다. 따라서 일면 팔로워십은 리더십에 대응하는 사회적 상호작용(social interaction)으로 볼 수 있다.

팔로워십에 관한 연구는 리더십 연구의 필수 과정이라고 할 수 있다. 리

---

1 심윤섭, 『리더십의 또 다른 얼굴, 팔로워십』 (서울: 예문당, 2013), p. 18. 대립적 고어(古語)인 리더(leader)는 '참다', '고통 받다', '견디다' 등의 의미를 가지고 있다.

2 Followership'의 독일어인 Gefolgschaft는 고대 게르만시대에 전쟁 등으로 원정을 떠날 당시 충성이나 신의로 결속된 왕과 귀족 청년들 간의 군신 관계 또는 신의(信義) 공동체를 의미하는 말이었다. 신라시대의 화랑도 내지 화랑정신과 다소 유사한 의미라고 할 수 있다.

3 이 외에도 '지도자를 따르는 것', '지도자를 따르는 자세', '신봉자', '지도자의 입장' 등 다양하게 번역될 수 있다.

더십과 팔로워십 양자 간의 관계는 상호작용의 문제이자 문화, 통치, 조직의 운용, 조직경영의 문제이기도 하다. 팔로워에 대한 연구의 중요성은 어떤 집단이나, 조직, 팀의 성공과 실패가, '리더가 부하를 잘 이끄느냐'의 문제는 물론 '부하가 리더를 얼마나 믿고 따르느냐'에도 달려 있다는 데 있다.

팔로워십은 리더와 조화를 이루어가며 자기 주도적으로 일을 수행하는 팔로워의 태도와 능력이라 할 수 있다. 아울러 집단의 구성원이 그 집단 내에서의 역할과 집단의 목표달성에 요구되는 역량을 구비하고, 과업과 임무의 달성에 기여하도록 하는 모든 과정을 의미하기도 한다. 종합적인 측면에서, 팔로워십은 목표의 달성을 위해 개인 및 집단을 조정하고 시스템이 작동하게 하는 기술, 또는 특정의 개인이 속한 집단이나 조직에서 수행하는 역할, 개인이 지도자를 능동적으로 따르는 정도를 의미하기도 한다.

조직이나 집단 구성원들의 행동이 조직의 성공과 실패를 좌우하는 주요 원인으로 작용한다는 점에는 이론의 여지가 없다. 조직에 대한 기여도가 높은 팔로워들은 창조적인 마인드를 가지고 있으며, 자율적으로 행동하고, 주어진 과업에 열정적으로 임한다. 공동체주의적 가치관이 중요시되던 과거의 경우 집단은 주로 리더들에 의해 수직적으로 운용되었다. 그러나 사회체제가 민주화 되고 개인주의화 된 현금의 경우 리더의 일방적 방식에 의해서는 조직이 운용되기 어렵다. 즉, 현대사회에서는 과거에 비해 팔로워들이 역할이나 과업에서 차지하는 팔로워의 비중이 상대적으로 커졌다.

흔히 팔로워십은 리더십과 대척관계에 있는 것으로 인식되나 실제에 있어서 양자 간의 관계는 상호보완적이다. 즉, 팔로워십은 일면 리더십에 대응하는 상호작용과정이나, 다른 한편으로는 조직을 형성하는 일반구성원들의 능동적 행동원리이다. 팔로워들은 리더의 리더십 행사에 부응하여 리더가 제시하는 과업을 수행하는가 하면, 건전한 비판을 행하기도 한다. 그러나 역설적으로 과업에 대한 팔로워의 관심과 헌신, 기여도가 낮으면 집단이 목표로 하는 과업의 성과 역시 낮아지게 된다.

팔로워십 이론은 기업 등의 수직적 권력구조에서 리더의 리더십에 부응하는 방식에 주목하여 출발하였다. 그러나 최근에는 외연이 확대되어 지도자의 리더십과 아울러 리더십의 작동과 관련되는 것을 포함하는 포괄적 의미로 사용되고 있다. 리더십이 상사가 부하에게 영향력을 행사하는 과정이라면, 팔로워십은 구성원들이 가져야 할 바람직한 행동양식을 의미한다. 바람직한 팔로워는 리더가 리더십을 올바르게 발휘하도록 유도하고 지원하는 한편, 상사에 대한 지원과 아울러 건전한 비판도 행하여야 한다.

이러한 측면에서 현대사회에서는 성과에 대한 기여도 평가에 있어서 리더 못지않게 팔로워의 비중을 높게 보는 경향이 있다. 이러한 경향은 현대사회에서 개인주의화가 심화됨에 따라 리더의 독단적인 조직 운용으로는 집단 목표의 달성이 어려워진 데서 기인하였다. 이것은 조직이나 집단의 목표 달성에 있어 리더 못지않게 팔로워의 역할이 크다는 사실과 아울러 조직의 운용에 있어서 리더십과 팔로워십의 조화가 요구됨을 말해 준다. 탁월한 팔로워는 헌신, 자기주도성과 열정, 실력, 조언, 조화라는 팔로워십의 핵심 요소를 겸비함으로써 일터에서 성장하며 스스로 성공을 만들어 간다.[4]

폴렛(Mary P. Follett)[5]은 변혁적 리더십, 리더십과 팔로어십의 상호 관계, 그리고 리더와 추종자의 관계 등에 대해 연구한 것으로 알려져 있다. 폴렛은 리더와 팔로워 간의 관계가 독특하면서도 상호의존적인 개념과 역동적인 측면에서 제시되어야 한다고 하면서 양자의 관계는 지배나 통제, 복종의 관계보다 팀이나 조직이 직면한 어떤 상황을 해결하고 풀어갈 수 있도록 상호간

---

4 심윤섭, *Op.cit.*, p. 17.

5 Mary Parker Follett(1868-1933): 보스턴 출생. 사이어 아카데미, 래드클리프, 뉴넘 대학 등에서 철학·역사·법률·정치학 등을 연구하고 사회사업가로 활동한 미국의 정치학자 및 경영사상가. 네이버 지식백과, (이종수, 『행정학사전』, 서울: 대영문화사, 2009) 참조.

의 영향력을 발휘하는 중요한 관계라고 하였다.

길버트와 하이드(Gilbert, G. R. & Hyde, A. C.)가 미국의 연방정부 공무원을 비롯해 다른 공무원집단(주정부 및 지방관청), 두 개의 그룹을 대상으로 훌륭한 팔로워들의 특성을 연구한 결과 좋은 팔로워들은 그렇지 않은 팔로워들과 몇 가지 측면에서 차이를 보였다. 즉, 좋은 팔로워들은 직무수행에 대한 동기를 가지고 있고, 책임감이 강하며, 일정들을 계획대로 잘 준수하고, 출근상태가 좋으며, 대인관계가 좋고, 자격과 능력을 갖추고 있으며, 정직하고, 긍정적인 태도를 가지며, 건설적인 보완대책을 추구하고, 주어진 직무 이상의 것에 대한 열정이 있고, 갈등 관리의 능력을 가지고 있고, 작업의 단위를 대표하는 것을 수긍하고 신뢰할 수 있으며, 정책에 따르고, 무조건적인 지당대신(yesman)이 아닌 점 등의 특징을 가지고 있었다.[6]

팔로워십에 대해 학자들은 다음과 같이 정의하고 있다.[7]

- **워트만(Wortman, 1986)**: 주어진 상황에서 조직의 목표달성을 위해 리더가 의도하는 바에 따라 하급자가 개인이나 집단적 노력에 참여함으로써 개인적 목표를 획득하는 과정.[8]

- **샬레프(Chaleff, 1995)**: 팔로워가 리더와 비전을 공유하며 리더와 조직이 성공하기를 바라면서 조직에 참여하는 과정.

- **켈리(Kelly, Robert, 1998)**: 리더와 팔로워가 함께 조직의 목표를 달성하기 위해 비판적 사고와 능동적 참여로 과업을 수행하는 과정.

---

6 G. R. Gilbert & A. C. Hyde, "Followership and the Federal Worker" *Public Administration Review*. November/December 1988.

7 이 현,「변혁적 리더십과 팔로워십, 업무몰입의 관계」, 고려대학교 석사학위 논문, 교육학과, 2010, p. 17.

8 심윤섭. *Op.cit.*, p. 20.

- **바누트 고메즈(Banutu-Gomez, 2004)**: 독립적이고 비판적인 사고로 업무를 수행하며 창의적이고 건설적인 팔로워들의 특징을 나타내는 것.

- **아그호(Agho, 2009)**: 조직의 목표를 이루기 위해 상급자의 노력을 지원하고 상급자의 지시에 능률적이고 주도적으로 따르는 개인의 능력.[9]

---

9 심윤섭, *Ibid.*, pp. 19-20.

II. 팔로워십과 리더십의 관계

리더십이 작동되기 위해서는 리더와 추종자(조직 구성원), 그리고 이행하고자 하는 대상, 즉 과업이 있어야 한다. 이런 의미에서 리더십의 3요소는 리더, 팔로워, 과업(목표)이라고 할 수 있다. 이 중 팔로워는 하나의 (동질적) 집단으로 보는 경향이 있다. 리더십을 리더, 추종자, 상황 등의 상호작용으로 보는 상황적 이론에서는 특히 추종자의 중요성이 강조되고 있다.

리더십과 팔로워십은 배타적, 독립된 것이 아니라 상호보완적인 관계에 있다고 할 수 있다. 팔로워는 리더십의 효율성을 결정하는 중요한 요인의 하나인바 팔로워에 대한 연구는 필수적이다. 개인주의화와 민주화의 확산에 따른 조직문화의 변화 추이를 고려할 때 리더에 대한 연구 못지않게 팔로워십에 대한 연구가 요구된다.

켈리(Kelly)에 의하면 '조직의 성공에 있어서 리더의 기여도는 많아야 20% 정도이고 나머지 80%는 팔로워들의 기여'이다.[10] 그는 최상위의 리더도 리더로 일하는 시간보다 팔로워로 일하는 시간이 더 많다고 하며 팔로워십 연구의 중요성을 제기하고 있다.[11]

리더십의 작동과정에 있어서 팔로워십은 다음과 같은 점에서 중요한 기능

---

10 Robert Kelley. *The Power of Followership: How to Create Leaders People Want to Follow and Followers Who Lead Themselves*, (New York: Doubleday Currency, 1992), p. 7.

11 스포츠 종목의 경우 감독에 의해 성적이 좌우되는 정도는 5-10% 이내인 것으로 알려져 있다. 이 역시 구성원들의 역량이나 노력, 열정이 중요함을 말해 준다.

을 한다.

첫째, 현금에 들어서는 집단의 구조나 조직체계가 과거와 달리 소그룹 또는 팀 위주로 분화되는 경향이 있다. 또한 리더가 미치는 직접적 영향력이 감소하는 반면 sub-leader나 팀장, 그리고 팔로워들의 역할이 상대적으로 커졌다. 무엇보다 중요한 것은 성과에 미치는 팔로워의 역할이 과거에 비해 커졌다.

둘째, 조직 자체가 개방적이고 탄력적인 체계를 가지고 있는 경우나 팀을 중심으로 운용되고 있는 조직의 경우 리더의 위치나 위상은 유동적이다. 예컨대 팀장이 부장인 팀에서 이사가 팀원이 되는가 하면, 심지어 대리가 리더가 되고 부장이 팀원이 되는 경우도 있다. 이러한 현상은 특히 전문적인 직종에서 두드러지게 나타난다. 최근에 들어 고위직의 임원들이 하위직급으로부터 전문지식, 나아가 경영기법 등을 배우거나 강의를 듣는 경우를 볼 수 있다. 대학의 경우도 특정의 영역(예컨대 강의 기법, 비대면 수업 등)에서 선임 교수가 후임 교수가 주도하는 팀의 일원으로 참가하거나 교육을 받는 경우도 있다. 이에 따라 리더와 팔로워의 관계가 수직적 관계에서 상생관계 또는 상호의존적인 관계로 변하고 있다.

켈리의 지적과 같이 산출에서 차지하는 팔로워의 기여도가 큼에도 불구하고 과거에는 리더의 역할에 중점을 두고 산출을 평가해 온 경향이 있었다. 이로 인해 실질적이고 합리적 인 평가가 이루어지지 않았다. 리더십은 팔로워십에 의존하고 있는바, 리더십이 효과적으로 발휘되기 위해서는 추종자들로부터 신뢰와 지지를 얻어야 한다.

III. 팔로워의 유형[12]

치자와 피치자의 관계와 마찬가지로 리더와 팔로워의 관계는 유동적이다. 팔로워가 항상 팔로워로 머무는 것은 아니며, 리더 역시 마찬가지이다. 로버트 켈리(Robert E. Kelly)는 사람들이 리더의 지위라는 위치가 담보해 주는 장점들 보다 팔로워의 길을 택하는 이유에 대해 기술하고 있다. 그는 팔로워십의 길을 도제(徒弟; apprentice), 신봉자(disciple), 멘티(mentee), 동료(comrade), 충성파(loyalist), 드리머(dreamer), 생활방식(lifeway) 등 7가지로 분류하고 각 요소에 대해 설명을 덧붙이고 있다.[13]

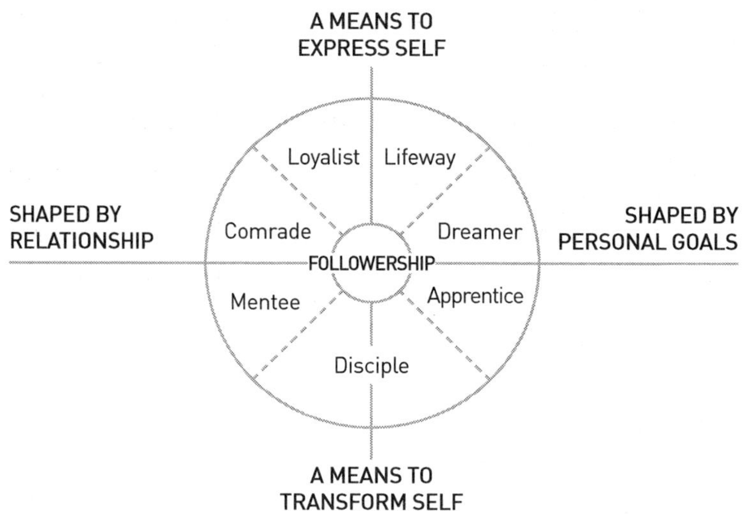

<팔로워십의 7가지 길>[14]

A. 도제(apprentice)

도제는 주로 기술적인 일이나 예능을 과업으로 하는 당사자들 간의 관계를 일컬을 때 자주 언급되는 말이다. 도제는 리더와 팔로워가 가르침을 매개로 하여 결속되어 있는 팔로워십의 유형이다. 도제의 길을 선택하는 사람들은 일이나 리더가 되고자 하는 욕망은 물론 의지력 역시 매우 강하다. 도제형 팔로워가 도제의 길을 걷는 데는 과업에 대한 애착과 아울러 리더가 되고자 하는 강한 의지가 작용한다. 이러한 유형의 사람들은 과업에 대한 욕망이 매우 높으며 자신이 행한 일에 대한 리더의 신임에도 매우 민감하게 반응한다.

도제관계는 계서적 성격이나 조직 체계를 가지고 있는 직종 또는 그러한 과업의 성격을 띠는 분야에서 많이 보인다. 군(軍)이 대표적이다. 군에서 고위직급에 있는 사람들 중에서는 하급직부터 도제정신을 체득함으로써 그 직에 오른 경우가 많다. 도제형의 조직체제는 일본이 선진국이 된 요인 중 하나로 거론되기도 한다.

B. 신봉자(disciple)

제자, 신봉자를 의미하는 영어의 disciple은 그리스어(Μαθητής; Mathitís)에서 유래된 말로 스승으로부터 '배우는 사람'의 의미를 가지고 있다. 그러나 이 말은 이후 의미가 확대되어 이념, 종교 등과 관련된 분야에서 스승(리더)

---

12 신구범, *Op. cit*, pp. 403-418 참조.
13 Robert Kelley, *Op. cit*, pp. 49-77.
14 Robert Kelley, *Ibid.*, p. 51.

의 가르침을 따르고 믿는 사람에 대해 주로 사용된다. 여기에는 제자가 자신의 정신적인 부분을 리더에 의탁(依託)한다는 의미와 아울러 이성의 차원을 초월해 스승의 가르침에 복종한다는 의미도 내포하고 있다. 이로 인해 가끔 공산주의, 파시즘, 사이비종교 등의 영역에서 지도자를 맹신하고 따르는 사람들을 지칭하는 부정적 의미로 사용되기도 한다.

리더와 신봉자 간의 관계에서 핵심은 믿음(일면 맹종)과 복종이라 할 수 있다. 성공을 위해 신봉자는 자신의 가치체계나 존재방식까지 과감하게 포기하고 지도자나 이념을 따르기도 한다. 이 경우 팔로워의 심리에는 '동일화의 심리'(the psychology of equalization)가 내재되어 있다. 즉, 리더의 신념이나 철학, 사고방식, 행동양식 등을 모방함으로써 리더를 따르고자 하는 심리이다. 신봉자와 리더와의 관계는 멘토링과 달리 신봉자가 자신의 정신적인 영역을 일부 포기하고 새로운 삶을 살고자 하는 욕구에서 기인하는 바 이것은 단순한 배움의 영역을 초월하는 것이다. 따라서 멘토링에 비해 스승과 신봉자 간의 결속도가 높다.

C. 멘티(mentee)

멘토(mentor)와 멘티(mentee) 간에 성립되는 멘토링(mentoring)은 도제의 체제와 다르다. 즉 도제의 경우 리더와 팔로워의 관계에서 1:1 또는 1:다수인 관계가 많으나, 멘토와 멘티의 경우 양자는 주로 1:1의 관계이다. 멘토의 의미에는 단순한 기술이나 이념, 종교 등의 측면보다 '정신적 지주', '인격적 성숙'이라는 의미가 보다 강하게 내포되어 있다. 즉, 도제 관계를 통한 학습과정에 기능, 기술의 습득이라는 측면이 강하게 작용하는 데 반해, 멘토링에는 '교화(敎化)' 또는 '정신적 성숙'의 의미가 강하게 자리 잡고 있다. 즉, 도제의 경우와 마찬가지로 멘티 역시 자신의 정신적 성숙이나 자기 혁신을 위해 팔로워의 길을 택한다.

D. 동지(comrade)

리더와 동지(同志)와의 관계는 도제, 신봉자, 멘티, 충성파 등의 경우와 달리 상하관계보다 (상대적으로) 동등한 관계 또는 동일체 의식으로 결속되어 있다. 동지의 경우 승진, 개인적 성장, 지적발전 등과 무관하게 동일 집단에 속해 있는 관계로 집단자체에 대한 애착 때문에 팔로워가 되는 경우라고 할 수 있다. 동지가 되는 계기로는 동일한 이념을 공유하고 있거나, 같은 집단에 소속되어 있다는 동일체 의식, 친밀감, 동일한 목표의 공유, 강한 파트너십 등이 있다. 군대, 교도소 등과 같이 통제적인 상황이나 직장, 정당 등 동일한 집단속에서 형성된 친밀감, 사회적 결속감 등은 구성원들 간의 동일체 의식을 강화시켜 준다. 적자생존의 구조 속에서 공동의 목표에 의해 형성된 유대감, 동일한 상징(유니폼, 로고, CI 등), 스포츠 경기, 연수, 공동작업 등은 구성원들 간의 동일체 의식과 동지애를 강화시켜 주는 기제로 작용한다.

동지애는 집단의 발전이나 목표의 달성, 인간관계 등에 긍정적으로 작용할 수 있다. 그러나 정치적 동기 등 이익이나 이해관계로 형성된 동지애의 경우 타집단과의 파벌관계를 야기할 수 있다. 그리고 궁극적으로는 지속적 관계가 유지되지 못하고 와해될 수도 있다.

E. 충성파(loyalist)

충성파는 충성심의 발로에 의해 자의적으로 리더를 따르는 형태이다. 충성파는 동지의 경우와 유사한 측면이 있는데, 충성심은 주로 리더에 대한 호의, 또는 개인의 영달을 기하는 심리에서 생겨난다. 문자 그대로 뜻을 같이 한다는 의미에서 집단의식 내지 동일체 의식이 강하게 작용하는 동지와 달리, 충성심은 주로 리더와 1:1의 관계에서 나오며, 자발적으로 형성되는 경우가 많다. 또한 인간적 성숙을 도와주는 의미가 강한 멘토-멘티와 달리, 충성파의 경우 그 정도가 많이 약하다.

충성파의 경우 리더가 가장 신뢰하는 팔로워의 유형 중 하나이다. 왜냐하면 신봉자, 멘티라고 리더에 충성하는 것을 아니기 때문이다. 충성파의 경우 팔로워에 대한 리더의 신뢰가 강한 바, 비밀을 요하는 은밀한 직무나 힘든 일을 맡기더라도 리더가 갖는 심리적인 부담감이 상대적으로 적다.

F. 드리머(dreamer)

드리머[15]의 경우 주로 꿈의 실현에 주안을 두는 팔로워의 유형이다. 따라서 전술한 유형들에 비해 리더에 대한 충성심이나 신뢰도는 상대적으로 약하다. 그리고 꿈이라는 목표가 없어지게 될 경우 관계가 와해될 수도 있다. 이에 따라 리더 또는 팔로워 자신에 대한 관계에 관심도가 낮다. 드리머들이 리더를 추종하는 것은 자신의 꿈을 실현하는데 있어 리더가 도움이 되는 존재

---

15 드리머는 통상 '몽상가'로 번역된다. 그러나 몽상가에는 비현실적, 또는 부정적 의미가 다소 내포되어 있는바 켈리가 말하고자 하는 드리머의 의미와 다소 다르다.

로 인식하기 때문이다.

아울러 드리머는 외부 지향적이기 보다 내면화를 통해 자신의 꿈을 실현하고자 한다. 그것은 주로 리더나 조직이 추구하는 목표가 자신의 꿈과 일치한다고 느끼는 데서 기인하는 측면이 강하다. 이 경우 개인과 조직이 지향하는 바가 동일한 경우가 많다. 그러나 맹목적으로 리더를 동경하거나, 리더를 통한 자기의 꿈을 실현하는 것이 어렵다고 생각될 경우 리더와의 유대관계는 와해될 수 있다. 이러한 팔로워들을 활용하기 위해서는 리더가 목표의 설정에 신중을 기해야 한다.

G. 생활 방식(lifeway)

생활 방식은 리더나 집단이 추구하는 바가 자신의 그것과 일치한다고 느껴서 팔로워가 되는 방식이다. 생활 방식의 측면에서 볼 때 리더십은 서번트 리더십인 경우가 많다. 즉 봉사에 대한 욕구에 의해 리더가 되는 것이다. 이러한 유형의 길을 선택하는 팔로워는 이타적, 희생정신이 강한다. 따라서 다른 사람의 과업을 돕거나 다른 사람에게 도움을 줌으로써 만족감을 찾고자 한다.

생활 방식의 일환으로 팔로워의 길을 걷는 사람 들 중에는 리더의 자질과 기질을 함양하고 있으면서 팔로워의 길을 자청하는 사람이 많다.

이상 일곱 가지 유형의 팔로워 형태들은 완전히 배타적이기보다 복합적 차원의 동기의 조합에 의해 특징 지워진다.[16] 첫 번째 차원은 자기표현 대 자기개혁이고, 두 번째 차원은 인간관계 대 개인적 목표이다. 팔로워 중에는 팔

---

16 김명호,『사례중심의 경영학원론』, (서울: 두남, 2018) 참조.

로워십 속에서의 인간관계를 중요시 하는 유형의 사람들이 있는데 이들은 목표나 꿈을 추구하기보다는 사람을 따른다. 인간관계와 상반되는 동기는 개인적 목표이다. 내면에 중점을 두는 사람들에 있어서 팔로워십은 타인과의 관계가 아니라, 개인적 꿈을 달성하는 수단이 된다.[17] 그리고 이러한 동기들의 명확한 차이를 설명하는 데는 난점이 따른다.

팔로워가 되는 요인들을 대별하면 팔로워 자신이 이루고자 하는 목표의 달성, 인간관계, 과업이 가져다 주는 만족도나 성과 등 3가지를 들 수 있다.

---

17 이택호·강정원, *Op. Cit*, 참조.

Ⅳ. 팔로워십의 유형

A. 바버라 켈러먼

하버드대 케네디스쿨 교수로 <포브스>가 선정한 세계 50대 경영사상가에 선정되기도 한 바버라 켈러먼(B. Kellerman)은 팔로워십의 유형을 '과거의 유형들'과 '오늘날의 유형들'로 대별하고 각 유형에 속하는 학자들의 논점을 정리하여 기술하고 있다.[18]

그에 의하면 과거의 유형들에 속하는 학자로는 ⓐ 에리브러햄 잘레즈닉(Abraham Zaleznik), ⓑ 잘레즈닉(Abraham Zaleznik)과 만프레드 F. R. 케츠 드 브리스(Manfred Kets de Vries), ⓒ 로버트 켈리(Robert E. Kelly), ⓓ 아이라 샬레프(Ira Chaleff) 등이 있다.

아울러 켈러먼은 오늘날의 유형들로 ⓐ 무관심자형, ⓑ 방관자형, ⓒ 참여자형, ⓓ 활동가(activist)형, ⓔ 보수형 등 5가지 형태로 분류하면서, 이 분류에 계급이 전제됨을 밝히고 있다. 그는 이러한 분류를 토대로 당시 발생한 관심 사건들과 팔로워들의 행태를 연계지어 설명했다. 즉 각 유형의 팔로워들은 의미상 그들의 상사보다 권력, 권한, 영향력이 상대적으로 적은 부하의 역할을 담당한다는 점을 전제로 한다는 것이다. 아울러 이 유형들은 각각 아

---

18 이동욱·김충선·이상호 역, 『팔로워십』(Barbara Kellerman, *Followership: How Followers are Creating Change and Changing Leaders*), (서울: 더난출판, 2011), pp. 123-148.

무 것도 하지 않는 것부터 완전히 헌신하는 것까지 행동을 전제로 한다고 기술하고 있다.[19]

ⓐ 무관심자(Isolate)형은 리더와의 관계가 격리되어 있는 형으로 자신이 소속되어 있는 리더에 대해 별로 관심이 없다. 그리하여 리더에 대해 거의 알지 못하며 반응도 하지 않는 형이다. 이런 경우는 팔로워에 대한 리더의 우월성이 더욱 강화된다.

ⓑ 방관자(Bystander)형은 관찰은 하지만 참여하지 않는 형으로 리더와 따로 사고하고 행동하는 형이다. 즉, 가능한 리더와 한 엮이고 싶어 하지 않는다. 이런 경우는 리더가 팔로워의 의사에 반해 행동할 여지가 커진다.

ⓒ 참여자(Participant)형은 활동가형과 더불어 긍정적인 팔로워형에 속한다. 참여형은 리더, 집단, 조직에 대한 선호 또는 부정적 관념을 명확히 가지고 있으며, 자신의 생각을 행동으로 직접 옮기기도 한다. 알몬드(Gabriel A. Almond)와 버바(Sydney S. Verba)가 제시한 정치문화의 유형 중 참여형(Participants) 또는 시민문화에 속하는 사람들의 유형과 일맥상통하는 점이 있다.

ⓓ 활동가(Activist)형은 리더에 대해 신뢰감을 가지고 따르는 유형이다. 이러한 유형의 사람들은 매우 의욕적이고 정력적이어서 조직 또는 집단의 일에 적극적으로 참여한다. 활동가형은 리더를 대신하여 업무를 정열적으로 수행하기도 하나, 다른 한편으로는 리더들의 지위 약화를 꾀하기도 한다.

ⓔ 완고주의자형으로도 번역되는 보수형(Diehard)은 필요할 경우 목적을 위해 수단과 방법을 가지지 않을 정도로 적극적으로 과업에 임하며 헌신한다. 그러나 그에 상응해 리더가 가지고 있는 권력에 대해 도전하기도 한다.

---

19 이동욱·김충선·이상호 역, *Ibid, p*. 137.

B. 에리브러햄 잘레즈닉

에리브러햄 잘레즈닉(Abraham Zaleznik)은 하버드대 비즈니스 스쿨 심리분석학 교수로 경영심리를 원용한 리더십 연구에 많은 업적은 남겼다. 켈러먼에 의하면 잘레즈닉의 팔로워 분류방식은 '과거의 유형'에 속한다. 잘레즈닉은 1965년 하버드 비즈니스 리뷰(*Harvard Business Review*)로 출간된 『종속의 역동성』(*The Dynamics of Subordinacy*)[20]에서 조직의 성과는 '수직적 권한 관계의 양 끝에 있는 사람들이 서로 어떻게 지내느냐'에 따라 좌우된다고 주장했다.[21] 그는 '지배-복종의 정도', '적극성-소극성의 정도'를 기준으로 하여 팔로워십의 유형을 ① 충동적 부하, ② 강박적 부하, ③ 매저키즘적 부하, ④ 내향적 부하의 네 가지로 분류하고 있다. 켈러먼의 평가와 같이 잘레즈닉의 팔로워십 분류방식은 고전적 분류방식에서 자주 발견되어지는 유형이다.

1. 충동적 부하(Impulsive Subordinates)

충동적 팔로워는 다소 반항적인 유형의 팔로워이다. 이러한 유형을 가진 팔로워들은 권위자에 도전하는 측면이 있으나 건설적인 사고를 하며, 일면 즉흥적인 스타일을 가지고 있다. 대체적으로 다혈질적(담즙질, choleric) 성격형에서 자주 발견되는 유형이라 할 수 있다.

2. 강박적 부하(Compulsive Subordinates)

강박적 팔로워는 권위자를 간접적인 수단을 통해 제어하려고 하는 유형이다. 이 유형은 대체적으로 새디즘적인 성격형에서 많이 보이는 유형이라고 할

---

20 Abraham Zaleznik, *The Dynamics of Subordinacy*, (Boston: Harvard Business Review, 1965) 참조.
21 이동욱·김충선·이상호 역, *Op. cit*, p. 124.

수 있다. 그들은 지배하고자 하는 바람에서 나오는 강한 죄책감을 가지고 있다. 프로이트 학파였던 잘레즈닉에 의하면 이 죄책감은 그가 사회화의 과정에서 1차적으로 접하는 아버지의 권위를 박탈하고자 하는 심리에서 유래한다.

3. 매저키즘적 부하(Masochistic Subordinate)

매저키즘적(자기학대적) 팔로워는 고통 받고 싶어 하며, 권위자의 적극성과 통제력에 복종하고 싶어 하는 유형이다. 이러한 유형은 자신을 학대하는 소위 매저키즘적 성격의 소유자에게서 흔히 발견되는 유형이다. 그러나 실제로 이러한 유형의 팔로워는 상대적으로 많지 않다.

4. 내향적 부하(Withdrawn Subordinate)

자신이 소속된 직장의 일에 대한 관심도가 낮고 지시에만 반응하는 소극적 유형의 팔로워이다. 이러한 유형은 고립적이고 비사교적인 성격의 소유자들에게서 빈번하게 발견되는 타입이다. 정치적으로 보면 특정의 집단에 대해 적극적 지지, 소극적 지지, 적극적 반항, 소극적 반항도 하지 않는 중간의 영역에 있는 중립자 층 또는 무관심자층에 속하는 사람들과 유사한 형의 팔로워 타입이라 할 수 있다. 일반 기업의 경우 이러한 팔로워는 보너스나 승진 등에서 다른 사람을 앞서기가 어렵다.

C. 로버트 켈리

켈리(Robert E. Kelley) 교수는 팔로워십의 유형과 관련해 가장 자주 언급되는 학자이다. 1992년에 출간된 켈리의 저서 『팔로워십의 힘』(*The Power of Followership*)은 팔로워와 관련해 집필된 최초의 저술 중 하나로 리더십,

경영학 등의 분야에서 높은 평가를 받았다.

켈러먼에 의해 '과거의 유형들'로 분류되는 이론을 제시한 것으로 평가받는 켈리는 비판적 사고-조직 내의 활동 참여도를 기준으로 하여 팔로워십의 유형을 ① 모범형 팔로워, ② 소외형 팔로워, ③ 순응형 팔로워, ④ 수동형 팔로워, ⑤ 실무형 팔로워의 5가지로 분류하였다.[22]

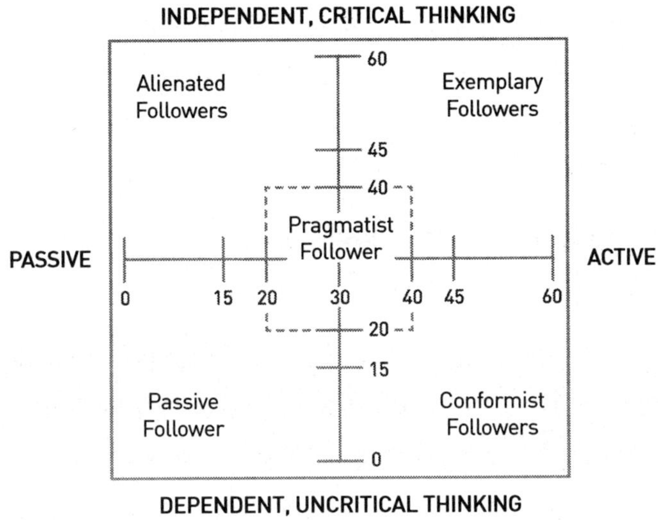

<팔로워십의 유형>[23]

1. 모범형 팔로워(Exemplary Follower)

모범형 팔로워는 자신의 재능을 적극적으로 발휘하여 팀과 리더 그리고 조직 전체에 도움을 준다. 이로 인해 조직에서의 활용도가 높고 상대적으로

---

22 Robert Kelley, *Op. cit*, pp. 87-124.

23 Robert Kelley, *Ibid*, p. 97.

중요한 역할을 수행하는 유형이다. 다른 한편으로 모범형 팔로워들은 독립적으로 사고하고 비판의식을 가지고 있으나 문제해결을 위해 늘 솔선수범한다. 리더의 부족한 부분을 비판하기 보다는 조언하고 도와주며 자신에게 맡겨진 일이 아닌 과업에도 관심을 갖는 등 모든 면에서 적극적인 모습을 보인다. 또한 조직의 발전을 위해 헌신적이며 창조적인 아이디어도 내놓는다. 모범형은 리더의 의사결정(판단)에 동의하거나 수긍할 경우 적극적으로 참여하고, 동의하지 않는 경우 대안을 제시하고 건전하게 도전하는 모습을 보인다. 켈리 교수에 의하면 모범형은 조직의 발전에 가장 바람직한 팔로워의 유형이다.

2. 소외형 팔로워(Alienated Follower)

소외형 팔로워는 독립적·비판적 사고방식을 가지고 있음에도 불구하고 소극적·수동적인 행동양식을 보이는 팔로워의 유형이다. 이 유형의 팔로워들은 모범형이었으나 조직이나 리더로부터 부당한 대우를 받았다는 피해의식 등으로 인해 리더나 조직, 과업 등에 대해 냉소적인 시각을 가지게 된 경우가 많다. 이들은 자신이 소속되어 있는 조직이나 리더에 대해 불만을 가지고 있으나 자신이 심리를 드러내지 않으며 소극적으로 업무에 임하는 경향이 있다. 회의, 토론 등 공식적 모임에서는 의견을 내지 않다가 모임이 끝난 후 자신의 의견을 동료에게 말하거나 회의, 토론의 결과를 비판하는, 소위 뒷담화를 하는 사람들이 이 유형에 속한다.

켈리에 의하면 전체 구성원의 15-25%가 소외형 팔로워에 속한다. 소외형이 되는 이유는, 정치적 무관심자가 되는 원인 중 하나와 유사하다. 각자에 따라 다르기는 하나, 대부분의 경우 리더와 조직에 대한 자신의 기대 충족이 이루어지지 않고, 신뢰가 깨어졌기 때문이다. 소외형 팔로워가 모범형 팔로워가 되기 위해서는 이미 비판적이고 독립적인 사고력은 소유하고 있기 때문에 부정적인 면을 극복하고 다시 한 번 적극적으로 참여하기 위해 노력하면 된다.

팔로워들의 유형	비판적 사고	조직 내의 활동 참여도
소외형(Alienated)	높 음	낮 음
모범형(Exemplary)	높 음	높 음
순응형(Conformist)	낮 음	높 음
수동형(Passive)	낮 음	낮 음
실무형(Pragmatist)	선 택	선 택

<로버트 켈리 교수의 팔로워십 분류>[24]

3. 순응형 팔로워(Conformist Follower)

순응형(Conformist)은 비판적 사고능력은 미흡하나, 자신에게 부여된 과업을 잘 인지하고 수행하는 타입이다. 이런 유형의 팔로워는 대체적으로 조직 내의 활동 참여도가 높다. 그러나 반드시 긍정적인 측면만 가지고 있는 타입이 아니다. 수동적으로 리더의 명령에 따르기만 하고 권위에 순종적이며, 독립적·비판적 사고와 소신이 부족한 바, 소위 지당대신(yes man) 스타일의 사람들이 여기에 속한다. 순응형 팔로워는 조직에 큰 트러블을 일으키지 않고 조직의 운영방침과 직무의 수행에 적극적으로 따름으로써 조직에 기여한다. 즉, 리더와 조직을 신뢰하고 조직과 리더를 위해 헌신하는 스타일이라고 할 수 있다. 그러나 순응형 팔로워는 소신이 부족하고, 비창의적이며 소극적이고, 갈등을 회피하는 경향이 있다. 이는 결과보다는 기존의 질서를 따르는 것이 자신에게 유리하다고 느끼는 성향이다. 다소 경직된 분위기의

---

24 장동현 역, 『(성공기업을 창출하는) 플로어와 리더십』, (서울: 고려원, 1994), p. 115.

조직에서는 이러한 형의 팔로워가 양산될 수 있다. 경쟁이 치열하고, 급변하는 현대사회에서 순응형 팔로워는 조직의 발전에 대한 기여도가 낮을 수밖에 없다.

4. 수동형 팔로워(Passive Follower)

수동형 팔로워(Passive followers)는 자신이 소속된 조직이나 집단, 리더에 대해 비판적 관념을 가지고 있다. 그리고 조직에 대한 관심도가 낮으며 과업에도 적극적으로 참여하지 않는 유형의 팔로워이다. 이들은 일반적으로 조직의 미래나 발전에 대한 관심이 부족하다. 또한 소명감과 책임감이 부족해 매사에 소극적으로 임한다. 이런 타입의 팔로워들은 업무추진 능력이 떨어지고, 리더들의 지시나 명령에 대해서도 수동적으로 반응하기 때문에 조직에 대한 기여도 역시 약하다.

수동형 팔로워는 리더에게 지나치게 의존하는 점에서 순응형 팔로워와 일면 유사하다. 그러나 적극성의 측면에서는 차이가 있다. 즉, 수동형은 조직의 일에 스스로 임하기보다 상사의 지시만 무비판적으로 이행한다. 켈리교수에 의하면 조직에서 수동형 팔로워는 통상 5-10% 정도이다. 이 비중은 잭 웰치(Jack Welch)가 평가를 통해 전체를 2(최상위):7(핵심):1(최하위) 그룹으로 나눈 후 정리의 대상으로 삼은 10%와 유사한 비율이다. 수동형 팔로워가 되는 데는 팔로워 자신의 성격이나 성향에서 기인하는 측면이 크다. 그러나 리더의 독선이나 강압적 운용 방식에 의해 수동형 팔로워로 되는 경우도 있다.

5. 실무형 팔로워(Pragmatic Follower)

실무형 팔로워(Pragmatic Follower)는 모험을 회피하고 현상유지를 선호하는, 현실 중시형의 팔로워이다. 이들은 대체적으로 리더의 조직운용에 대해 크게 비판적이지 않으며 자신의 입장을 밝히기보다 자신에게 부여된 과정에 집중한다. 흔히 말하는 일면 보신주의적인 측면이 있다. 이들은 결과중심적 사고의 소유자들로, 불투명한 결과를 가져올 수 있는 일에 대해 모험을 하지 않는 경향이 있다. 이 경우 성과 면에서 큰 진전을 기대하기 어렵다.

위의 표에서 보는 바와 같이 실무형 팔로워는 다른 4가지의 유형들의 가운데 위치해 4가지 유형 모두와 연관성을 가지고 있다. 실무형 팔로워는 상황의 변화에 편승해 자신에게 가장 유리한 상황을 취사선택 하는 즉, 실리주의를 추구하는 타입의 유형이라 할 수 있다.

D. 아이라 샬레프[25]

켈러먼에 의하면 아이라 샬레프(Ira Chaleff)는 과거의 유형에 속한다. 아이라 샬레프는 리더에 대한 지지도와 도전의 정도를 기준으로 하여 팔로워의 유형으로 동반자(同伴者; partner)형, 이행자(履行者; implement)형, 개인주의자(individualist)형, 자원(資源; resource)형의 네 가지를 들고 있다.

첫 번째의 동반자형 팔로워는 리더를 열렬히 지지하면서도 그의 행동이나 정책에 대해 스스럼없이 의문을 제기하는 유형이다. 따라서 과업에 대한 관심자체는 가지고 있는 스타일이다. 두 번째의 이행자형 팔로워는 해야 할 일을 하지만 그다지 감독이나 설명을 구하기보다 스스로 알아서 적절히 수행하는 타입이다. 즉, 자율적인 타입의 팔로워이다. 세 번째의 개인주의자형 팔로워는 리더에 대한 존경심은 낮으나, 리더나 다른 사람들에게 리더의 행동과 정책에 대해 자신의 의견을 솔직하게 말하며, 갈등을 피하지 않는 성향

---

25 https://terms.naver.com/entry.nhn?docId=5713511&cid=40942&categoryId=31910 (검색일: 2019.6.30.).

을 가지는 유형이다. 마지막 유형인 자원형 팔로워는 조직에 특별히 기여하지 않아 기여도가 낮은 유형이다.

E. 고든 커피와 마크 로에릭

컨설턴트로 잘 알려진 고든 커피(Godon J. Curphy)와 메사추세스 생명보험 부사장 마크 로에릭(Mark Roeilig; Marc Röhlig)은 비판적 사고와 계약-조직의 결속도(結束度)를 기준으로 하여 팔로워십을 4가지 유형으로 분류하였다. 이것은 커피-로에릭 팔로워십 모델(Curphy-Roeilig Followership Model)로 알려져 있다.

	비판적 사고	계약/조직결속력
비평가들(Criticizers)	높음	낮음
자발적 수행자들(Self-Staters)	높음	높음
아첨꾼들(Brown-Nosers)	낮음	높음
게으름꾼들(Slackers)	낮음	낮음

<커피-로엘릭의 분류>

4가지의 모델 중 첫 번째의 비평가(Criticizers) 타입은 비판적 사고력은 높으나 조직에 대한 결속도는 낮은 사람의 유형이다. 이런 형의 사람들은 대체적으로 조직에 대한 적응도가 낮다. 두 번째의 자발적 수행자(Self-Staters)형은 비판적 사고능력은 물론 조직에 대한 결속도 역시 높은 스타일로 상사들이 선호하는 유형이자 네 가지의 유형 중 가장 바람직한 타입이라 할 수 있다. 세 번째의 아첨꾼(Brown-Nosers) 타입은 비판적 사고능력은 낮은 반면 조직에 대한 결속도는 높은 사람이다. 이러한 유형들은 실력이나 능력보다 대인관계에 주안을 두고 조직생활을 하는 타입으로 소위 컨트리 클럽형(country club type)이라고 할 수 있다. 마지막으로, 게으름꾼(Slackers) 타입은 비판적 사고력은 물론 조직에 대한 결속도 역시 낮은 유형이다. 이런 유형은 무능력자 내지 외톨이로 평가받을 가능성이 농후하다.

커피-로에릭의 팔로워십 유형 분류는 후술할 켈리 교수의 팔로워십 분류 방식과 유사하나 커피와 로에릭 역시 켈리 교수가 그러했던 것처럼 비판적 사고를 두 가지의 기준 중 하나로 채택한 점이 눈에 띈다. 이러한 네 가지의 유형들은 켈리 교수의 분류 형태 중 실무형 추종자(Pragmatist followers)형을 제외한 팔로워 유형과 유사하다. 커피와 로에릭은 조직 내 활동 참여도가 아닌 계약-조직결속력을 또 다른 기준으로 삼았다. 이를 통해 고든 커피가 컨설턴트의 입장에서 유형을 분류했음을 알 수 있다.[26] 이러한 분류들은 주로 경영학의 관점에서 행하여진 것들이다.

F. 윌리엄 로젠바흐

미국 게티즈버그대(Gettysburg College) 경영학 교수인 윌리엄 로젠바흐(Willian Rosenbach)는 공군에 복무 중인 장교와 부사관들을 상대로 한 관찰과 면담을 토대로 팔로워십에 대한 연구를 행하여 팔로워십의 유형을 제시하였다. 로젠바흐의 주관심사는 특정 행위에서의 주도권(initiative)과 관련된 부분이었다. 그는 켈리 교수와 유사하게 두 가지 요소를 세로축(縱軸)과 가로축(橫軸)에 두어 4개의 분리된 면 안에 배치했다. 그러나 그는 비판적 사고와 참여를 세로축과 가로축에 두었던 켈리 교수와 달리, 세로축에 관계 주도권

---

26 신인철, *Op.cit*, pp. 148-149.

(relationship initiative)을, 가로축에 행위 주도권(performance initiative)을 배치했다. 로젠바흐는 관계 주도권은 높으나 행위 주도권이 낮은 팔로워는 정치가(politician)가 되고, 그 상태에서 행위 주도권 역시 높으면 동료(partner)가 되며, 동료 수준의 행위주도권은 가지고 있으나 관계주도권이 낮으면 공헌자(contributor), 관계와 행위 주도권 모두 낮으면 하급자(subordinate)가 된다고 보았다. 그러나 큰 틀에서 볼 때 로젠바흐의 팔로워 분류 이론은 켈리 교수의 이론과 매우 유사한 면이 많다.[27]

G. 기타의 유형

기타의 유형으로는 에이브러햄 잘레즈닉과 만프레드 F. R. 케츠 드 브리스의 유형 등이 있다. 켈러먼에 의하면 잘레즈닉과 케츠 드 브리스의 분류형태는 과거의 유형에 속한다. 이 외에도 팔로워십에 대한 많은 유형들이 있으며, 현재에도 국내외 많은 학자들에 의해 새로운 유형들이 제시되고 있다.

27 신인철, *Ibid.*, pp. 147-148.

VII. 결 론

팔로워십에 대한 분류는 여러 기준에 따라 행하여질 수 있다. 지배-복종의 정도, 적극적-소극적, 자발적-수동적, 독립적-의존적 등이 그것이다. 아울러 특정형의 팔로우가 되는 데는 조직의 성격, 상황, 이해관계의 정도 등도 변수로 작용한다.

잘레즈닉(1965)의 경우 지배-복종과 적극성-소극성 간의 상관관계를, 로버트 켈리(1992)는 참여에 있어서 자발성-수동성의 정도를, 샬레프(1995)는 리더에 대한 지지-도전의 정도에 따른 상관관계를, 바버라 캘러먼(2008)은 상대방과의 연계 정도를 기준으로 하여 팔로워의 유형을 분류하고 있다. 또한 켈리와 커피-로에릭은 비판적 사고, 실무형 팔로워를 제외한 4가지 유형에서 유사성을 보이는 반면, 켈리는 조직 내 참여도에, 커피-로에릭은 계약과 조직의 결속력에 중점을 두고 팔로워십을 파악한 점에서 차이점을 발견할 수 있다.

권위주의 시대의 경우 리더에 비해 전체 성과에서 차지하는 팔로워의 역할이나 팔로워에 대한 관심도는 비교적 낮았다. 글로벌 시대인 현재에도 특정의 지도자에 의해 조직이 운용되는 국가나 집단에서는 팔로워십의 중요성에 대한 인식이 상대적으로 약하다.

그러나 글로벌화, 다문화화 등에 의한 시대상황의 변화에 따라 사회적 환경과 정치문화 역시 많이 변화되었다. 이를 계기로 리더의 역할 못지않게 팔로워의 역할이 주목을 받게 되었다. 전체 성과에서 차지하는 팔로워의 역할 확대는 팔로워십의 연구에 대한 관심을 환기시키는 계기가 되었다.

위에서 든 학자들의 팔로워십에 대한 연구에서 나타나는 바와 같이 팔로워십에는 다양한 유형들이 있다. 그리고 그러한 유형에 대한 이론들은 고유의 특성과 아울러 강점과 약점을 가지고 있다. 그리고 귤화위지(橘化爲枳: 귤이 회수를 건너면 탱자가 된다.)라는 말과 같이 특정의 국가나 조직에서 효율성이 높은 리더십의 유형이라 하더라도 조직이나 집단의 성격, 상황 등에 따라 결과는 달리 나타날 수 있다.

대부분의 사람들은 사회나 조직에서 기능하는 리더십의 중요성을 알고 있다. 그리고 많은 사람들은 리더가 되기 위해 노력한다. 이러한 점에서 "부하의 잘못을 자기 책임으로 돌리는 사람은 훌륭한 리더이다. 어리석은 리더는 자기 잘못까지도 부하의 책임으로 돌린다."[28]고 한 주세페 마치니(Giuseppe Mazzini, 1805-1872)의 말은 시사하는 바가 크다. 리더나 리더십과 관련한 명언이나 이론은 쉽게 찾아 볼 수 있다. 그러나 집단 구성원의 대다수를 차지하는 팔로워에 주안을 둔 이론들은 상대적으로 적다. 이것은 전체 성과에 대한 팔로워들의 역할에 대한 관심도가 낮음을 말해 준다.

권력의 피라미드 구조가 나타내어 주는 바와 같이 모든 국가나 사회의 조직체계는 지배하는 소수와 그 지배를 받는 다수의 사람들로 구성되어 있다. 1900년대 초기 모스카(Gaetano Mosca, 1858-1941, 伊), 파레토(Vilfredo Pareto, 1848-1923, 伊), 미헬스(Robert Michels, 1876-1936, 伊), 번함(James Burnham, 1905-1987, 美) 등에 의해 주장된 엘리트 이론은 지금의 시대상황에서는 그 유용성이 약화되었다. 정치·사회적 변화와 함께 그러한 변화에 부응하는 새로운 형태의 팔로워십 이론들은 지속적으로 나오게 될 것이다.

아리스토텔레스가 논파한 바와 같이 '인간은 정치적 동물'이다. 또한 사

---

28 https://blog.naver.com/ujbyun/221291695191(검색일: 2019.3.14.).

람 인(人), 어질 인(仁) 등 문자의 기원도 인간이 혼자서 살 수 없음을 나타내준다. 리더와 팔로워의 관계 역시 마찬가지이다. 리더와 팔로워들이 조화를 이룰 때 그 집단이나 조직은 바람직한 방향으로 발전할 수 있다. 이러한 측면에서 리더의 책임감과 아울러, 조직과 집단을 구성하는 팔로워들 역시 올바른 팔로워십을 가지고 리더를 따르며 조화를 이루고자 하는 노력이 요구된다. 리더와 팔로워의 관계는 수레의 양바퀴, 동전의 양면과 같다.

| 참고문헌 |

김명호, 『사례중심의 경영학원론』, 서울: 두남. 2018.

김원석 역, 『리더와 리더십』(Warren Bennis and Burt Nanus, *Leaders*), 서울: 황금부엉이, 2006.

김호진, 『대통령과 리더십』, 서울: 청림출판, 2006.

도지영 역, 『진정성 리더십: 머리와 가슴으로 사람을 이끄는 기술』(George, Bill, Sims, Peter etc., *Authentic Leadership*. HBR's Emotional Intelligence Series), 파주: 21세기북스, 2018.

박재완, 『서비스리더십』, 서울: 보문각, 2019.

변상우, 『글로벌 리더십』, 서울: 청람, 2014.

송은명, 『위대한 2인자들』, 서울: 시아, 2017.

신구범, 『리더십의 이론과 실제』, 대구: 형설출판사, 2007.

신인철, 『팔로워십, 리더를 만드는 힘』, 서울: 한스미디어. 2007.

______, 『따라야 따른다』, 서울: 한스미디어. 2011.

심윤섭, 『리더십의 또 다른 얼굴, 팔로워십』 서울: 예문당, 2013.

양창삼, 『리더십과 기업경영』, 서울: 경문사, 2007.

오점록, 「리더쉽, 팔로워십의 특성과 자기 임파워먼트가 군 조직 유효성에 미치는 영향」, 경희대학교 경영학과 박사학위논문, 1998.

윤병화, 『자기주도리더십』, 파주: 신광문화사, 2019.

이덕주 역, 『조직의 성과를 이끌어 내는 리더십』(Daniel Goleman etc, *On Leadership*) 서울: 매일경제신문사, 2015.

이동욱·김충선·이상호 역, 『팔로워십』(Barbara Kellerman, *Followership: How Followers are Creating Change and Changing Leaders*), 서울: 더난출판, 2011.

이용광·노주선 역, 『리더십 카리스마』(Haney, Bud, Jim Sirbasku, Deiric McCann, *Leadership Charisma*), 서울: 시그마북스, 2012.

이인웅, 『동방순례』(Herman Hesse, Die *Morgenlandfahrt-Eine Erzählung*), 서울: 이숲에올빼미, 2013.

이종수, 『행정학사전』, 서울: 대영문화사, 2009.

이택호·강정원, 『조직과 인간관계론』, 서울: 북넷, 2013.

이 현, 「변혁적 리더십과 팔로워십, 업무몰입의 관계」. 고려대학교 교육학과 석사학위 논문. 2010.
임붕영, 『서비스 리더십』, 서울: 백산출판사, 2012.
장동현 역, 『(성공기업을 창출하는) 플로어와 리더십』(Robert Earl Kelly, *The Power of Followership: How to Create Leaders People Want to Follow, and Followers Who Lead Themselves Doubleday Currency*, 1992), 서울: 고려원, 1994.
장석훈 역, 『감성의 리더십』(Daniel Goleman, *The Primal Leadership*), 서울: 청림출판, 2003.
장영철·오건웅·배대진, 『올-윈 리더십』. 부산외국어대학교 출판부, 2006.
정재창 역, 『리더십 챌린지』(Kouzes, James M., Barry Z. Posner, *The Leadership Challenge*), 파주: 한국학술정보, 2018.
최경규 역, 『위대한 이인자들』(Heenan, David A & Bennis, Warren G., *Co-leaders: The Power of Great Partnerships*), 서울: 좋은책만들기, 2000.
최중락, 『재미있는 경영학 워크북』, 서울: 상경사. 2017.
하미승, 『리더십: 이론과 개발』, 서울: 윤성사, 2019.
한은미·서영복·이용규 공저, 『(마음을 움직이는) 글로벌리더십』, 파주: 수양재, 2019.
황재영, 『리더십과 팔로워십: 사례와 자기진단』, 서울: 청목출판사, 2019.
Follett, Mary Parker, *Freedom & Co-ordination: Lecture in Business Organization* New York: Garland Pub., 1987. Geenleaf, Robert K., *Servant Leadership*, New York: Paulist Press, 2002.
Gilbert, G. R. & A. C., Hyde, "Followership and the Federal Worker" *Public Administration Review*, November/December 1988.
Greenleaf, Robert K., *Essential of Servant Leadership; Principles in Practice*, 1977.
Hesse, Hermann, *Die Morgenlandfahrt. In: Ders.*: Gesammelte Werke 12 Bde. 8. Frankfurt/M: Suhrkamp 1970.
Kelley, Robert E., *The Power of Followership*, New York: Doubleday Currency, 1992.
Mileck, Joseph, Hermann Hesse, *Dichter, Sucher, Bekenner, Biographie*, 1987.
Spears, Larry C. and Michele Lawrence, *Practicing Servant Leadership: Succeeding Through Trust*, Bravery, and Forgiveness, Jossey-Bass, 2004.
Zaleznik, Abraham, *The Dynamics of Subordinacy*, Boston: Harvard Business Review, 1965.
네이버검색.
HBO사전.
https://m.terms.naver.com/entry.nhn?docId=2075731&cid=42152&categoryId
=42152(검색일: 2019.3.16).
https://terms.naver.com/entry.nhn?docId=5713511&cid=40942&categoryId=31910(검색일: 2019.6.30).
https://blog.naver.com/ujbyun/221291695191(검색일: 2019.3.14).

<비교 면에서 본 세력-권력-권위의 관계>

	세 력(영향력, influence)	권 력(Power, Authority)	권 위(Authority)
근 거	사상·주의·신조 등과 결부되어 있음. 중의(中義)의 이데올로기 영역	인간, 집단, 조직과 결부되어 있음. 정치학, 사회학, 경제학 등 사회과학 영역	인간과 권력(ex, 권위자) 비인격적(impersonal)인 것과 관련
본 질	타인의 행위를 변화 시키는 능력 ⋯→지위에 의해 제한되지 않음(정도가 약함)	타인의 행위를 통제 또는 복종 시키는 능력 (정도가 약함⋯→결정력)	형식적 또는 제도화 된 권력 ⋯→특정 사회조직에 있어 지위에 의해 제한됨
		영향력과 권위는 상호 강화될 수 있음.	
자발성 여부	설득적(자발적)으로 복종/Persuasive	강압(복종)을 강요/Oppressive	
형성동기	고립된 채 발생할 수 있음(독립변수적)		
속성	한 쪽이 다른 쪽에 미치게 하는 영향력	세력의 일부/정당성을 가진 결정력	
귀속의 예	압력단체는 세력은 가지나 권력은 가지지 않음	회사의 영업방침에 대해 중역은 권력을 가지나 노동조합은 세력만을 가짐	
작용형태		사회적 지위에 관한 수직적 대립관계 (권력주체-권력객체)에서 작용	
통용의 기제		조직을 매개로 통용될 수 있는 성격을 가짐	
연관성		규범의식, 외면적 위엄, 통용성 등과 제한적으로 연관	
범 위	넓 음	좁 음	-------------
강 도	약 함	강 함	-------------

효 과	간접적	직접적	-------------
발현의 속성	정신적	물리적	정신적
방향성	일방적	쌍방적	
발현의 형태	힘의 차이로 나타나나 정도가 약함. (권력과 권위의 중간 영역)	(의사력의 우열)이라고 하는 힘의 차이로 발현	(단순한 힘의 차이가 아닌) 가치상의 차이 가치의식과 내면적 위엄, 타당성 등이 수반
발현의 양상 (자율성)	-------------	권력에 의한 통일은 타율적·강제적	자율적 인간본연의 관계에 내재하는 자발적 성격을 띰
발현의 양상 (내면성)	-------------	외면적	내면적(권위에 의한 통일은 자율적, 내면적)
소유주체	인 간	인 간	인간·사물 등(권위 있는 신문 etc)
매개체	-------------	조 직	매개 불요
합목적성	△	○	×
수 반	규범의식, 외면적 위엄, 존재성	규범의식, 외면적 위엄, 통용성 등과 관련되는데 불과	가치의식, 내면적 존엄, 타당성 등이 따름
비교대상	교황/영부인/여왕/조계종 종정 Platon, Jesus, Shakespeare, Beethoven, Copernicus, Newton, Marx 등	미대통령/국정원장/수상/조계종 총무원장 진시황, Chingiz Khan, Hitler, Stalin 등	교황/BBC/New York Times/ Stephen W. Hawking 등
	Napoleon, Lincoln 등은 권력과 영향력을 겸비한 인물		

권위와 권력은 상호보완적인 관계에 있음.
어느 한 쪽이 다른 한 쪽을 결할 경우 올바른 가치나 기능이 약화될 수 있음.
권위를 결하는 권력이나(정통성의 문제와 직결) 권력을 결하는 권위(허수아비 권력)는 불완전성을 띰.

부산대학교 교양 시리즈 22

세계화와 글로벌 리더십

초판 1쇄 발행 2021년 3월 26일
초판 2쇄 발행 2022년 3월 14일

저자 양삼석·한주희
디자인 박지영
발행인 차정인
펴낸곳 부산대학교출판문화원

출판등록 제1983-000001호 1983. 11. 10.
부산광역시 금정구 부산대학로 63번길 2 (우편번호 46241)
대표전화 051-510-1932 팩시밀리 051-512-7812
https://press.pusan.ac.kr

ISBN 978-89-7316-706-7 04320
ISBN 978-89-7316-662-6 (세트)

2020년 「국립대학 육성사업」 교양교과목 교재개발
세계화와 글로벌 리더십

연구책임자 양삼석(교양교육원 교수)·공동연구자 한주희(교양교육원 강사)
※ 이 교재는 국립대학육성사업(REN)으로 편찬되었습니다.